古代歷史文化研究輯刊

十六編

王明蓀 主編

第 27 冊

宋元明清粵西歷史文化研究（上）

曾國富 著

國家圖書館出版品預行編目資料

宋元明清粵西歷史文化研究（上）／曾國富 著 — 初版 — 新
北市：花木蘭文化出版社，2016〔民 105〕
目 2+186 面；19×26 公分
（古代歷史文化研究輯刊 十六編：第 27 冊）
ISBN 978-986-404-772-7（精裝）
1. 歷史 2. 廣東省
618   105014278

ISBN-978-986-404-772-7

古代歷史文化研究輯刊
十六編　第二七冊　　　　　　　　ISBN：978-986-404-772-7

宋元明清粵西歷史文化研究（上）

作　　者　曾國富
主　　編　王明蓀
總 編 輯　杜潔祥
副總編輯　楊嘉樂
編　　輯　許郁翎、王筑　美術編輯　陳逸婷
出　　版　花木蘭文化出版社
社　　長　高小娟
聯絡地址　235 新北市中和區中安街七二號十三樓
　　　　　電話：02-2923-1455／傳真：02-2923-1452
網　　址　http://www.huamulan.tw 信箱 hml810518@gmail.com
印　　刷　普羅文化出版廣告事業
初　　版　2016 年 9 月
全書字數　321289 字
定　　價　十六編 35 冊（精裝）台幣 68,000 元　　版權所有‧請勿翻印

宋元明清粵西歷史文化研究（上）

曾國富 著

作者簡介

曾國富（1962～），漢族，廣東信宜人。1984 年畢業於中山大學歷史系，歷史學學士。1986 年 9 月～1988 年 2 月，在江西大學（今南昌大學）歷史系中國古代史助教班進修一年半。1996 年 12 月被評聘爲歷史學副教授。在嶺南師範學院（原湛江師範學院）從事《中國古代史》、《史學概論》、《中國教育史》、《廣東地方史》等課程的教學和中國古代史（五代十國段）、廣東地方史的研究。在《中國史研究》、《中國史研究動態》、《民族研究》、《孔子研究》、《宗教學研究》、《黑龍江民族叢刊》、《內蒙古社會科學》、《學術研究》、《廣東社會科學》、《廣西社會科學》、《天府新論》、《唐都學刊》、《武陵學刊》等學術刊物上發表史學論文 100 餘篇，其中五代十國史論文 60 餘篇、廣東地方史論文 50 餘篇。參編《中外歷史與文化概論》（中央民族大學出版社 2006 年版）、《新國學三十講》（鳳凰出版社 2011 年版）等著作、教材 2 部；編著《廣東地方史·古代部分》（廣東高等教育出版社 2013 年版）1 部；另有專著《五代史研究（上）》、《五代史研究（中）》、《五代史研究（下）》，由臺灣花木蘭文化出版社 2013 年 9 月出版；專著《宋元明清雷州歷史文化研究》，亦由臺灣花木蘭文化出版社 2014 年 9 月出版。

提　要

　　宋元時期，一批來自內地的官員在粵西地區任職，政績良好者不乏其人，革除積弊及維持治安就成爲他們行政工作的重點。宋元改朝換代之際，蒙古族入主中原，南宋失去統治地位，其殘存勢力向南撤退，元軍追擊不輟。在宋元改朝換代之際，粵西地區湧現出若干忠義節孝人物。他們爲了維護君主的正統地位，寧死不屈，以「殺身成仁」的氣概，表現了粵西人的忠肝義膽。除了忠君愛國者之外，宋元兩代，粵西地區亦湧現了若干身爲武將，爲地方（本地或他鄉）社會治安及生產作出過貢獻而爲人們懷念者。自宋代始，粵西地區的學校教育獲得了較大的發展。在朝廷重視教育政策的激勵之下，地方官重視修葺破敗的校舍，爲士人創造良好的學習環境。宋代學校教育事業的發展，爲國家爲社會培養造就了一批棟樑之材。

　　陽春縣儒學的興建與廣東各府縣儒學的興建一樣，早在北宋時已開其端。地方官員對於縣儒學的教學及設施投入了極大的關注及財力支持；有時候，當官府財力支持不足之時，負責官員還慷慨解囊，捐俸以助。除地方官想方設法從經濟上支持學校教育外，鄉紳們也有所奉獻。官方還允准縣學生員的請求，在縣學旁邊建房出租，收入用於縣儒學教學。除縣儒學這一屬於中等層次的教育設施外，陽春縣還有屬於基礎教育性質的社學。地方官在任職期間多有良好政績或表現，他們或興利除弊，誅鋤豪強；或興辦學校，關心民瘼；或平定寇賊之亂，爲社會爲國家爲民眾作出了重要的貢獻。這些活動都直接或間接地促進了陽春縣教育事業的發展。制約宋元明時期陽春縣教育事業發展的原因，既有社會方面，亦有自然方面。社會方面的原因是，陽春境內少數民族的頻繁作亂，對陽春縣教育事業的發展造成了極大的困擾；自然方面的原因是，頻發且嚴重的自然災害對陽春縣教育事業也造成了極大的摧殘；陽春縣地廣人稀，民眾經濟困難，也制約了當地教育事業的發展。

明代，粵西地區的瑤族長期此起彼伏的作亂，對社會秩序、民眾的生產、生活及地方教育都造成了嚴重的摧殘。其致亂緣由大約有以下幾個方面：瑤族所受壓迫剝削的日漸加重；周鄰少數民族及漢族人民反抗鬥爭的影響；明王朝推行「以夷攻夷」政策造成的民族對立；混入瑤族當中的某些漢人出自各種目的的挑唆利用。面對瑤族的頻繁、長期的作亂，粵西地方官府採取了各種策略，旨在平定動亂，使瑤族像漢族民眾一樣，俯首帖耳接受封建統治：軍事征討；築城固守；釜底抽薪，招撫投瑤者復業；撫而用之，利用降附瑤族的力量維持地方社會治安；平定瑤亂之後相應的行政、軍事設置。

雷州自古多「寇賊」。有「瑤賊」、「倭寇」、「海賊」及其它「寇賊」。「倭寇」、「海賊」的猖獗與明朝廷推行的「海禁」政策有關；造成明代雷州地區多「寇賊」還有一個重要的原因，即明朝廷對南方少數民族的欺壓、明朝軍隊及過往官員對雷州及其附近地區人民的騷擾；明代在雷州建珠池採珠，也是導致雷州民眾為「寇賊」的原因之一。「寇賊」之亂使雷州人口大減，破壞了地方社會秩序，對雷州民眾的生產生活造成了嚴重的危害，加重了雷州人民的經濟負擔，對於雷州地區教育事業發展的摧殘也是極嚴重的。為減少損失與危害，盡快恢復發展生產，地方官府採取了若干有效的措施。

明代中後期，倭寇多次侵擾至粵西，在粵西地區燒殺擄掠，無惡不作，充分表現了其野蠻性和殘酷性。在明代粵西地區前後歷時數十年的抗倭鬥爭中，有幾位官員及將領的事跡頗值一提：一是李材；另一抗倭功臣是盛萬年；吳國倫、徐鎰等在明代粵西抗倭鬥爭中亦有貢獻。總觀明代倭寇對粵西地區的侵擾，表現出以下幾個鮮明的特點：一是與粵西地區其它動亂勢力相結合；二是倭寇常常趁粵西地區發生內亂之機而入寇；三是倭寇的野蠻、殘酷性。為了應對倭寇的侵擾，明朝廷及地方官府均採取了一些防禦措施，以抵禦倭寇的不時來犯，如在沿海地區設置衛所，布置重兵，嚴密防守；另外，徵調瑤兵戍守要害之地。明代中後期倭寇對粵西地區侵擾劇烈，首先與粵西特殊的地理形勢，即面海而處有關；其次，明朝海防軍事力量在明朝中後期嚴重不足亦是倭寇為患的一個原因；再次，城市駐軍防禦鬆懈，援軍畏敵觀望，以及行政官員的畏倭如虎，都助長了倭寇的囂張氣焰；第四，賞罰不明，亦挫傷了軍民抗倭的積極性。

清前期，雷州地區的官學教育是在「爛攤子」的基礎上重新振興起來的。在官府缺乏資金支持興學的背景下，雷州地區的官民踴躍捐資辦學，民間重學成風。官學教育的持續發展，不僅為國家、社會培養了大批的政治、文教人才，同時也實現了移風易俗，還推動了雷州地方文教事業的發展。

明清時期，粵西地區湧現出了大量的「列女」，其來源主要有以下途徑：遭遇動亂或強暴，堅貞不屈，視死如歸；夫死而殉，夫死守寡等。「列女」除了要面對生活壓力，還得面對各種挑戰，如面對與族人的利益爭奪；肩負埋葬先人的重負等。在「男主外，女主內」的封建時代，女性一旦遭遇夫逝守寡，又局限於家庭小天地範圍之內，謀生的手段就極有限，主要有以下幾種：紡織、典賣衣物、採樵、採桑、取給外家、宗族或親人饋贈、受雇傭作、官紳資助及其它收入。明清時期，粵西地區「列女」大量湧現，是由主、客觀方面原因造成的。客觀原因是明清時期粵西地區社會治安不寧，動亂頻發；主觀方面的因素包括：（一）統治者的極力鼓吹宣揚；（二）官員、文人士大夫對於地方列女的表彰、頌揚；（三）法官判案明顯向列女「傾斜」，以此激勵女性「見賢思齊」；（四）地方鄉紳倡建貞節牌坊及節孝祠的激勵；（五）報應思想的灌輸；（六）親人的影響。封建王朝對於「貞節」的極力倡導，使貞節觀念深入女性人心。這雖有維持家庭、社會安定的作用，但其消極影響也是很顯然的。

粵西吳川縣學校教育的興起大約始於宋代。元代，吳川縣學校教育仍在持續。明代 270 餘年間，吳川縣學歷經多次重修，體現了地方官對於縣學教育的重視。清代，流民復歸，秩序恢復，吳川縣學校教育事業的復興具備了必要的條件。與官辦縣學教育在官方重視之下得以持

續發展之同時，吳川縣書院教育亦得以發展。明清時期，吳川人（包括官員及民眾）對教育事業格外重視，吳川教育在粵西地區是走在前列的。促使明清時期吳川縣教育事業走在粵西地區前列的原因，依筆者之見，一是吳川縣歷任地方官對於振興教育事業的重視及對諸生學業進步的殷切期望；二是重視規章制度建設，並與獎罰相結合；三是使學校教育的經費來源有保障；四是縣學教官對於學校教育的赤誠及盡職盡責；五是吳川鄉紳士人對於地方教育事業的積極襄助。

曾國富《宋元明清粵西歷史文化研究》
獲得粵西瀕危文化協同創新中心資助

目

次

前　言

一、宋元明清粵西歷史文化概說

「粵西」於歷史文獻中有二含義：一「即今廣西的別稱」〔註1〕；一指今廣東省西部地區，包括今湛江、茂名、陽江三市（以古代歷史地理概念即雷州、高州及隸屬於肇慶府的陽江縣及陽春縣）。本書所謂「粵西」即第二義。

粵西地區地理位置關鍵而重要，歷史時期民風淳樸。清朝光緒年間任高州太守的海壽曾說：「余以道光五年（1825）冬蒙恩簡調高州，入境以來，覽其山川形勢，封疆關隘，知是郡袤廣數百里，西北控扼（廣）西省，東南遙按番島（海外諸島），為海疆要地，及覽民風土俗，則皆淳懋渾樸，溫良謹厚，無凌競澆漓習氣，余得斯邦士民綏之撫之，整齊而鼓勵之，誠幸甚！」〔註2〕這段文字移用來形容整個粵西地區也是適合的。

筆者曾對雷州（轄海康、遂溪、徐聞三縣）宋元明清時期的歷史文化作過粗淺的探研，發表了十餘篇論文，結集交由臺灣花木蘭文化出版社於 2014年 9 月出版，書名《宋元明清雷州歷史文化研究》。因此，在本課題的研究中，雖「粵西」包括雷州在內，但為避免重複，引用史料，討論問題，一般不涉及雷州，只以高州府所屬的茂名、電白、化州、吳川、信宜五縣及肇慶府所屬的陽春、陽江縣為主要對象。這是應向讀者說明的。欲對雷州歷史文化有所瞭解，可參閱筆者所著《宋元明清雷州歷史文化研究》一書。

〔註1〕復旦大學歷史地理研究所《中國歷史地名辭典》編委會：《中國歷史地名辭典》，江西教育出版社，1986 年，第 866 頁。

〔註2〕《光緒高州府志》卷 52《紀述五·藝文》，第 773 頁。

（一）雷州府及所屬三縣（海康、遂溪、徐聞）歷史文化略說

沿革。雷州位於中國大陸最南端，三面環海，北與高州、廉州（唐貞觀八年以越州改名，治所在今廣西合浦縣）相毗鄰。附郭爲海康縣，北爲遂溪縣，南爲徐聞縣。關於三縣名稱之由來，方志謂：「海康者何？邑（縣）旁海而祈之康，取安瀾義也；遂溪則溪水合流，民利遂之；徐聞迫海，濤聲震蕩，曰：是安得其徐徐而聞乎？此三邑所由名也。」

據傳說，夏禹建國，曾設九州而治，其中一州爲揚州。雷州半島爲揚州「南徼荒服」。春秋戰國時期，南方強大之國爲楚國，嶺南名義上屬楚，但實際上，楚國之統治勢力並未眞正到達粵西，是否到達粵北在學術上還有爭議。秦始皇滅六國而統一中國，將嶺南納入其政治版圖，設南海、桂林、象三郡而分治之。雷州之地屬象郡。秦末漢初，北方戰亂，趙佗乘機割據嶺南，建立南越國，雷州半島在其治下。西漢元鼎六年（前 111 年），漢武帝派遣伏波將軍路博德平南越，在嶺南置七郡（後增至九郡），並設監察州以清吏治。雷州半島屬合浦郡徐聞縣，歸交州監察，所謂「督於交州」。東漢初期，乘改朝換代，政局未穩之機，交州所轄今越南北部徵側、徵貳姊妹起兵作亂，企圖割據獨立如秦末漢初之趙佗，九眞、日南、合浦諸郡皆應之。光武帝劉秀遣伏波將軍馬援發兵討平之。南朝時，爲爭取嶺南各少數民族歸附，統治者採取將政區細分以任官的方式以籠絡之，在廣州、交州之外另設越州。雷州半島屬越州。後將越州改名南合州，將管轄範圍廣泛的徐聞縣「拆其地置模薄（一說模落）、羅阿、雷川、湛縣，並屬南合州。」唐貞觀年間，先將南合州改名東合州，後再改名雷州，以境內有擎雷水，故名。唐中後期，雷州之下設海康、遂溪、徐聞三縣，屬嶺南道；後將嶺南道分爲東道、西道，雷州屬嶺南西道。唐末宋初，嶺南再度割據，劉龑建立南漢國，雷州屬焉。北宋開寶四年（971）平南漢，雷州改稱「雷州軍」，仍屬廣南西路。元代，先以雷州爲宣慰司，後改爲雷州路總管府。元末，政治敗壞，天下趨亂，「山海賊寇雷（州）」。是時土人麥伏（一說麥伏來）、黃應寶、潘龍等聚徒山海，僭號割據。元朝派化州路樞密院同僉羅福領兵鎮壓，諸「賊」敗走，州境以寧。羅福「以保障功升本州（雷州）都元帥，尋（不久）據其地」。羅福亦想乘亂割據，自治雷州一方。明朝建立，羅福觀風駛舵，知割據難成，「以全城（區）歸附」。明朝改雷州路爲雷州府，隸屬海南海北道。清朝沿襲不改。〔註3〕

〔註3〕以上據《萬曆雷州府志》卷1《輿圖志》「沿革」及「事紀」。

　　氣候。對雷州三縣民生影響最巨者，一是「颶（臺）風」，一是「鹹潮」。志載：「海郡多風，而雷（州）為甚。其變而大者為颶風。颶者具也，具四方之風而颰忽莫測也，發在夏秋間。將發時，或濤聲倏吼，或海鳥交翔，或天腳暈若半虹，俗呼曰『破篷』，不數日則輪風震地，萬籟驚號，更挾以雷雨，則勢彌暴，拔木揚沙，壞垣破屋，牛馬縮栗，行人顛僕，是謂『鐵颶』；又颶（風）之來，潮輒乘之。雷（州）地卑迫海，無山谷之限，所恃宋元（以）來堤岸，然（歲）久則善（易）崩，潮沖則潰，浮空杳漫，禾稼盡傷。（海）潮味鹹，一歲罹害，越三歲乃可種也……」「颶發則鹹潮逆起，大傷禾稼。故東洋田俱築堤岸以過之。遂溪之潮，利害無異海康；徐聞最迫海（三面環海），但其地稍亢（高），暴潮不能深入田園，溉灌大半取資溪澗，罕鹹潮（之）患……」〔註4〕

　　民俗。民俗之粗野或淳樸與政治狀況密切相關。一般而言，政治清明，民眾安居樂業，則民風顯得淳良；反之，政治不良，社會動蕩，民眾所受壓迫深重，則難免官逼民反，「盜賊」遍野。故方志有云：「雷（州）地僻，濱於海，俗尚樸野。宋時為名賢遷謫之鄉，聲名文物多所濡染。國（明）初風教遠迄（於）雷（州），是時人物最盛，蟬聯纓組（科舉及第），迭於他郡。天順間（1457～1464）重罹兵燹，俗乃凋敝。弘治（1488～1505）以來，生聚訓養，雷（州）稍稍復舊，科第亦振起，不絕庠序（學校教育持續發展），民知向學，秉禮義，見長者遜而下之……」雷州之地既宜漁鹽，又宜墾殖，「山坡多植麥」，「坑土曠而穀賤」；手工業亦有所發展：「木石技作俱（傳）自廣州，陶冶（製陶、冶煉）諸工無甚奇巧。土多（葛）布多麻（布）而葛（布）為上；絲（織品）間有之而粗，常服止（只有）綿（布）葛（布），非慶賀不服綢絹。」民間對於婚喪之禮頗重視，「喪重殯殮」，「咸有陳奠，葬亦擇墳塋」；「娶重裝（妝）奩，雖貧亦強傚之」。民間頗信巫：「闔郡巫覡至三百餘家，有病則請巫以禱，罕用藥餌，有司雖申諭之，不能易（改變）也。」男務耕種，女勤紡織，「大家（富裕之家）婦女不出閨門，日事紡織，鄉落之婦尤勤。」與粵西其它郡縣相比，雷州民人安分守己而不好訟。志載雷州「淳質之意猶存，則他郡所不及者。何則？訟不甚誕，亦不甚囂；請託夤緣俱所不事……賦不甚逋（逃避賦稅現象極罕見），（官府）及時催納，未有不踊躍以赴。苟不肖之官恣意朘削，亦勉強以應；

〔註4〕《萬曆雷州府志》卷2《星候志》，第171頁。

甚至市棍獄囚衙蠹平地（起）風波，挾制嚇索，竟甘其心（使之如願以償），質（抵押）田宅鬻（賣）子女以饜（滿足）其欲而竟不一鳴之公庭。」〔註5〕真正是俯首帖耳，逆來順受了。

語言。雷州地區語言大約有三種：一曰「官語」，即中州「正音」也，士大夫及城市居民能言之；一曰「東語」，亦稱「客語」，與福建漳州、粵東潮州大致相類，三縣鄉落間通行此語；一曰「黎語」，即瓊崖、臨高之音，惟徐聞西鄉言之，他鄉莫曉。

居處。「雷（州）俗樸，屋宇多簡陋。蓋濱海多風，地氣復濕。（多）風則飄搖，濕（則）易蠱朽。城申（中）惟官署始用磚石或鐵力木，差（稍）可耐久。里巷（鄉村）則土垣（牆）素壁，僅蔽風雨而已，不數年俱圮壞。豪族（之）宅頗完美，然亦稀觀（罕見）。鄉落間瓦蓋已少，農家竹籬茅舍，有太古風。但終歲拮据，未可以為安也。」〔註6〕

（二）高州府及所屬六（州）縣歷史文化略說

明清時期，高州轄茂名、電白、吳川、化州、信宜及石城（今廉江市）六（州）縣。

高州地理位置重要，文化較發達。清朝道光年間，參與《高州府志》（16卷）編纂的高州知府黃安濤在「序」中說：「考高州於古（秦）為象郡，（後）徙屬合浦，復更（名）高興、高梁（涼），大概曠遠，罕漸聲教。陳、隋暨唐，馮氏世撫其民，鞏固疆圉，以聽朝命。宋、元以後，文物始彬彬焉。明洪武（年）間定郡邑所屬如今制。我朝（清朝）垂二百年，怙冒涵煦之澤，純熙休烈之化，外薄海甸，耀於光明，亦既砥德振澡，比於鄒魯矣。顧其境西鄰粵西（廣西），犬牙相入，山谷深阻，南際大海，汪洋浩渺，舟師巡警，歲有恒（定）制。大抵六邑（高州所屬六縣：茂名、電白、吳川、化州、石城、信宜）皆土薄（少）以（且）瘠，而吳川民尤艱食，歲比（連年）豐稔猶待轉輸，今雖纖波不揚，餘糧棲畝，然撫綏教養之方不可以治平懈也。其民皆土著，俗習儉樸，無象、犀、珠玉華靡之尚，士多自愛，拘守繩檢（克己守法），其翹然秀出者復克自振拔。苟廉靜以理之，較於他郡為易治，夫士大夫學古入（為）官、膺司牧之寄（被委任為地方官），鮮不以政治為急……」〔註7〕

〔註5〕《萬曆雷州府志》卷5《民俗志》，第204～206頁。
〔註6〕《萬曆雷州府志》卷5《民俗志‧居處》，第205頁。
〔註7〕《光緒高州府志》卷52《紀述五‧藝文》，第773頁。

《光緒高州府志》卷6《輿地六‧形勝》亦謂：

> 高郡（州）襟巨海而帶三江，接雷（州）而引潯（州，今廣西
> 桂平縣）、梧（州），附郭之邑（縣）爲茂名。茂嶺聳於前，鑒江擁
> 於後，信宜（縣）在郡東北，雲岫崔嵬而蔽日；竇江淼浩而浮空；
> 化州在郡西南，麓山、籠山競秀，陵水、羅水交流，而來安一徑尤
> 爲斗峻；又西爲石城（縣），望恩、謝建峙南北之峰，零綠、九洲接
> 東西之海，南曰吳川（縣），東南曰電白（縣），兩邑（縣）臨海，
> 巨浸重洋，限門（今廣東吳川縣南海濱）之險實爲天池。闔（合）
> 郡形勢當群山羅列之間，畫千里封疆之界，重兵設鎮，扼險防要，
> 蓋屹然金湯之固也。〔註8〕

高州地處山海之間，封建統治力量相對薄弱，既有利於叛亂勢力割據，又使
治安形勢嚴峻，所謂「是郡山叢土厚（崇山峻嶺），溪洞聯中（溪峒散佈其
間）。隋初馮盎盤據三世，跨有八州之地（唐初，馮盎歸順唐朝，唐朝在今
粵西、海南共設八州治理），形勢使然也。東南距海，雖有沙帶、限門之阻，
而水深潮平，倏忽變生，備倭營堡不容稍馳；西南倚於博（白縣）、陸（川
縣），山箐盤深（深山老林，交通不暢），猺獞（瑤族、壯族）伺隙（伺機作
亂），且於二廣（廣東、廣西）爲衢術（道路）之交，寇攘竊發，則東西壤
地斷絕矣……」〔註9〕

1、石城縣歷史文化略說

歷史。「石城去京甸（京師）八千餘里，渺杳羅州地也。於秦爲象郡，
迄漢，邳離侯（路博德）南略，若儋耳、安定、高（州）、雷（州），歷（南
朝）宋、齊、陳、隋，廢置無常，及李唐後聲教漸廣，文軫日敷，輯撫代不
乏人。至明朝始以隸粵東之高（州）府。蓋自是而衣冠文物行且伯仲中州（原）
也……」〔註10〕

這是石城歷史的「粗淺條」，其歷史面貌的敘述仍嫌過於簡略。仔細翻閱
《民國石城縣志》，我們可以將石城縣歷史文化的發展線索把握得更詳細一些。

據史籍記載，秦始皇三十三年（前214年），發兵略取陸梁地（今五嶺以
南地區）爲桂林、象郡、南海三郡。石城縣地時屬象郡。秦末漢初，趙佗乘

〔註8〕《光緒高州府志》卷6《輿地六‧形勝》78頁。
〔註9〕《光緒高州府志》卷6《輿地六‧形勝》78頁。
〔註10〕《民國石城縣志》卷8《藝文志‧史部》，第560頁。

中原戰亂之機割據嶺南，石城縣地在南越國治下。西漢元鼎五年（前112年），武帝遣軍滅南越國，之後在嶺南設九郡分治之。石城縣隸屬於九郡之一的合浦郡。東漢建安二十五年（220），吳立高涼郡，石城縣屬高涼郡。南朝宋元嘉三年（426），鎮南將軍檀道濟築石城於陵羅江口，因置羅州，以江名為州名也。唐武德五年（622），沿襲羅州設置，州領石龍（今化州市）、石城（今廉江市）、吳川等十一縣。此石城作縣名之始。武德六年（623），羅州徙治於石城。故石城有古羅州之名，然其地非僅石城一縣也。天寶元年（742），改羅州為招義郡，改石城為廉江縣，以廉江流經縣境而以江名為縣名也。北宋開寶五年（972）廢羅州並石城縣，隸屬於吳川縣。南宋乾道三年（1167），廣南西路諸司奏稱吳川縣地廣人眾，乞將吳川縣所隸西鄉劃出，恢復置石城縣，隸屬化州，詔從之。縣所以稱「石城」，圖經云以縣境有石城岡，其山如城，故名。元代，石城縣屬湖廣等處行中書省海北海南道。明初於粵西設高州府，徙治茂名，領州一縣五，即茂名、化州、電白、信宜、吳川、石城。清代因之不改。

風俗。石城縣俗鮮（少）奔競而寡交遊，敦本業而少經商。男務耕耘，女勤紡織。陶植梓匠多尚質樸，而木工間有巧者。屋宇多用土磚，亦有編竹葺茅而居者。婦女出入以烏帨（佩巾）蒙頭，不尚塗抹。言語不一，有「客話」，與「廣話」相類；其餘有「哎話」、雷話、地獠、海獠話。大抵土音各異，習俗亦殊。城鄉之民操業不同，氣質亦異。居鄉曲者多務農，故其民勞，其俗質樸而淳厚；居城市者多商販，其民裕，其俗美而醇。士人尊師儒，務學問。民間婚禮無論貧富，必以檳榔為定，取一條心到尾之意。喪禮殯殮從厚，貧富不論，要皆不失臨喪哀慘之意。富家頗惑風水之說，間有停柩多年而未葬者，以俟尋覓風水寶地也。縣產斷腸草（一名胡蔓草），人若生嚼之四葉即死。民間因紛爭，常有愚民服斷腸草自盡，其家人則乘機嫁禍於人，訛詐勒索。經明知縣佴夢騶諭令拔除，計斤給賞，此風稍煞。民間多種稻粱，但收穫不豐，只足敷邑（縣）內口食，遇歲歉，饑荒在所不免。故窮民必栽番薯以補助之，蓋可節省穀食十之三四也。石城風氣簡樸，力穡者眾，逐末之民十僅一二。

交通、氣候。石城縣居廣東西南，高州之西，東界化州，南近遂溪，西鄰廣西合浦，北與廣西博白、陸川接壤，東南一隅接於吳川，實交通一咽喉也。本縣河道首推廉江，源出於廣西陸川縣，自北而南。安鋪而下則汪洋如

海。此江既便灌溉，且利船舶，不獨內地之貨物得以調濟，即上而陸川，下而海口亦藉此以通有無，誠所謂其利甚溥也。石城之氣候多暖少寒；夏秋間時有颶風。颶風將作，海濤怒吼，海鳥交飛，黑雲翔湧；及颶風之作，狂飆震撼，飛瓦拔木，必旋南乃止。或一歲一發，或一歲數發，或數歲一發。冬有霜而無雪，水極寒而不冰。

城池。石城縣在明代以前向無城池。明洪武二年（1369），縣丞倪望始築土垣，周 252 丈。正統四年（1439）爲廣西流賊攻陷。五年（1440），縣丞夏仲謙請易以磚石。高州府通判馬文饒督其役，周圍 535 丈，高 2 丈 1 尺，厚半之。闢門三：東曰「望恩」，西曰「鎮夷」，南曰「威武」。北近岡阜，無城門，亦無隍池，除出入者少外，還有風水方面的考量：「北缺其門並缺其池，亦因其形勢，恐傷地脈耳。」有城而無隍無池，防禦能力仍然欠缺。明正統間（1436～1449）爲「西賊」（廣西瑤族）所破，隆慶（1567～1572）時又爲「倭奴」所陷；崇禎戊寅（1638）又爲「白梅賊」所傷（毀壞）。於是不得不鑿池蓄水。然而，此後卻遭遇了一系列的「不如意事」，迷信者都歸咎於鑿池傷了「地脈」，破壞了「龍頭」，不得已又要填塞：「……濬城隍，鑿北嶺，相傳傷殘地脈。知縣王訓、典史吳斌相繼而卒，或亦形家所忌矣。後百餘年人文不興，議者咸歸咎之。乾隆乙末（1775）秋，邑侯（石城縣令）喻寶忠蒞任，士民即以填塞此池請。爰（於是）召工備土填之，即所傳修復龍頭是也。」〔註 11〕

2、茂名縣歷史文化略說

茂名名稱的來源有二說。一是以水名縣：「茂名下（縣）本隸高州，以茂名水名」；二是以人名縣：「唐武德四年（621），於縣置南宕州，後改爲潘州，仍改縣爲茂名，以道士潘茂姓名爲茂名也。」〔註 12〕

茂名縣古屬西甌、駱越地。秦屬桂林郡（一說屬南海郡）。漢爲合浦郡高涼縣地。三國、晉、宋爲粵西高涼（統縣三）、高興（統縣四）二郡地。茂名縣屬高興郡。南朝梁朝時討平俚洞作亂，置高州，茂名屬焉。隋平陳，廢高州，設高涼郡、永熙郡，茂名縣屬高涼郡。唐初復設高州，轄茂名縣。貞觀八年（634）從高州中分出潘州，茂名縣屬潘州。天寶（742～756）初，改州爲郡，高州改爲高涼郡，潘州改爲南潘郡，茂名縣仍屬南潘郡。五代十國時

〔註11〕《民國石城縣志》卷 3《建置考・城池》，第 406 頁。
〔註12〕《光緒茂名縣志》卷 1《輿地・沿革》，第 9 頁、第 10 頁。

期，南漢劉氏割據嶺南，茂名在南漢國治下，避統治者祖先名諱，將縣名改爲「越裳」。北宋開寶五年（972），省潘州地入高州，屬廣南西路，茂名屬焉。景德元年（1004），在粵西設竇州，州治即在茂名縣。元至元十五年（1278）置高州路安撫司，轄茂名諸縣；十七年（1280）改「安撫司」爲「總管府」，屬湖廣行中書省。明朝設廣東布政使司，下轄高州府，茂名縣屬焉。清朝因之不改。高州領州一（化州）縣五（茂名縣、電白縣、吳川縣、石城縣、信宜縣）。

茂名縣土少膏腴，習尙樸厚，務農重穀，人可自給。閭里之間皆知誦習。向因兵燹，文物稍馳，及至清代則風氣日上，非復往昔矣。婚姻重禮儀，且必用檳榔。迎親儀式惟士大夫家行之。嫁娶以二十歲前後爲率；細民下戶間有童婚幼嫁者，長始合巹，俗謂之「雞對」。疾病不求醫，延巫師鳴鑼擊鼓祈禱，謂之「跳鬼」，夜以達旦而畢，標青於門，是日外人不得入，謂之「禁屋」。詰朝獻茶於祖先靈位然後去青，謂之「開禁」。俗尙佛事，雖有識者間不爲之，而俗不以爲是。民間頗重祭禮，多立祠堂、置祭田，春分、秋分及冬至則行廟祭，一尊朱子（熹）家禮。窮鄉僻壤數家村落亦有祖廳祀事，四時薦新，惟清明則設墓祭，間有行之重九（重陽）者。縣之鄉音有三種：其城邑及西、南、北三方及信宜、化州與廣州、肇慶相類，謂之「白話」；東南與電白相類，謂之「海話」、「東話」（又稱「講黎」）；東至電白與嘉應、陽春相類，謂之「哎話」。

3、電白縣歷史文化略說

電白縣，秦爲南海郡西境。漢屬合浦郡高涼縣。南朝梁大通（527～529）中置電白郡，隸屬於高州。隋開皇九年（589），將電白、海昌二郡省併，置電白縣。唐朝推行州、縣兩級制，武德四年（621），廢高涼郡，電白縣屬廣州。兩年後復置高州，電白縣改屬高州。北宋開寶五年（972），省良德、保寧二縣併入電白縣。景德元年（1004）廢高州，以電白縣屬竇州。後又廢竇州，復設高州，治電白縣。元代，電白縣屬高州路。明代改路爲府，電白縣仍屬高州府。清代沿襲不改。

電白縣背山面海，風氣淳樸，士安韋布，農務稼穡。自清乾隆三十年（1765）以後鹽利大興，居於海邊者俗尙漸趨奢侈，居於山區者猶存儉樸。與鄰縣茂名相似，俗尙檳榔，冠婚喪祭款客必進。凡男子憤爭，奉檳榔上門即可和解。俗最重祭，縉紳之家多建祠堂，以壯麗相高，置祭田、書田，歲祀外，餘支

給膏火。俗尚巫鬼，每有所事，求筊祈籤以卜休咎，信之惟謹。尋常有病則以酒食置竹箕，當門巷而設，謂之「設鬼」；或鳴鑼擊鼓，喃喃跳舞吹牛角鳴嗚作鬼聲達晨而畢。縣內言語不一，近海之民聲音近雷州、瓊州（海南），曰「海話」；山居之民聲音近潮州、嘉應州，曰「山話」。

電白縣地分山海。北部及東北多山，接壤高州、陽春；東部及西部連屬陽江、吳川，南部面海。山民務農圃以盡地力；海人謀魚鹽以養身家。雞鳴犬吠，煙村相望。製鹽為電白縣重要行業之一。電茂場自改鍋（煮鹽）為池（曬鹽），課額日增，裕國通商頗稱豐阜。每當天日晴霽，遙望數十里如小山積雪，賈人商舶雲集，檣帆蔽空，亦海隅之勝觀也。博茂鹽場與電茂鹽場相等。水東一墟闤闠鱗次櫛比，海運巨艚集泊，商賈往來，實電白之要區焉。

4、吳川縣歷史文化略說

秦始皇三十三年（前214年），發兵略取陸梁（嶺南）地，為桂林、象、南海三郡，吳川縣地時屬象郡。秦末漢初，趙佗割據嶺南，吳川地在南越國治下。西漢元鼎五年（前112年），遣軍攻南越，次年（前111年）滅之，設南海、蒼梧、鬱林、合浦、交趾、九真、日南、珠崖、儋耳九郡。吳川縣地屬合浦郡高涼縣。漢末建安二十五年（220），吳國在粵西立高涼郡、高興郡，吳川地屬高興郡。隋開皇九年（589）春平陳，廢高興郡，置電白、石龍（今化州）、吳川、茂名四縣。「吳川」之名始見《隋書》。唐武德五年（622），馮盎以所據粵西、海南地歸附唐朝。唐朝在其地設高、羅、白、崖、儋、林、振等八州。吳川縣屬羅州。宋元時期，吳川縣屬化州。明朝，吳川縣改屬高州府。清朝因襲不改。

吳川縣氣候與廣州、肇慶略同，其溫早，其寒遲。濱海地卑，陰濕之氣常盛。一日之內氣溫屢變，晝多燠而夜稍涼。夏秋之交常多颶風，甚者伐木發屋，人無寧處，損稼敗舟，其禍彌酷。然或一歲數見，或數歲一見。縣西北之田半近三江，歲一遇災，民盡歉收，故戶鮮蓋藏，俗尚儉樸，專務耕作。邑濱巨海，漁者常多。道光年間，吳川縣令鄭鑾詩所謂「吳川濱大海，耕三漁者七」。人多囂訟，信巫而諂神，重利而輕義。明清時期，士知向化，民頗好禮而舊染漸革。男女之別頗嚴，大家巨族兄公弟婦不相見，翁（公公）媳亦迴避，非疾病患難不通問，女子出門必蔽面，雖小家亦然。婢妾悉買自他方，縣雖貧賤之家亦無賣女作妾者。男女婚嫁以二十歲內外為率；細民或有「童婚」者，長始合卺（卺是瓢，把一個匏瓜剖成兩個瓢，新郎新娘各拿一

個，用來飲酒，是舊時成婚時的一種儀式），謂之「雞對」。家庭經濟略好者講究冠婚之禮，儀式隆重，費用不菲；而貧家婚娶惜費，託為女病，其婿延巫列矩吹角，寅夜至女家，負女以歸，名曰「搶親」。途遠則負者常易數男子。有人作詩云：「喧天鼓角仗明神，本是迎親號搶親。妾不負郎郎負妾，中途恐有替郎人。」民間喪葬講究尋覓「風水」寶地，有為此而將靈柩停放遲之又遲者。婦人重守節，稍溫飽之家，女子年輕失偶罕見再醮（嫁）者；或不能守，其姊妹、鄉鄰多恥之。家實貧寠無以為活者始不得已而再嫁。清以前，芷芳為出海口，市船雲集，每歲正月後福建、潮州商船咸泊於此；清以後則貨船聚集於水東、赤坎而芷芳寂然矣。黃坡、梅菉生意頗盛，賽神會集漸趨奢侈，一日遊觀之費數百金。「邑（縣）多假命案。病丐小偷飢寒道斃，其同姓姦人必唆屍親赴控。或稱『兇手』，或指喝令。風影株連，擇肥而噬。一經官驗，被告者已費不貲，雖驗無傷，向無反坐（因為此前法律沒有對誣告者治罪的規定），仍以體恤孤寡，責被告出錢埋葬了事。又或婦女憊（耍）賴，短見輕生，外家糾眾登門，謂之『吃人命』，或毀其傢具，或撻其舅姑（公公婆婆），搶谷索錢，不滿其欲不止。此陋俗也。」〔註13〕

5、化州歷史文化略說

始皇三十三年（公元前214年），秦平定嶺南，置南海、桂林、象郡，今化州境屬象郡。秦亡後，南海郡尉趙佗兼併桂林、象郡，稱南越武王，今化州境屬南越國。西漢元鼎六年（公元前111年），漢滅南越國，分其地為南海、蒼梧、鬱林、合浦、交趾、九眞、日南、珠崖、儋耳九郡，今化州境屬合浦郡高涼縣。東漢建和元年（147），分合浦郡另立高興郡，今化州屬之。南朝宋元嘉三年（426），將領檀道濟築石城於陵羅江口（今合江圩陵江與羅江匯合處），置羅州縣（縣治所陵羅江口，今化州市合江鎮合江墟），今化州屬廣州高涼郡羅州縣地，此為化州建縣之始。隋開皇九年（589）滅陳，廢高興、石龍二郡，以州統縣，羅州領石龍、吳川、茂名三縣。唐武德六年（623）羅州徙治石城（今廉江市），另置南石州（治所石龍縣，今化州城），領石龍、陵羅、龍化、羅辯、慈廉、羅肥六縣，轄今化州全境及廣西博白、陸川、北流等今兩廣接壤地帶。唐貞觀九年（635），南石州更名辯州，領石龍、陵羅、龍化、羅辯4縣。天寶元年（742）辯州更名陵水郡。北宋太平興國五年（980），

〔註13〕《光緒吳川縣志》卷2《地輿下·風俗》，第51～52頁。

辯州改稱化州，此乃化州命名之始。因州治西南三里石龍崗有石龍勝蹟，以龍能變化，故名化州。南宋乾道三年（1167）析吳川西鄉爲石城縣，化州領石龍、吳川、石城三縣。元至元十五年（1278）置化州路，領石龍、吳川、石城三縣，屬湖廣行中書省。明洪武元年（1368）改化州路爲化州府，隸屬廣東行省。洪武七年（1374）降化州府爲州，並附郭縣石龍入化州，石龍縣從此撤銷。化州領吳川、石城二縣。洪武九年（1376）化州降爲化縣，屬高州府。洪武十四年（1381），縣復改爲州，化州仍領吳川、石城二縣，仍屬高州府。清沿明制，化州領吳川、石城二縣，屬高州府。

6、信宜縣歷史文化略說

志載，信宜縣漢蒼梧郡端溪縣地。南朝置梁德郡梁德縣，信宜屬之。隋平陳，廢梁德郡，改縣名曰「懷德」，屬永熙郡。唐武德四年（621），析懷德縣置信義縣兼置南扶州。貞觀元年（632）置竇州（以境內竇江貫穿而爲名），信宜屬之。五代時期，信宜縣在南漢治下。北宋太平興國（976～984）初改「信義」爲「信宜」（避宋太宗趙匡義名諱），仍屬竇州，州治在焉。熙寧四年（1071）廢竇州，信宜縣改屬高州。元屬高州路。明改路爲府，信宜仍屬高州。清朝因之，至今不改。

「信宜縣邑治枕山，民俗質野（淳樸），男女並耕，不事褻狎，工作完固（紥實），不尚奇巧。村落彝獠（少數民族）雜居，椎髻跣足，家家釀酤，不事遊宴。」〔註14〕這是方志對於信宜縣民風特點的概括描述。

（三）陽江縣歷史文化略說

「陽江，古陽（揚）州南境，百粵地。宋爲南恩州，明洪武三年（1370）廢（州）入陽江縣，隸肇慶府，山川秀麗，嶺海形勝宜無過於此。」〔註 15〕這是明代陽江籍明經蘇廷瑊爲明吳煥章等修的《陽江縣志》（七卷）作序的開篇之語。

風俗。陽江縣古代風俗質樸。據方志記載：明清時期，陽江縣婚禮、問名、納采咸用檳榔。男女四時常啖檳榔。蘇軾有詩描述道：「紅潮登頰醉檳榔」。故居民多以販賣檳榔爲活。富商巨賈常縛藤步船泛海直抵瓊崖（今海南）文昌、會同等處探買檳榔、椰子，旬日往還，其利數倍。然而，過於重視婚嫁

〔註14〕《光緒高州府志》卷6《輿地六·風俗》，第79頁。
〔註15〕《民國陽江縣志》卷35《藝文志一·序目·明經蘇廷瑊序》，第551頁。

之禮又造成陽江人的貧困，並由此又催生出「溺（女）嬰」之陋習。志載：「（陽）江（之）俗，婚嫁之費動逾千金，甚或（至）不惜破產以為美觀。因之以女為累，至有溺之而不舉者。」又云：「（陽江縣）富庶之家每近於奢，嫁女以資妝相耀，或恐其嫁之足以耗財，至有生女而不舉（養育）者。」〔註16〕

陽江盛產稻米漁鹽。豐年穀賤，斗米十餘文。故無甚貧甚富之家，而窮民亦安井里，不肯嘯聚為非。習俗尚讀書。在城之民或有遊手好閒者，以博弈為生，復誘人子弟開場局賭，有至傾家蕩產者。鄉落之民多以耕鋤為業。陽江縣民之中有愚者好「勇」輕生，與富家鬥而不勝則服胡蔓草自盡，其家人則籍此要脅勒索富家。此風屢禁難絕。城鄉之民受封建禮教影響頗深，故家巨姓翁媳避不相見，叔嫂不通言。城市酒肆從無婦女當爐者。鄉落之民或出入相見亦不苟言笑，頗知禮節。

建置。秦統一中國，陽江縣隨嶺南歸入秦朝版圖。秦末漢初，趙佗割據嶺南，陽江屬南越國。西漢武帝滅南越國，陽江入漢版籍。漢在嶺南設南海、蒼梧、鬱林、合浦、交趾、九眞、日南、珠崖、儋耳九郡，陽江屬合浦群高涼縣，縣治所在今陽江市北。西晉武帝時在粵西設西平、恩平二縣。隋開皇年間（581～600），改「西平」為「陽江」。此「陽江」之名所自始也。隋亡唐興，左武衛大將軍馮盎據高涼地。唐武德五年（622），馮盎以地歸附唐朝。唐在嶺南設高、羅、春、白、厓、儋、臨、振八州。貞觀（627～649）年間，廢高州都督府，置恩州，下轄陽江、齊安、西平、杜陵四縣。天寶元年（742），改恩州為恩平郡；北宋開寶四年（971），徙郡治於陽江。北宋慶曆八年（1048），因改河北路貝州（今河北清河縣西）為恩州，故改粵西恩州為「南恩州」。明朝，廢南恩州，以其地併入陽江縣，隸肇慶府。

民族。除漢族外，陽江境內還有瑤族居住生活。明嘉靖年間（1522～1566），瑤人因向化已久，被稱為「良瑤」。有境外「猺獞」潛入，與「良瑤」雜處。「良瑤」不滿，赴縣陳告，欲自立戶籍。由此觀之，明朝時部分瑤族已逐漸與漢人融合，成為官府之編戶齊民。但至清康熙年間（1662～1722），為籠絡粵西少數民族，對其實行「羈縻」之政：「今則丁口日蕃而不入編戶，佃耕民田而不供民差，且奸民躲避差役，匪維（不僅）冒營冒所（冒充營兵、衛所兵），而復冒瑤（冒充瑤人）。（陽）江之戶口於是乎其日耗矣。」〔註17〕

〔註16〕《民國陽江縣志》卷7《地理志七‧風俗》，第237頁。
〔註17〕《康熙陽江縣志》卷2《瑤戶》，第32頁。

教育。陽江縣官辦學校教育大約開始於宋代。「蓋國家化民成俗，養賢及民，皆以廣屬學宮爲先務也。江邑（陽江縣）界在南服，當離火文明之區，師儒碩望代不乏人，祭器學田職有攸屬。乃舊志學宮之外復有書院、禮學，今則設立義學以廣教化，俾諸生以時執經問難，應有鵝湖（南宋理學家朱熹、陸九淵、呂祖謙等著名學者曾於江西信州鵝湖寺舉行學術研討會）、（白）鹿洞（白鹿洞書院爲宋代著名書院之一，朱熹等著名學者曾在此講學）講明義利者出焉。」〔註18〕

戰略地位。陽江在戰略上具有重要性。明代曾爲鄧士亮編修的《陽江縣志》作序的區大倫曾說：「端州（今肇慶。時陽江縣屬端州管轄）南濱於海，陽江獨當之。估客（海商）往來之，輻輳民利之，然而倭寇海氛（盜）時有抄略，故其利在海而害亦在海，實嶺以西要害之衝也。」〔註19〕

（四）陽春縣歷史文化略說

沿革。關於陽春縣的歷史沿革，北宋時期曾任陽春知縣的河東（今山西太原市）人氏薛利和曾寫過《春州記》一文，敘述了陽春縣的建置沿革。文謂：

> ……自秦通五嶺，置南海郡，（陽）春爲屬部。漢移隸合浦（郡）。晉分置恩州。唐爲南陵郡，領陽春、羅水二縣，版戶（戶口）萬餘。隋以其地統於高涼（州）。五代多故（戰亂），劉氏竊據嶺表。（宋）開寶初，王師討平，得州四十餘，以流南、羅水入陽春，以勤之、傅林入銅陵。未屬（及）數年，土人叛，民罹兵火，十七八九，合二州（陽春、銅陵）計，戶僅登千數。（北宋）景德（1004～1007）中，本道轉運使以州之古城水土惡弱，遷於銅石，俄又徙隸新州（今廣東雲浮市新興縣）。越數歲，復歸於舊，從民便也……環山繞林，襟巖帶洞，夷落（少數民族）雜居。其地土下（低）濕宜稻粱（水稻），民力稼（農耕）外常優逸自足……其物產不過橘柚、猿狙（駿馬）之類。凡富商大賈無因而至（不願蒞臨）。其地卑且燠，歲多疫，因方之言瘴癘者以（陽）春爲稱首（按，宋時內地有「春、循、梅、新，與死爲鄰；高、雷、竇、

〔註18〕《康熙陽江縣志》卷2《學校》，第48頁。
〔註19〕《民國陽江縣志》卷35《藝文志一·序目·陽江縣志》，第551頁。

化，聽著也怕」之諺，見馬永易《元城語錄解》。春州即今陽春市）。

故凡補吏（任官）得罷（離任），必加優賞……〔註20〕

社會。《康熙陽春縣志》卷一《風俗》云：

> （陽）春俗尚樸，衣食儉嗇，士知廉謹，民不商販。先娶後冠，無子者則迎婿於其家。器用貨物皆取給外邑（縣）。男子漁獵，富家惟事儲畜。婦女紡織，而蕉（布）、葛（布）織造頗精。紳衿大戶雖有衣冠而鄉落耕民亦多椎髻跣足。舍宇多結茅編竹為居，環（植）刺竹為衛，昔所稱「刺城」者是也。如富家亦多壯麗之居。燕（宴）會相見必以檳榔，且居常咀嚼。東坡詩云：『紅潮登頰醉檳榔』。嶺南風俗大抵然也。婚禮非檳榔不行，惟富家益以金帛。嫁則傾貲（傾家蕩產）。少不如意輒相視如仇。喪則鼓吹以迎弔客，仍設席以待。尤重佛事。親友行弔以香燭果酒。祭用賻儀。葬信風水，至有稿（臨時）殯而停（柩）及數年者。疾病不事醫藥，崇信師巫。親友相率以牲醴禱於神祇，名為「保福」。頑民尚氣，少有爭而不勝輒輕生，服胡蔓草圖賴，（其家人）搬搶（被誣告之家）財物；尤好賭博，近且習訟（近來又興起好訟之風），越上告訴（越級告狀），多無稽之詞……〔註21〕

但「光緒以後寖尚奢華，不特服制為然，婚嫁喪祭亦侈靡成風，以儉嗇為恥。」〔註22〕

陽春縣治安形勢自古嚴峻。這既與自然災害、社會動亂頻生有關，亦與陽春特殊的地理環境有關。「（陽）春雖僻壤，其間災祲豐凶，兵燹寇賊，天人之變異者不乏矣。」〔註23〕方志又謂：「春邑（陽春縣）者界（於）東山、西山之中而又與新興、東安、恩平、西寧、茂名、電白、陽江數縣兼界，形勢參錯，鄰寇出沒，倏來倏去，或散或聚，則未雨之綢繆可不豫（預防）哉！」〔註24〕

陽春縣在古代具有既易治又易亂的特點。所謂：「春邑俗未盡淳，民固多陋，人存睚眥之見，居處散漫，易作走險之舉，故治也易，亂也亦易。防微

〔註20〕 《康熙陽春縣志》，卷16《藝文紀》，第162頁。
〔註21〕 《康熙陽春縣志》卷一《風俗》，第26頁。
〔註22〕 《民國陽春縣志》卷首吳英華《陽春縣志序》，第213頁。
〔註23〕 《康熙陽春縣志》卷15《祥異紀事序》，第154頁。
〔註24〕 《康熙陽春縣志》卷11《兵防志序》，第108頁。

杜漸，道德□□，亂且治矣；若姑息優容，因循放縱，星火燎然，亂將立致。」
〔註25〕制約陽春縣社會發展的兩大主要因素，一是社會治安，二是經濟發展。
「夫陽春民俗樸厚，文風之盛昔曾見稱於時，然仍未能成爲『海濱鄒魯』者，
蓋以地處兩山（東山、西山，即今天露山、雲霧山）之間，盜賊易於逋逃，
變亂疊乘（興），久安未得；重以水利未興，荒瘠多，生產少。人謂陽春民食
豐裕，而不知吾民窮年胼胝，虀（爛）粥鶉（破）衣者之更僕難數也。況乎
交通梗塞，文教未普（及），科學未昌，□□貧困，弱昧之狀尚未能免，是以
縱有美質未臻文明……」〔註26〕

　　文化教育。關於陽春縣的歷史與文化，《民國陽春縣志·陽春縣志序》有
云：

> 秦通五嶺，陽春隸南海郡屬邑。（南朝）梁置爲郡。唐置爲州。
> 其後則別立莫陽、銅陵、甘東、西城、流南、勤州、富林、羅水諸
> 縣，旋置旋廢。明洪武九年（1376），以陽春縣隸肇慶府，相沿五百
> 餘年，原其始，固一僻陋之區耳。韋提舉君載登宋淳熙二年（1175）
> 進士，肇啓文化；明天啓二年（1622），梁吏部應材繼之；迄於清代，
> 人才蔚起，其德行卓著，崇祀鄉賢者，有韋君載、梁國傑、崔士暐、
> 梁崇伯、劉啓銘、謝仲坑、劉榮玠七先生，蓋駸駸乎海濱鄒魯矣……

由方志資料可知，陽春縣官學教育興起於宋代：「學宮原在（城）南門外一里
許梅花村，（北）宋慶曆四年（1044）建，所稱舊學崗是也。元季（元朝末年）
圮壞。明洪武二年（1369）知縣黃景明徙入縣治之右……」〔註27〕陽春縣士
人科舉及第亦自宋代始。第一位科舉及第者爲韋君載。「（陽）春自宋以前（文）
獻不足徵矣。至宋淳熙（1174～1189）韋君載登進士，而邑（縣）人始知向於
文學。至明（代），良有司（地方官）倡導教育，二莫（莫尚俊、莫嶼）同舉
於前，二謝（謝鏜、謝鈗）繼舉於後……」〔註28〕

　　但相對於粵西其它地區，陽春縣的教育還是落後緩慢的。這與其所處地
理環境有關。民國年間任陽春縣長的鄧飛鵬在《陽春縣志序》中說：「陽春民
俗樸厚，文風之盛昔曾見稱於時，然仍未能成爲海濱鄒魯者，蓋以地處兩山

〔註25〕　《民國陽春縣志》卷首署陽春縣長董載泰《陽春縣志序》，第211頁。
〔註26〕　《民國陽春縣志》卷首鄧飛鵬《陽春縣志序》，第212頁。
〔註27〕　《康熙陽春縣志》卷5《學校志》，第47頁。
〔註28〕　《康熙陽春縣志》卷8《選舉志》，第76頁。

（東山、西山）之間，盜賊易於逋逃，變亂迭興，久安未得，重以水利未興，荒瘠多，生產少……況乎交通梗塞，文教未普（及），科學未昌，□□貧困，弱昧之狀尚未能免……」〔註29〕

民族。「陽春偏壤之地，雜猺（瑤）之鄉」〔註30〕。「陽春山林深鬱，徑路險阻，故猺（瑤）多居之。其人衣斑斕布褐，椎髻跣足，言語侏□（難懂），登臨巖險，如履平地，就洞依林，隨山散處，刀耕火種……□來無定，出入持弩腰刀。多藥矢（浸過毒藥之箭），中之必斃……喜則人，怒則獸，忿爭之際，雖至親亦手刃（之）。復仇報冤，視死如歸。往往嘯聚劫掠，朝服夕叛，不可維以恩信……」〔註31〕有時候，瑤人又被稱作「蠻」：「粵東之蠻，端州（肇慶）為甚；端州又以陽春為最。陽春枕界東、西兩山之中，（蠻）巢叢穴谷（於叢林或山谷間結廬而居），習性粗（凶）悍。又有一種亡賴之夫，或困於生理，或苦於誅求，狡焉逞其狼虎之威，往往浪（闖）入（蠻人）巢穴，藉猺（瑤寨）以棲身。猺（瑤）亦資（利用）浪賊之熾道為之嚮導，根連朋濟，狼狽為奸，屯聚則閭里（鄉村）為墟，抄掠則雞犬靡遺。當事者（統治者）剿撫非不代講（歷朝皆剿撫兼施），然剿之則勞師而糜費，撫之則養患而釀禍……」〔註32〕

明代，陽春縣境內的瑤族頻頻作亂是一個令人關注的問題之一。瑤人為何作亂不止？志家認為「凶狡姦猾之人套而導之，利而誘之」。如《康熙陽春縣志》卷18云：「廣（東）在東南而高（州）、肇（慶）一帶山勢險阻，猺獞（瑤僮）窠穴（居住）其中……刀耕火種，依崗附林，其素性然也。向非凶狡姦猾之人套而導之，利而誘之，則彼固太古民（遠古時代品性善良之民）也，何敢肆分外之求，橫行之慘耶？」其實，「姦猾之人」的引誘只是瑤族人作亂的原因之一；更主要的原因則是官府對瑤人的殘酷壓迫、剝削與征剿。至清代，「猺（瑤）已化為狼，狼又化為良民矣。潛消猺狼之禍，而民享耕鑿之利。」〔註33〕

氣候。陽春山區，「瘴癘」盛行。志載：「自（五）嶺以南二十四郡，大率地土皆下濕，偏多瘴癘，而陽春為太甚焉，以偏邑也。」瘴癘盛行，人多

〔註29〕《民國陽春縣志》卷首鄧飛鵬《陽春縣志序》，第212頁。
〔註30〕《康熙陽春縣志》卷18《猺人》，第206～207頁。
〔註31〕《康熙陽春縣志》卷1《風俗》，第26頁。
〔註32〕《康熙陽春縣志》卷18《猺田》，第209頁。
〔註33〕《康熙陽春縣志》卷18《猺人》，第206頁。

夭折，故陽春縣人口稀少。陽春又以「颶風」爲破壞性較嚴重的自然災害之一。志載：「邑（縣）多薰（和暖）風，少寒，惟颶風爲異。（颶風）常發於六月望（農曆十五）之前後……其至也，鳴條怒號，甚者發屋拔木，或一畫夜而止，或二三日而止。夏間日邊有暈如虹，謂之『颶母』，不出二三日即有颶風；或占之犂頭雲及觀鵲巢皆可以驗（預知）。蓋鵲能知來，凡歲多（颶）風則巢低，少（颶）風則巢高也。」〔註34〕

二、古代粵西地區歷史文化研究概況

　　粵西地區由於地處偏僻，歷史上文化落後，又近海多山，自然災害多，民眾貧困，人口稀少，故粵西地區的歷史對於中國的歷史影響不大，正史中難以找到粵西地區的歷史記錄；只是到了明清時期，才編修了幾部粵西府志和縣志。因此，有關粵西地區歷史文化的研究成果較少。筆者所見研究成果約有：

（1）論文方面

　　王增權著有《試論先秦時期雷州與楚國的關係》及《雷州先民變遷初探：兼論中原文化對雷州文化的影響》兩文。在雷州地區古代歷史上，徐聞港的開闢及其對外貿易的開展是一個吸引了較多研究者研究的課題，也發表了多篇文章。如，吳松弟《兩漢時期徐聞港的重要地位和崛起原因：從嶺南的早期開發與歷史地理角度探討》，探討了徐聞的港口條件和戰略地位以及徐聞何以能成爲兩漢時期的主要港口等問題。林南生《漢代「海上絲綢之路」最早始發港——徐聞古港》考察了徐聞古港的興衰歷程、對徐聞古港地址作了考述，還探討了徐聞港的研究開發價值。《嶺南文史》2000 年第 4 期發表了一組有關歷史時期徐聞港的探討文章：有黃啓臣的《徐聞是兩漢南海絲綢之路的出海港》、司徒尙紀等的《漢徐聞港地望歷史地理新探》、阮應祺的《漢代徐聞港在海上絲綢之路的歷史地位》等。還有張榮芳等的《漢代徐聞與海上交通》、沈榮嵩的《漢代古港徐聞的興衰歷史原因》、申友良《南海絲綢之路第一港——徐聞港》（《中央民族大學學報》2004 年第 3 期）等。

　　牧野《雷祖文化芻論》，對「雷祖文化」概念作了界定，對雷祖陳文玉其人其事、雷祖文化的主要表現形式及思想內容等問題作了分析論述，對雷祖祠、雷州石狗習俗、雷州換鼓等雷祖文化精品作了簡介。吳茂信《陳瑸歷史

〔註34〕《康熙陽春縣志》卷 1《氣候》，第 20～21 頁。

地位的定位》，對出自雷州的歷史人物陳瑸作了全方位的考察與述評，對其歷史價值作了定位。研究陳瑸的還有湯開建、蔣素芝的《康熙後期陳瑸治臺事跡述評》（《暨南學報》2003 年第 6 期）、龍鳴的《陳瑸理「番」政策述論》（《臺灣研究集刊》2012 年第 4 期）。申友良《論宋代十賢在雷州》（《嶺南文史》2008年第 2 期），考察了宋代十賢在雷州留下的足跡及其文化影響。林子雄《陳昌齊研究》，對清代海康籍名臣陳昌齊的出身與經歷、編纂與治學、事跡等作了述評。吳建華《雷州人對海神媽祖「敬之獨深」試析》（《湛江師範學院學報》1996 年第 4 期）、《明清時期雷州半島自然災害初探》（《湛江師範學院學報》1999 年第 4 期），分別對雷州半島歷史時期的民間信仰及自然災害作了研究。劉佐泉《雷州文化的歷史及特徵與「海上絲綢之路」》（《湛江師範學院學報》2002 年第 2 期）、《雷州半島石狗文化探源》（《嶺南文史》2002 年第 4 期）探討了雷州歷史文化的具體問題。有關雷州地區歷史文化的論文還有若干，限於篇幅，不再一一臚列。

冼夫人是古代粵西地方史研究的焦點。冼夫人出自南越族冼氏部落，生活於南朝梁、陳至隋三朝。她在歷史上的主要貢獻，一是維持嶺南（主要是粵西地區）的社會治安，平定各地叛亂；二是拒絕割據，努力維持國家統一。關於冼夫人，《嶺南文史》1984 年第 1 期出版了「冼夫人學術研究交流會專輯」，發表了十餘篇文章，討論範圍涉及冼夫人的歷史貢獻、評價、族屬、出生地、墓冢、生卒年代、祠廟等方面。散見的文章還有：梁成材的《冼夫人故里芻議》（《廣東史志》1992 年第 4 期），通過考證，認爲冼夫人的故里在電白縣山兜村；蘇漢材等的《巾幗英雄冼夫人小考》（《廣東史志》1996 年第 2 期），探討了冼夫人的籍貫、高涼郡治的變遷、冼夫人的族屬與粵語方言以及冼夫人是漢粵融合的先導等幾個問題。李爵勳《冼夫人文化源流和基本特徵初探》（《茂名學院學報》2005 年第 2 期）、陳摩人《冼夫人與俚族女權社會：兼談民俗與民間信仰》（《廣西師範學院學報》2005 年第 2 期）、林風、陳睿《冼夫人時代高涼的社會性質》（《茂名學院學報》2005 年第 5 期）、宋其蕤《淺論冼夫人、馮寶聯婚在嶺南民族融合中的歷史功績》（《廣州大學學報》2006 年第2 期）、高煥等《冼夫人與古高涼俚漢民族融合》（《黃山學院學報》2006 年第4 期）、曾麗容的《冼夫人文化資源的類型與分佈》（《學術論壇》2011 年第 10期）、陳小霞《冼夫人文化中蘊含的和諧思想》（《重慶科技學院學報》2014 年第 8 期）等。

　　涉及粵西歷史文化的文章還有曾小全的《清代嘉慶時期的海盜與廣東沿海社會》(《史林》2004 年第 2 期)、高煥《古高涼俚漢民族融合簡況略析》(《廣州社會主義學院學報》2007 年第 4 期)、吳滔《清代梅菉鎮的空間結構與社會組織》(《清史研究》2013 年第 2 期)、魏珂《明清時期粵西地區的社會教化》(《教育評論》2014 年第 1 期)。

　　(2)著作方面

　　湛江市志總編室編的《湛江兩千年》(廣東高等教育出版社 1993 年版)，以編年體形式，簡要敘述了自原始社會直至 1993 年今湛江市範圍的歷史大事。吳建華《雷州傳統文化初探》(天津古籍出版社 2000 年版)，借鑒他人研究成果，對產生雷州文化的土壤——雷州半島、創造雷州文化的雷州人以及流人文化、海洋文化、民間文化等問題作了綜合的敘述。曾國富《宋元明清雷州歷史文化研究》(臺灣花木蘭文化出版社 2015 年版)對若干前人未曾涉及的歷史文化問題展開了專題研究。還有鍾達三《雷州趣談》(廣東旅遊出版社 1994 年版)、張竹西《海康故鄉情》等論述鄉土歷史文化的著作，也有參考價值。除雷州外，論及其它粵西地區歷史與文化的著作則未見出版。

　　由上述可知，學術界對於粵西地區歷史文化的研究，主要成果集中在雷州地區；其它粵西地區（如茂名、電白、吳川、信宜、廉江、陽江、陽春等市縣）的專題研究成果則極罕見，多是在論述嶺南或廣東歷史文化中偶而涉及而已，少見專題研究成果（論文與專著）。

　　粵西地區是南粵大地上一顆璀璨的明珠，歷史文化底蘊深厚，文化古跡遍佈城鄉，旅遊資源極其豐富。但是，由於粵西地處嶺南海北，遠離政治、經濟、文化中心，因此，在歷史上，尤其是在古代，粵西地區人口稀少，經濟發展緩慢，動亂頻生，征戰不已，民不聊生，故粵西地區文化落後，對國家歷史文化甚至區域（嶺南）歷史文化都影響不大，在史籍中留下的記載也寥寥無幾。因而，粵西地區的歷史與文化的研究，在學術界向來都是一個薄弱環節。

　　本課題的研究是一項開拓性研究，是在幾乎沒有多少前人研究成果可供參考借鑒的基礎上開展的。筆者相信，研究工作若能如期完成，不僅可以彌補學術界在粵西地方歷史文化上研究的不足，填補空白；更重要的是，通過這項研究，可以拋磚引玉，帶動整個粵西地區歷史與文化研究的深入開展。

三、本課題研究主要參考資料

1、阮元總裁，《廣東通志》，江蘇廣陵古籍刻印社，1986年。

2、（明）歐陽保纂修：《萬曆雷州府志》（萬曆四十二年刻本）。

3、（清）雷學海總裁、陳昌齊總校：《嘉慶雷州府志》（嘉慶十六年刻本）。

4、（清）劉邦柄修、陳昌齊纂：《嘉慶海康縣志》（嘉慶十七年刻本）。

5、喻炳榮修，朱德華、楊翊等纂：《道光遂溪縣志》（道光二十八年刻本）。

6、王輔之修，駱克良等纂：《宣統徐聞縣志》（宣統三年刻本）。

7、（清）毛昌善修，陳蘭彬纂：《光緒吳川縣志》，清光緒十四年（1888）修，十八年（1892）啓壽刻本影印。

8、（清）孫鑄修，邵祥齡纂：《光緒重修電白縣志》，清光緒十四年（1888）修，十八年（1892）刻本影印。

9、（清）鄭業崇修，許汝韶纂：《光緒茂名縣志》，清光緒十四年（1888）刻本影印。

10、（清）楊霽修，陳蘭彬等纂：《光緒高州府志》，據清光緒十六年（1890）刻本影印。

11、鍾喜焯等修，江珣等纂：《民國石城縣志》，民國三十年（1941）鉛印本影印。

12、邵國孫等纂：《民國電白縣新志稿》，據中國科學院圖書館藏民國三十五年（1946）油印本影印。

13、藍榮熙等修，吳英華纂：《民國陽春縣志》，民國三十年（1941）修，三十八年（1949）鉛印本影印。

14、張以誠修，梁觀喜纂：《民國陽江縣志》，據民國十四年（1925）刻本影印。

　　以上方志資料皆爲無標點不分段的影印本。文章中所引用的史料，分段及標點均爲筆者所斷，錯誤或在所難免；且本課題屬拓荒性研究，無他人研究成果可供參考借鑒，膚淺及謬誤亦屬自然。

一、宋元時期粵西歷史文化述略

摘　要

　　宋元時期，一批來自內地的官員在粵西地區任職，政績良好者不乏其人。另外，粵西山區，封建統治力量薄弱，又是瑤、壯等少數民族聚居區之一，加之地處濱海，各種「寇賊」不時竊發，使粵西地區難得片刻安定。因此，蒞臨粵西任職的地方官，革除積弊及維持治安就成為他們行政工作的重點。蒞粵西任職的官員中，以清廉著稱者多有其人。宋元改朝換代之際，蒙古族入主中原，南宋失去統治地位，其殘存勢力向南撤退，元軍追擊不輟。在宋元改朝換代之際，粵西地區湧現出若干忠義節孝人物。他們為了維護君主的正統地位，寧死不屈，以「殺身成仁」的氣概，表現了粵西人的忠肝義膽。除了忠君愛國者之外，宋元兩代，粵西地區亦湧現了若干身為武將，為地方（本地或他鄉）社會治安及生產作出過貢獻而為人們懷念者。自宋代始，粵西地區的學校教育獲得了較大的發展。在朝廷重視教育政策的激勵之下，地方官重視修葺破敗的校舍，為士人創造良好的學習環境。宋代學校教育事業的發展，為國家為社會培養造就了一批棟樑之材。

關鍵詞：宋元時期；粵西；政治；軍事；文化

一、政治

　　宋元時期，一批來自內地的官員在粵西地區任職。雖然他們的事跡在方志中記載極間略，只有三言兩語或數行文字，然而卻可以看出，他們雖身處「煙瘴」之地的粵西，卻並未因此而心灰意冷，得過且過，而是本著儒家倡導的積極用世的精神，立足粵西，為地方發展經濟，振興教育，安定社會，作出了重要貢獻。

（一）政績良好

　　宋元時期在粵西地區任職的官員中，政績良好者不乏其人。

　　如黃朝鳳（按，《輿地紀勝》作「黃朝奉」），「（宋）景德（1004～1007）初知高州，政先教化，創學（校）興文（教），多士喁喁向化。居民編竹為廬，頻罹火患，乃令易竹以瓦，不給者（無力建瓦房者）助之，州人德焉。」〔註1〕陳亞，建陽（今福建建陽縣）人，北宋真宗在位時知南恩州事，「是時任斯土者多畏其水土之惡（「瘴癘」盛行），皆不之官（蒞任），謂之『遙授』。（陳）亞以人臣之義不敢辭難，遂叱馭而至。以地多煙瘴，猺獠（少數民族）雜處，務行寬政，民甚德之。」傅霄，南宋紹興二十一年（1151）權知南恩州（今陽江市）事，「文章政事迥出眾表，民稱其賢，立五馬坊以榮之。」王亙，福州人，南宋淳熙年間（1174～1189）知南恩州事，「釐弊剔奸，力蘇民瘼，秩未滿卒，葬春州（今陽春市），民到於今哀之。」單卓，「常州人，繼王亙而知南恩（州）者也。恤方蘇之民，敷安全之政，舉前官更始者而圖其成（沿續前任官員的改革事業而取得實績），頗受當地民眾愛戴，「與王亙同尸祝（奉祀）勿諼（忘記）。」留碩，南宋嘉定年間（1208～1224）知南恩州事，「處心公平，以興利除害為先務。秩滿，改知岳州。百姓遮道攀轅，多涕泣者。」陳岳，「福州人，嘉定戊寅（1218）知南恩州事。時民困，公私掃地赤立。（陳）岳撫綏蘇來（讓流寓而來者得以蘇息），推以至誠，民賴存息。」陳岳還為當地民眾做了一件好事：當時，南恩州人多為風水先生之說所蠱惑，將先人靈柩多寄存於庵寺之中，以便尋覓「風水寶地」之後再入土為安。由此造成不少靈柩久留庵寺，以致有子孫衰絕而無人理會，靈柩被委棄於荒野之中者。陳岳出於仁慈之懷，令人砌築二石冢於東山馮將軍墓側，分別男女而埋葬。

王冶，山西太原人，南宋紹興初知南恩州事，在維持地方社會秩序，發展教育事業等方面有突出貢獻。志載他「勤政愛民，歲饑，出粟以賑之，全活甚眾。時盜賊竊發，（王冶）勸民練兵自衛，民得安堵。公（務之）余每（常）詣學宮（校）課（考覈）生徒，或出郭（城外）勸農桑。」〔註2〕

亦有勇於為民請命，果斷革弊者。宋元時期，一些粵西地方官為官一方，即為一方民眾謀福利，與那些得過且過，不為民辦實事的庸碌之官迥然有別。如留正，永春（今福建永春縣）人，由紹興（1131～1162）進士授南恩州（今陽江市）尉。當時，「蓋丁田米折錢之為民病也久矣。前任者以為官為家（為個人陞官著想，為家人利益著想），漠無一語及民」。留正「獨慨然曰：『陽江錢荒（缺少銅錢），有米狼戾（稻米眾多），舍所有而誅（求）所無，重困百姓也。』請於郡，郡難之；遂白於漕（漕運總督，又稱『漕臺』）。祭酒芮公燁矍然起謝曰：『尉（留正）愛民如此，敢不敬聽！』率從輕簡（接受了留正所提便民之策），民至今賴之。」〔註3〕

元代，粵西地方官中，政跡良好者亦不乏其人。如「白景亮，南陽（今河南省南陽市）人，元統甲戌（1334）知南恩州事。明法律，善書算，廉敏果斷，吏畏民懷，均徭役，興學校，縉紳頌之。性狷介勤苦，自奉甚薄，夫妻儉約，惟以脫粟對飯（以脫殼粟米攙和米飯吃）。部使者上其事，特詔褒美，賜以宮錦。」謝必昌，廬陵（今江西吉安市）人，至元庚辰（1340）知南恩州事，平饋輸，均徭役，豐委積，興學校，豪右侵學田，奪而還之。歲饑，發廩（開倉）賑給，全活者以萬計。遇旱，禱雨輒應。州人頌德而不忘。〔註4〕

一些官宦人物，雖在位期間作出了哪些不凡政績，志書缺乏具體記載，但從他們離任或去世後，粵西民眾「思之不置」，或他們本人離職以後不是回歸原籍，而是留居粵西，「樂不思蜀」中，亦可概見他們在粵西期間施政、為官及受民愛戴之一斑。

如李穆，「漳州龍溪人，宋嘉定（1208～1224）間進士。初任龍川（縣）令，後遷石龍知縣。時石龍與吳（川）鄰邑，俱隸化州。宦滿（任期屆滿），民攀（轅阻）留，不忍（其離）去，遂遊寓於吳（川縣），後占籍三柏鄉，為李族始祖。」陳伯鎮，「（福建）莆田人，宋樞密使（陳）文龍之孫，（陳）

〔註2〕以上所引資料見《康熙陽江縣志》卷3《名宦傳》，第77～78頁。
〔註3〕《民國陽江縣志》卷11《建置四·古跡》，第280頁。
〔註4〕《康熙陽江縣志》卷3《名宦傳》，第78～79頁。

八宣之子，元時以明經辟薦任石龍（治今廣東化州市）教諭。教士先德行而後文藝。宦滿，卜居吳川爲乾塘陳族始祖。」寧龍躍，「福建龍溪人，元進士，任石龍（縣）令。宦滿解組，士民攀留。」〔註5〕元代「張允明，（元）天曆間（1328～1330）知南恩州事，文學政事卓越一時，日久而民思之不置。」〔註6〕

（二）保障治安

宋元時期，粵西地區存在諸多弊政。這些弊政的存在加重了粵西民眾的負擔，亦造成矛盾的尖銳激化。另外，粵西山區，封建統治力量薄弱，又是瑤、壯等少數民族聚居區之一，加之地處濱海，各種「寇賊」不時竊發，使粵西地區難得片刻安定。因此，蒞臨粵西任職的地方官，革除積弊及維持治安就成爲他們行政工作的重點。

如留正，「永春（今福建永春縣）人，由紹興（1131～1162）進士授南恩州（今陽江市）尉。其時，「海寇竊發，（留）正語清海節度使判官龔茂良曰：『在法（按法律規定），劫盜贓滿五貫者死，海盜加等。民不知法，故多陷重辟（多犯重罪），請揭示（張帖告示）海濱，使家知戶曉。』民始知避（守法）而盜日息。」〔註7〕林觀，陽江縣人，「以任俠著名，（南宋）紹興（1131～1162）中，海賊陳演添掠高（州）、雷（州）二州，道路阻絕。（林觀）率眾往剿，一鼓而擒。恩州（即南恩州，今陽江市）村落受賜者甚眾。」〔註8〕張恒，電白縣人，「（元）泰定間（1324～1328）爲千戶。高涼（州）猺（瑤）寇電（白）城，賊勢猖獗，諸將有怯志。（張）恒曰：『恒實專戎衛民，忍偷生誤國乎！』遂披甲躍焉（馬）出，與賊戰，劍戟如林，（張）恒猶奮臂殲賊不休，竟以無援死，民祀之。（元）順帝嘉其忠烈，詔旌其祠。」〔註9〕毛士毅，「富川（今廣西鍾山縣）人，由吳川主簿移本縣令，值流賊李接攻城，士毅語縣尉、曹（等）曰：『吾與君（你們）受民社之寄，當以死衛之！』率義勇與賊力戰。（縣）尉死於兵。士毅罵賊亦死之。事聞，上（皇帝）嘉其忠，贈承事郎。」〔註10〕

〔註5〕《光緒吳川縣志》卷8《人物‧流寓》，第343頁。
〔註6〕《康熙陽江縣志》卷3《名宦傳》，第78頁。
〔註7〕《康熙陽江縣志》卷3《名宦傳》，第77頁。
〔註8〕《康熙陽江縣志》卷3《人物傳》，第92頁。
〔註9〕《光緒重修電白縣志》卷19《人物四‧列傳》，第186頁。
〔註10〕《民國石城縣志》卷5《官跡錄》，第483頁。

　　宋元時期對於保障粵西地區社會治安功勳卓著的還有羅郭佐父子。《民國石城縣志》卷7《人物下·列傳·元》記載：「羅郭佐，（石城縣）博教村人。先世居汴（今河南省開封市），祖（羅）廷玉以文學仕宋，授石城（今廉江市）主簿，因家焉。宋季（末），（羅）郭佐杖策從征南將軍史八萬討平海北有功，授朝列大夫、化州路總管。尋（不久）轉廣州路總管，督運糧餉給海北軍士，（於）海上遇警（海盜），罵賊而死。長子（羅）震敦，武校尉，化州路管軍把總，隨父死難；次子（羅）奇襲化州路判官，尋授奉政大夫、雷州路同知，奉檄討猺（瑤），挺身罵賊，遇害。（羅）奇子（羅）元珪救父，（亦）死之。元珪子（羅）仕顯襲武德將軍，廉州路同知，元至正間（1341～1368）督戰船會高（州）、廉（州）、瓊（州）等處官兵剿海寇，戰歿於石礪港，年三十九。一門父子昆弟子孫五人相繼死節，粵人稱爲『羅五節』云。」〔註11〕出自石城縣的羅郭佐父、子、孫三代多人以武衛國，在平定海寇、瑤族作亂，維持粵西地區社會治安上，貢獻突出，深受粵西人敬仰。

（三）為官清廉

　　宋元時期，中央統治者對地方吏治較重視，懲貪獎廉，加之對邊疆地區的官吏人選相對更加審慎，使蒞粵西任職的官員中，以清廉著稱者多有其人。

　　如張格，宋代「知南恩州事，清白自守，仁聞燁然（仁政遠近聞名）。一日遣僦還（致仕還鄉），諸子各有所遺，啟緘（打開箱子）惟臘酒器十，他無一物。」陳豐，興化（今福建莆田縣）人，（南宋）乾道九年（1173）知南恩州事，「政尚廉靜，接物以誠。遇旱，自撰禱詞云：『願俾（使）微臣特減數年之壽，令茲（此）合境普沾三日之霖。』遂大雨滂沱，四郊霑足，民戴其德，且作歌曰：『君不見恩平（即南恩州，一度改名恩平州，今陽江市）陳守（豐）賢，優游治郡如烹鮮。』秩（任期）未滿而沒（去世），囊無餘資。民哀思之。」徐應龍，建寧（今福建省建寧縣）人，南宋淳熙二年（1175）進士，知南恩州事，「政清而嚴，奸豪屏跡。民歌曰：『生我父母在何許（方），養我父母惟州主（徐應龍）』。」李維，巨野（今山東巨野縣）人，南宋淳熙（1174～1189）初知南恩州事，以爲官清廉著稱，以致民間流傳著這樣一段有關李維兄弟立志作清官的神話：「值弟（李）維提舉廣東常平（倉），酌別（飲酒告別）江濱，兄弟相勵，矢言（發誓）曰：『倘（如果）負君民，有如此水（喻

〔註11〕《民國石城縣志》卷5《宦跡錄》，第516頁。

一去不回）！』遂投杯於江，杯停不沒者久之，觀者驚歎，且歌曰：『石門之水清且清，廉吏一歃（飲）千古榮；爭（怎）如李公（維）投杯盟，江流洶洶杯停停。』」〔註12〕投杯於江而杯浮不沉，這是不可能的事。此則神話藉此以喻李維、李綸兄弟在廣東任官皆以清廉而著稱。張夒，海陽（今廣東潮安縣）人，登北宋政和八年（1118）進士，任茂名縣令。在任期間，「卻豪戶賄，黜贓吏，有廉名，辨民冤獄，太守疑焉。（張）夒投告身（任官證書）而去。太守悟而留之。（張）夒持己清嚴，秋毫無取。諸司薦南中（南方地區）廉吏，惟（張）夒一人。（宋）高宗賜璽書褒美。」〔註13〕薛利和，「河東（今山西太原市）人，（宋）皇祐（1049～1054）中知春州（今陽春市），秉心耿介，蒞政清勤，新南樓，修城門，葺府庫，重（修）廟屋，作勸農亭，立招商院，得爲政之體焉。」〔註14〕薛利和不僅爲官清廉，而且政績突出，對於陽春縣各方面事業頗有建樹，深受當地人愛戴，因而得「入祀典」（入祀名宦祠）。

受以上清官事跡的感染，一些學有所成，出任異鄉爲官的粵西人亦以爲官廉潔而著稱，如蔣科，宋代電白縣人，「登寶祐丙辰（1256）進士，爲瓊州（今海南省）教授，篤志教養，較文（品評文章）以器識爲光。提學驗其才，以持己廉潔薦於朝，秩滿（任期屆滿），擢儋（州）之宜倫（今海南儋州市東北）令，撫輯裔峒（居住於山峒的少數民族），教以詩書，於聲利淡如也。」〔註15〕張仲明，元代化州人，「至大間（1308～1131）鄉舉及進士二甲，授廣西鬱林州同知，惠以撫民，勤於蒞事。時有公田以養官廉，年豐則收利，歲荒則蠲免，民號爲『清水張』。」〔註16〕

在宋代，政治舞臺上一個令人矚目的現象是黨派鬥爭激烈。其時，粵西地區還是個「蠻荒」之地，人煙稀少，經濟落後，因此成爲朝廷流放貶官的首選。政爭的失敗者多被貶至粵西地區安置。對於這些被逐，落泊而來的官員，不同的人表現出不同的態度。士民對於貶官懷著的是同情並崇敬的心情；而一些勢利的地方官表現出的卻是幸災樂禍，甚至是落井下石的態度。

例如，據方志記載，劉安世（1048～1125），北宋魏（治今河北省邯鄲市大名東）人，字器之，中進士後，歷官左諫議大夫、寶文閣待制，以言事激

〔註12〕　《康熙陽江縣志》卷3《名宦傳》，第77～78頁。
〔註13〕　《光緒茂名縣志》卷4《職官‧宦績傳》，第173頁。
〔註14〕　《康熙陽春縣志》卷12《名宦志》，第119頁。
〔註15〕　《光緒重修電白縣志》卷19《人物四‧列傳》，第186頁。
〔註16〕　《光緒高州府志》卷37《人物十‧列傳》，第519頁。

切，被稱爲「殿上虎」，由此得罪權貴，北宋紹聖年間（1094～1098）被掌權的章惇所貶，安置梅州（治今廣東梅州）。徽宗即位後重加起用，後又爲蔡京所逐，被貶至高州。志載：「紹聖初，黨禍起。劉安世尤爲章惇、蔡卞所忌，遠謫高（州）、梅（州），盛夏奉老母以行，人皆憐之。一日行山中，扶其母籃輿（竹編轎子）憩樹下，有大蛇冉冉而至，草木披靡，擔夫驚走。安世不動也。蛇若相向者久之，乃去。村民羅拜曰：『公異人也。蛇乃此山之神，見公喜相迎耳。』」〔註17〕此則記載充滿了神話色彩，大蛇披靡草木冉冉而來，眾人皆落荒而逃，劉安世卻泰然處之（這正是劉安世在朝廷中無視權貴，對利害泰然處之的隱喻），原來是「蛇神」對劉安世這位正直官員表示敬意，是「喜相迎」。這則故事或許是粤西民眾所編，表達的是粤西人對被貶正直官員的無限崇敬之情。

范祖禹，字淳甫，號「純夫」，亦於北宋時被貶逐至粤西，「卒於化州，今州城南有范公墓。」范祖禹被貶至粤西後，亦受到地方民眾的崇敬及愛戴。據傳說，范祖禹去世後，得一風水先生指點，葬於「吉穴」，其後代果然興旺發達。方志如是記載：「范純夫（祖禹），自竇（竇州，今廣東信宜市）移化（州），朝旨嚴峻，郡官不敢相聞（問）。既至城外，父老居民皆出迎，或持金幣來獻。純夫謝遣之，一無所受。（父老居民）皆感泣而去。化州城外寺僧一夕見大星（此「大星」暗喻范祖禹）殞（於）門外，中夜聞傳呼開門，果然是（當）夜公（范祖禹）薨。後三日殯於寺中。賓州人李寶善地理（風水），謂純夫子（范）沖曰：『寺當風水之衝』，指寺北山一穴曰：『此可殯（下葬），不惟安穩，歲餘（一年左右）必得歸。』遂卜之改殯。是年颶風作，屋瓦皆飛，大木盡拔，獨此山殯所不動（無損）……土人（當地人）至今廟祀。」〔註18〕這其實是粤西人「好人有好報」思想的曲折反映。

而梁燾被貶化州之事，讀罷更是催人淚下。方志記載：「梁燾之貶化州也，分其子孫一半在鄆州（今山東鄆城縣東）。時幼子八歲，孫二歲，至潭州（今湖南長沙市），爲知州俞陟所逼，家人數日環聚泣別。（梁）濤奮（憤）然擲（推）其子於地，其孫挽衣不肯去，（梁）濤掣（推開）其手而行，雨中徒步以出。道路（路人）爲之泣下。」〔註19〕潭州知州俞陟是個趨炎附勢、落井

〔註17〕《光緒高州府志》卷54《紀述七‧雜錄》，第807頁。
〔註18〕《光緒高州府志》卷54《紀述七‧雜錄》，第807頁。
〔註19〕《光緒高州府志》卷54《紀述七‧雜錄》，第807頁。

下石的小人，也許是為了討好朝中權貴，故意不讓梁濤家人團聚，要截留其一部分親屬於潭州，置於其淫威之下。而在梁濤看來，粵西是人人皆知的「瘴癘之區」，一起同去也許是同歸於盡，留下一部分未必不是好事。異日「一朝君主一朝臣」，說不定還有回朝任職之日，那將是闔家團聚之時！

　　宋元時期，已有粵西人物通過科舉之途晉身士宦，在朝中或地方任官職。見於方志記載的有：

　　吳頤，吳川縣人，其先世來自閩，「天性剛正，學歷深邃。景定甲子（1264）舉於鄉，咸淳乙丑（1265）特奏〔註20〕第四名進士，授光祿寺卿。遭時多故，致政旋里……厥後科名蔚起，盛德之報固不爽云。」〔註21〕梁楚，電白堡人，紹興（1131～1162）中攝廉州博白縣令，亦應是科舉晉身者。志載，「時交阯（今越南）犯境，（梁）楚守（博白縣）城，與賊戰，引弓連斃數賊，官兵不援，城陷，為賊所執，以火炙之。（梁）楚罵賊，死不絕口。高宗嘉其節，贈禮部侍郎。」〔註22〕韋君載，宋代陽春縣人，南宋淳熙二年（1175）進士，「權廣南路提舉鹽茶。嘗奏減官賣鹽及增收鹽勄錢，商民稱便，行業文章一時推重。」梁國傑，元代陽春縣人，「有才略，兩任鄰封，不私故舊，累官昭勇大將軍、沿海招討使，威令嚴明，士卒用命，海寇逃跡。」〔註23〕

　　但亦有一些粵西士人雖博學多識，卻淡泊於名利，對科舉晉身不甚熱衷者。如宋代吳川人氏李凌雲，其先閩人，「生有淑質，穎異能文。及長，厚重寡言，以博學篤行舉於鄉，淡靜不仕，崇祀鄉賢（祠）。」〔註24〕楊維寶，電白縣爵山村人，「登元順帝丙辰（按，元順帝在位期間無「丙辰」年，或是「丙申」即1356年之誤）進士，以張士誠兵起，遂（隱）居不仕。明洪武登極，詔舉遺逸，亦竟不起。」〔註25〕

〔註20〕　特奏：宋代科舉考試制度，進士諸科「正奏名」之外，凡士人貢於鄉，屢黜於禮部，或廷試所不錄取者，積前後舉數，參其年而差等之，遇皇上親自策士則別籍其名以奏，經允許附試，稱為「特奏名」。《文獻通考》云：開寶三年（970），詔禮部閱士十五舉終場者賜本科出身，此「特奏名」恩例之始。景祐（1034～1038）初，詔令諸科五舉及嘗參預先朝御試（廷試），雖試文不合格，皆以名聞。自是循以為常。

〔註21〕　《光緒吳川縣志》卷7《人物四·列傳》，第263頁。

〔註22〕　《光緒茂名縣志》卷6《人物中·列傳》，第229頁。

〔註23〕　《民國陽春縣志》卷10《人物》，第378頁。

〔註24〕　《光緒吳川縣志》卷7《人物中·列傳》，第263頁。

〔註25〕　《光緒重修電白縣志》卷19《人物四·列傳》，第186頁。

急流勇退是部分粤西士人對政治的一種態度；而另一種態度則是迎逆流而上，置個人利益甚至生命於不顧。北宋時期，鞠杲上疏抨擊章惇專權誤國即爲一例。據方志記載：「鞠杲，邑（吳川縣）人，河南鞠泳之後（後裔），舉元祐（1086～1094）進士，元符（1098～1100）中年入汴（京）上書排（抨擊）章惇、蔡卞等罪，辭極抗直。（章）惇怒，以（鞠）杲錄黨籍〔註26〕，遷謫坎壈（比喻命運坎坷）終身。」〔註27〕儘管北宋末年的改革與反改革，變法與保守，或眞或假，或利或弊，錯綜複雜，是非難斷，但鞠杲身處距離京城（今河南開封市）遙遠的粤西，卻毅然進京上疏，評論政治得失，關心國家大事，其志向還是值得肯定的，故在粤西地方得以「崇祀鄉賢」。

宋元時期，朝廷及地方官對於革除粤西地區社會存在的陋習也頗重視。粤西地區人文落後，社會上迷信盛行，「淫祀」、「祭鬼」之事處處可見，如方志記載，陽春縣，「疾病不事醫藥，崇信師巫，親友相率以牲體（宰牛殺豬）禱於神祇，名爲保福。」〔註28〕事聞朝廷，北宋淳化元年（990），朝廷詔「禁嶺南淫祀，禁嶺南殺人祭鬼，使州縣察捕募造（淫祀）者賞之。」〔註29〕

二、軍事

南宋時期，粤西地區曾發生一次兵變。叛亂者被稱作「軍賊」，領導者爲凌鐵。旋被平定。平定這場兵變的功臣，一說是鄧酢，另一說是高居弁。《光緒吳川縣志》卷104《紀述・事略》謂：「（紹興）三十一年辛巳（1161），軍賊凌鐵作亂。廣西運判（轉運判官）鄧酢部至吳川，降之。」此據《廣西通志》。而《（建炎以來）繫年錄》則記載：紹興三十一年（1161），「知化州廖顒言軍賊凌鐵等嘯聚雷（州）、化（州）境內，望將雷州改除武守（要求將雷州行政交由武將執掌）。時東南第十二將高居弁會五州官兵與戰。（凌）鐵敗死。乃命高居弁知雷州，兼節制高（州）、容（州）、廉（州）、化（州）四州軍馬。」此據《輿地紀勝》。兩說未知孰是。

〔註26〕北宋末年，圍繞著變法，朝中官員形成改革與反改革（保守）兩派，鬥爭激烈。封建時代，最高統治者最忌怕的就是大臣結黨營私。因此，改革派與保守派都互相指斥對方爲「奸黨」，列入「黨籍」者禁錮不得任官。
〔註27〕《光緒吳川縣志》卷7《人物中・列傳》，第263頁。
〔註28〕《康熙陽春縣志》卷2《風俗》，第26頁。
〔註29〕《康熙陽春縣志》卷15《祥異紀事》，第154頁。

　　南宋淳熙六年己亥（1179）夏六月，粵西地區又經歷一次動亂：「廣西妖賊李接破鬱林州（今廣西玉林市），遂圍化州。（南宋朝廷）命經略司討捕之。十月，妖賊平。盜李接起（事），陷容（州）、雷（州）、高（州）、化（州）、貴（縣）、鬱林等州。靜江府教授吳獵請賞勞誅罪。經略劉焯於是錄鬱林功，誅南海縣尉、鬱林巡檢。（於是）人人驚勵爭死（士卒震驚，作戰時爭相效命）。鬥不逾時，盜悉就擒。」〔註30〕這場動亂雖歷時數月，但叛亂隊伍所經之處，擄掠燒殺在所難免，脅迫平民從亂亦屬常見現象；而官兵平叛，糧餉費用常由當地民眾分攤，若官軍約束不嚴，虐待民眾及劫掠之事亦自難免。總之，戰爭對於粵西地區的破壞是不言而喻的。

　　宋元改朝換代之際，蒙古族入主中原，南宋失去統治地位，其殘存勢力向南撤退，元軍追擊不輟。據方志記載：至元十五年戊寅，即南宋衛王趙昺祥興元年（1278），西道宣尉司遣管軍崔永、千戶劉潭、王德用招降雷（州）、化（州）、高（州）三州，即以崔永等鎮守之。此前一年，即南宋景炎二年（1277）十一月，南宋朝廷往南撤退。元師追至，次仙澳，與戰得勝。南宋君臣再往南撤退，於次年（1278）三月，宋益王趙昰遷至粵西硇州島（島在吳川縣南，屹立海中，當南北要衝）。此時，在雷州，曾淵子起兵勤王。元將多次遣人招降，皆未如願。元將進兵攻之。曾淵子孤軍難敵，奔硇州。宋以曾淵子爲參知政事，廣西宣諭使。

　　四月，宋益王趙昰憂懼而死，卒年十一。

　　宋益王趙昰臨終之際留下遺詔一道，此即《景炎遺詔》。詔書期望南宋新君與大臣同心同德，於艱難中支撐南宋統治於不墜。遺詔曰：

> 朕以幼沖之資，當艱厄之會，方太皇命之（往）南服（方），黽勉（勤勉、努力）於行。及三宮胥而北遷（按，指停留京城而被俘北遷的南宋君臣宮女們），憂懼欲死。臥薪之憤，飯麥不忘。奈何乎人猶託於我，涉甌（浙江溫州）而肇（開啓，建立）霸府，次閩而擬（建）行都。吾無樂於爲君，天未釋於有宋（按，指天意仍願意維持南宋之統治）。強膺推戴，深抱懼慚，而夷虜（蒙古統治者）無厭，氛祲甚惡。海桴（小筏子）浮（海逃）避，澳岸棲存。雖國步（國運）之如斯，意時機之有待。乃（於是在）季冬之月，忽大霧以風（大霧兼狂風），舟楫爲之一摧，神明拔於既溺（喻死裏逃生）。

〔註30〕《光緒吳川縣志》卷10《紀述‧事略》，第365～366頁。

事而至此，夫復何言！矧（何況）驚魂之未安，奄北哨其已及（指元軍已追及）。賴師之武，荷天之靈。連濱於危（指危機連連），以相所往。念眾心之鞏固，忍萬古以違離。藥非不良，數不可逭（命運難以改變）。惟此一髮千鈞之託，幸哉同氣之依！衛王（趙）昺聰明夙成，仁孝天賦。相從險阻，久繫本根。可於柩前即皇帝位，傳璽綬，喪制以日易月（古制守喪三年，即三十六月，此謂守喪一月即可）。内庭（後宮）不用過哀，梓宮無得輒置金玉。一切務從簡約安便。州郡權暫奉陵寢（指陵寢安葬事宜暫且託付州郡辦理）。嗚呼！窮山極川，古今未嘗之患難。涼德薄祚，我乃有負於臣民。尚竭至忠，共扶新運。故茲詔示，想宜知悉！〔註31〕

群龍無首，一時人心離散，多欲各奔前程。大臣陸秀夫激勵眾心，說：「度宗皇帝一子尚在，將焉置之？古人有以一旅一成（狹小地盤）中興者〔註32〕，今百官有司（衙門）皆具，士卒數萬，天若未欲絕宋，此豈不可爲國邪（耶）！」於是，與眾人共立衛王趙昺，時年僅八歲。五月，趙昺即位於硇洲島，改元「祥興」，升硇洲爲「翔龍縣」，隸化州（傳說，當時有黃龍見於海中，因改元『祥興』，升硇洲爲翔龍縣）。但是，此時國土大部分已在元朝統治之下，雷州亦已劃入元帝國版圖，硇洲處於背腹受敵不利態勢之中，南宋殘餘勢力實在無法在硇洲長久立足，不得不再往海上退卻。「六月，宋衛王趙昺自硇洲遷於新會之厓山。時宋君所泊居雷（州）、化（州）犬牙處，而厓山在巨海中，與奇石山相對。張世傑以爲天險，可扼以自固，乃奉其主（趙）昺移駐（厓山）。」〔註33〕

然而，不幸的是，南宋統治未能像當年夏朝那樣，雖一度遭遇動亂、危機，而最終得以力挽狂瀾，重握王權；南宋的統治在元軍風捲殘雲的衝擊之下，就像「落花流水春去也」，一去不復返！

俗語說：「疾風知勁草，世亂識忠臣」。在宋元改朝換代之際，粤西地區湧現出若干忠義節孝人物。他們爲了維護君主的正統地位，寧死不屈，以「殺身成仁」的氣概，表現了粤西人的忠肝義膽。

〔註31〕《光緒吳川縣志》卷10《紀述・事略》，第366頁。

〔註32〕按，指夏朝建立前期，國內曾發生動亂，京師被佔領，王權遭篡奪。少康外逃，依靠一支弱小軍隊的支持，最終得以戰勝敵對勢力，復國爲主。此事史稱「少康中興」。南宋大臣以此自況，激勵臣民不要恢心喪志，要對前景充滿信心。

〔註33〕《光緒吳川縣志》卷10《紀述・事略》，第366～367頁。

如，至死不屈的典型有：潘惟賢，茂名縣人，南宋咸淳年間（1265～1274）「以鄉貢知本縣事。元兵抵高州，（南宋）幼主渡海至那黎港。（潘惟）賢詣行在，奉命守禦白沙寨。敵勢猖獗，人皆降附。（潘惟）賢仰天大慟。有從容勸諭之者，賢憤然厲聲曰：『忠臣不事二君！我（生）為宋臣，（死）當為宋鬼耳！』及被執至電白，憤罵不屈，遇害。」潘惟賢子潘斗輔，宋末電白知縣，其父抗元不屈被俘，死在旦夕。潘斗輔「備金求贖，（元人）不受；請以身代，不許，而竟殺其父。斗輔怒，持劍（發）誓馳寨（元兵營）殺賊。或止之，斗輔哭曰：『為子死孝（作為人子者應為孝而死）！萬一（如果）藉此劍剚（刺，割）賊之腹，庶幾（或許）可以報父（之仇）；不然，願隨父於地下耳！』（其）弟（潘）梅窗欲俱往，斗輔止曰：『汝宜存祀，毋俱殞（死）也。』竟赴賊而死。聞者哀焉。」〔註34〕

關於潘惟賢、潘斗輔父子英勇抗元鬥爭的事跡，《光緒重修電白縣志》卷27《紀述三·金石·潘氏三賢碑》更有詳盡生動的記述，謂：

> 惟賢潘公，宋高州軍茂名縣博鋪鄉萬平里田艻村人也，為陳三教諭贅婿，有康濟之才，以鄉貢拜茂名縣尹，九載無代。時咸淳（1265～1274）末年，天下鼎沸，元室方興，遊兵將抵高州。宋幼主自閩渡海至那黎港艤岸（停船靠岸），舳艫塞海，旌旗蔽空。海濱父老爭以牛酒迎勞。公（潘惟賢）亦以職（縣尹）上覲，奉命守白沙寨，隄（提）備元兵。既而王舶往交趾（今越南），敵愈昌熾，人皆奔降不暇。公仰天大慟，志無所屈。（其）子（潘）斗輔、（潘）梅窗從容諫曰：「方今宋滅元興，大勢已定。況中朝將相皆已歸之（元朝），大人何固執如此？」公憤然變色，厲聲曰：「烈女不事二夫，忠臣不事二主！我為宋臣，當為宋鬼！斷不效他人妾婦之為也！」遂為敵執至電白縣。其（元軍）帥見公顏色不變，語言自如，頗異之。公奮罵不屈，竟遇害。時（潘）斗輔將赴其難，（潘）梅窗亦欲往。斗輔止之曰：「父之仇誓不共戴天，固不可不報也！然而宗祀不可絕，報父之事我自任之，爾當擇善地以為遁計而存宗祀。」乃仗劍窺父所在，襲而不克，亦死之。……（潘）惟賢不忍忘君而事仇；（潘）斗輔痛父而忘其身；（潘）梅窗受兄之命，全身以為潘氏宗祀千載之圖，視古人何歉焉！嗚呼！凡此皆忠孝大節，乾坤日月光華之所見，

〔註34〕（《光緒茂名縣志》卷6《人物中·列傳》，第229頁。

海嶽風霜，草木之所知而國史勿載，乃知忠臣孝子抱幽憤於重泉者
世固不少也！嗚呼惜哉！〔註35〕

又如，陳惟中，吳川縣人，「寶祐四年（1256）進士，任文昌縣（令）。景炎
（1276～1278）中，端宗遷硇洲。惟中轉餉。艘（船）至井澳，將趨硇洲。
元將劉深帥水兵來追。張世傑前鋒稍卻。（劉）深縱火焚艦。惟中與吳川司戶
何時方朝食，投箸而起，親冒矢石，俱被創，力戰。值天反風（風向轉變），
我艘（宋方船隻）乘上流亦縱火。（劉）深兵始逃。」〔註36〕

在宋末抗元鬥爭中表現突出的還有陳惟中之兄陳子金：「陳子金，（陳）
惟中兄也。以大學上舍爲廬陵丞。景炎丁丑（1277）間元兵陷臨安（今杭州，
南宋都城），（陳子金）與主簿吳希奭、（縣）尉王夢應起兵勤王，復袁州（今
江西宜春市）。元兵敗走。已而湘部諸郡縣相繼陷沒。子金中流矢死。希奭力
戰亦死。夢應收殘卒趨永新（今江西永新縣），圖後舉，力不能支，亦死。廬
陵（今江西吉安市）稱『三忠』，立祠祀之。」〔註37〕又有「黃十九，電白人，
爲高州路巡檢，時元兵猖獗，帝（趙）昺航海避寇，駐蹕於莊山。元兵來攻，
（黃）十九奮勇與戰於山下，死之。敕封忠烈侯。」〔註38〕

亦有人立志「生爲宋人，死當爲宋鬼」而顯示其忠義情懷者。如「梁義夫，
電白下堡寧鄉人，博通經史，在庠序（縣儒學）負時名，當路（當地官員）以
偉器期之。值元興，屏跡山間。臨歿，命其子書『宋梁義夫之墓』。」〔註39〕

除了上述忠君愛國者之外，宋元兩代，粵西地區亦湧現了若干身爲武將，
爲地方（本地或他鄉）社會治安及生產作出過貢獻而爲人們懷念者。

如張友明在元代抗擊海盜戰爭中就表現突出。志載：「張友明，邑（吳川
縣）人，元至正九年（1349），海寇犯合浦，逼瓊山宣慰司。（有司）檄化州
路通判游宏道以（張）友明爲義士，因同會高（州）、瓊（州）、廉（州）諸
郡兵船數千船追寇於海南澄邁之石礵港。時寇窮蹙死戰。友明爲先鋒，與（寇）
戰。俄而海南番兵（雇傭兵）赴水（逃）走。寇乘勝四合。諸官兵皆潰。惟
（張）友明與（游）宏道、木蘗飛、羅武德俱以戰死。」〔註40〕

〔註35〕《光緒重修電白縣志》卷27《紀述三·金石·潘氏三賢碑》，第281頁。
〔註36〕《光緒吳川縣志》卷7《人物·列傳》，第263頁。
〔註37〕《光緒吳川縣志》卷7《人物·列傳》，第263～264頁。
〔註38〕《光緒高州府志》卷37《人物十·列傳》，第517頁。
〔註39〕《光緒茂名縣志》卷6《人物中·列傳》，第229頁。
〔註40〕《光緒吳川縣志》卷7《人物·列傳》，第264頁。

劉承忠亦爲吳川人,「元末官指揮使。江淮蝗旱,(劉承忠)督兵逐捕,揮劍驅蝗。蝗飛境外。元亡,自沉於(黃)河。江淮間咸祀之,稱爲『劉猛將軍』。」〔註41〕黃子壽,「信宜人,元末充本縣牌兵。時海寇麥福破郡城(高州城),至本邑(信宜縣)大掠,攘印(搶奪縣令印璽)而去。子壽力戰卻之,城得不陷。後拜(黃子)壽爲高州路同知。」張恒,「電白人,(元)泰定間(1324〜1328)爲千戶。猺(瑤)寇電(白)城,諸將有怯志,(張)恒曰:『恒實專戎衛民,忍偷生誤國乎!』遂披甲躍馬出,與(猺寇)戰。(時)劍戟如林,(張)恒獨奮擊,殄(殺)賊不休,竟以無援死。邑人祀之。帝嘉其忠烈,詔旌表其祠曰:『旌義』。」〔註42〕又有「羅福,石城(今廣東廉江市)人,爲化州路樞密院同僉,素有勇略。順帝十五年(1345),山海賊麥福、黃應賓、潘龍等聚徒割據雷州路。十九年(1349),(羅)福領兵擊之,諸賊散走,以保障功升本州都元帥。元末嶺表(南)騷然,(羅)福乃專制其地。及明興,洪武元年(1368),征南將軍馳檄徇(略取)郡縣,(羅)福遂以高(州)、雷(州)歸附。時改化州爲府,即以命福(任命羅福爲化州知州)。」〔註43〕

三、教育

宋代以前,粤西地區學校教育狀況如何,由於缺乏史料記載,難得其詳。自宋代始,粤西地區的學校教育獲得了較大的發展。這與朝廷重視文教事業的開明政策有密切之關係。正如南宋時期南恩州(今陽江市)守丁璉《徙南恩州學記》所言:「今朝廷崇尚儒術,作興人才,四方一視(國家統一,政策一致),不異遠邇,庠序(學校)之興彌滿天下,絃歌講習洋洋盈耳。」此所謂「南恩州學」,即陽江縣儒學。陽江縣儒學教育事業的振興,顯然與當地官員對教育的重視密不可分。

據方志記載,陽江「縣學在鼉山右麓縣署之西,即按察司故址,宋隆慶四年〔註44〕始創恩州學於城南二里,即今之白沙寺右,而陽江縣學在城內西

〔註41〕《光緒吳川縣志》卷7《人物·列傳》,第264頁。
〔註42〕《光緒高州府志》卷37《人物十·列傳》,第518〜519頁。
〔註43〕《光緒高州府志》卷37《人物十·列傳》,第520頁。
〔註44〕按,查宋無「隆慶」紀年。據史籍記載,北宋慶曆四年(1044),朝廷要求全國各州縣都要設學校,興教育。陽江縣地方官按理亦應奉令而行。南宋有「隆興」(與『隆慶』音近)紀年,但僅只兩年,與「隆慶四年」又不合;加上「隆興」紀年爲1163年〜1164年,距北宋「慶曆興學」已隔100餘年,於理亦不合。「隆慶」爲明代年號之一,與「宋隆慶」更是風牛馬不相及。故估計是方

南隅，即今之城隍後坊，紹聖四年（1097）知州丁璉以州學僻遠，徙州學於城內東南隅永泰坊。」〔註45〕估計南恩州學與陽江縣學同時於北宋慶曆四年奉朝廷之令興辦。州學原在城外二里，因教學不便，後遷入城內。州學在城內東南，縣學在城內西南。紹聖四年（1097），南恩州知州丁璉寫了一篇題爲《徙南恩州學記》的記事文章，對州學遷徙入城有具體記述，謂：

> 古之所謂成人有德，小子（年青人）有造者，出於上之風化，
> 然其本實始於一國一鄉。今朝廷崇尚儒術，作興人才，四方一視，
> 不異遠邇，庠序（學校）之興彌滿天下，絃歌講習，洋洋盈耳。嗚
> 呼盛哉！恩平〔註46〕舌（古）郡，漢屬合浦，舊學（按，此指南恩
> 州學）去城南幾（幾乎）三里，荒污敞廢，廊室不支，垣墉頹圮，
> 士人患之。會漕使大夫傅公按部至此，偕曹判馮公登望海臺，周覽
> 形勝，因指城隅之東曰：「此山川回合，風水之佳，宜徙學（學校）
> 以就焉。」僉（都）悅而從。乃命出泉（錢）於公（官府），傔（租
> 賃）力於民，鳩工掄（選擇）材，徙舊增新，不日而就。（從此）蔽
> 守有門，步趨有廊，聖師（孔子）有殿，祭祠有廳，經籍、祭器有
> 庫，講義（授課）有堂，（學）正（學）錄有位，生徒冑子（貴族子
> 弟）有齋（書齋、學舍），庖湢（廚房、浴室）有舍，基隆宇壯，不
> 華不陋，垣堵屹立，翕然皆具。經始於（紹聖四年，1097年）孟秋，
> 落成於季冬，用不匱而功不勞。璉（作者丁璉自稱）嘗謂禮義由賢
> 者出，庠序（學校）者禮義之地。恩平（今陽江）士子朝夕遊息於

<hr />

志作者記憶錯誤或筆誤所致。「隆慶」應爲「慶曆」之誤。《民國陽江縣志》卷11《建置四·古跡》有謂：「舊南恩州學，宋慶曆四年建，在城南二里許，即今白沙寺地基，紹聖四年（1097）移於城內永泰坊。」（第273頁）。《明提學林大春重修縣廟學記》亦云：「按，陽江古隸恩州，宋慶曆中，州縣皆有學。」《李綺重建（陽江）縣學記》記述得更具體，謂：「陽江古之西平地也……宋加爲南恩州。慶曆四年創州學於城南城內西南隅，另設縣學……」（《民國陽江縣志》卷17《學校志一·學宮》，第331頁、第333頁）。可見這一判斷是正確的。

〔註45〕《民國陽江縣志》卷17《學校志一·學宮》，第331頁。

〔註46〕據《康熙陽江縣志·建置考》：「〔唐〕貞觀（627～649）中，廢高州都督府，置恩州，又更置陽江、齊安、西平、杜陵四縣屬之。天寶元年（742）改恩州爲恩平郡。至德二年（757）又改齊安縣爲恩平縣。大順二年（891）復徙郡治於恩平縣。五代間，南漢劉隱據郡。宋開寶四年（971）徙治於陽江（縣）。」（第8頁）可知此「恩平」實指陽江縣。

兹，朋磋友磨，講道勸藝，樂得其所，有嗣音之子衿而俶達之誨不
習於城闕，千里之内，觀風親化，偄囂（倔強）者良（溫和），悍（兇
悍）者願（恭謹），人人有士君子之行，異日登膴仕（科舉及第），
擢朝用，不負於庠序之教，庶幾彷彿洙水杏壇之化焉。璉忝守是邦
（我受委託任此州之守），於其成（學校的修成）也，諸生請爲之記
而樂書之。紹聖四年（1097）季冬吉日。〔註47〕

在朝廷重視教育政策的激勵之下，地方官重視修葺破敗的校舍，爲士人創造良
好的學習環境：「南恩（州）自朝廷復興庠序以來，士之峨冠博帶、爭趨場屋（爭
相入學赴試）者幾十人，其間篤志燈窗者（刻苦勤學者）固亦不少。」〔註48〕

不僅是地方官以興建學校、修葺破損的校舍、爲師生創造良好的教學條
件，作爲自己應盡職守；教官亦想方設法以激勵士子刻苦向學，異日得成爲
國家有用人才。宋代南恩州（今陽江市）學教授陳輯請人繪畫孔子授徒畫像，
目的就在於期望學士們都能像春秋時期的孔子學有所成的弟子那樣，刻苦學
習，爭取異日成爲國家棟樑之材。其意義猶如當今許多大中小學都重視塑造
名人雕像或張貼名人畫像一樣，旨在激勵後學者見賢思齊。《孔子小影（畫像）
記》大意謂：

先聖孔子之像，世上雖有流傳，但由於去古既遠，故其畫像大多類似於
黃帝像、成湯像，或類似於唐堯、夏禹像。孔子的真實形象如何，世人難得
而知。某日，南恩州學教授陳輯有幸親見孔子第四十六代孫孔宗壽家藏的一
張孔子的畫像，是唐代著名畫家吳道子所畫，畫的是孔子按几（小桌子）而
坐，從以十弟子。畫像逼真生動，見者無不肅然起敬，彷彿自己就站立在孔
子聖人的身邊一樣。州學教授陳輯想，如果將此畫臨摹下來，張貼於州學御
書閣牆上，讓學士們每日觀看，豈不可起到激勵士子成才的作用？於是，陳
輯教授恭請南恩州守傅霁臨摹其像。陳教授對傅州守說：「此唐人名筆，嶺海
所無（未見），況經兵火之後，其像尤難得。若表之閣中，俾士子得以瞻仰，
如親與十哲（孔子十位學有所成的弟子）摳衣請益於吾夫子之前，豈不甚善
乎？」陳輯教授之所以要請州守臨摹此畫而不請其它人，是另有深意所在的。
陳輯是潮州人，潮州原來教育事業亦十分落後，後來著名文豪韓愈因上書言
事得罪皇帝，被貶至潮州做地方官。韓愈賞識並委任當地學有所成的進士趙

〔註47〕《民國陽江縣志》卷17《學校志一・學宮》，第331頁。
〔註48〕《康熙陽江縣志》卷4《藝文志・孔子小影記》，第106頁。

德肩負潮州興學育才之任，遂使潮州文教形勢大變，人才輩出，「始，潮（州）之人未知學，及公（韓愈）命進士趙德爲師，自是潮（州）人皆篤於文行，至今士流輩出，爲時顯人者（傑出人才）甚多，皆韓公（愈）有以勉之之力也。」如今，粵西地區學校教育事業雖已開展，「而書名桂籍（科舉及第）者獨未聞有破荒之士，豈潮（州）之人可以激勵而南恩（州）獨不然哉！」傅雺州守「竊嘉陳君（輯）孜孜之意而復表以名筆眞像，使邦人益知向風（化），行將見有志之士彬彬焉出，他日掇巍科（科舉及第），翕赫嶺海，毋俾潮（州）人獨專美於一時，念是事不可以不書，恐圖繪不能久傳，再刻之石，且冠以四朝御贊（皇帝所寫按語），使學者咸知列聖嚴師重道之意如此。」〔註49〕

不僅是繪畫，還刻石，配以皇帝所書讚語，其激勵士人奮發有爲之意可謂深且遠矣。

宋亡元興，改朝換代之際，教育不可能不受到衝擊。在宋代辦得有聲色的陽江縣儒學，在元初就萎靡不振。縣令林淳在《復南恩州學田記》中說：「恩（州）有學（校），學（校）有田，尚（歷史久遠）矣。歸附（元朝統一）初，士氣委靡，圖藉散失，豪民奪士之養（學田）以肥其家，官不暇理，士怳於訴。」

相對於宋代而言，元代統治者對教育事業的發展不夠重視，這就爲地方豪強及黑惡勢力爭奪學校田產創造了契機：在陽江縣，「有關（心）時（事）者兄弟三人以其世業田稅一頃三十八畝零舍諸學（捐獻給縣學）。既而言鳴鳳之徒乘隙肆奸，據食其田之出，而校籍虛稅，爲士者病之。」方鳴鳳等奸狡之徒覬覦縣學田產，巧立名目，將學田所產占爲己有，而田稅卻轉嫁給縣學支負。「民有林光祖者首（檢舉）其事聞於憲（有關部門），罪其人而墨（懲治）其貪得，歸我（學校）者十才二三。」大約是官方將沒收的田地少部分歸縣學，而大部分則歸官府，或仍歸豪強佔有。不久，新官上任。元統甲戌（1334），南陽人白景亮奉命來任郡守，「廉明果斷，吏畏民懷。士有李輔孫者慨然歎曰：『維其時矣（該是解決縣學學田問題的時候了）！可以申吾喙矣（該站出來說話了）！』乃疏其姪李天錫占田一百一十畝之由（經過）於官。白守（白景亮太守）辯其元、宋年代印署之僞，奪而歸之學（校），諸生以爲德。」原來，李天錫等奸詐之徒利用改朝換代、天下大亂、官府檔案文件散失，無從核對之機，僞造田契，將學田一百一十畝占爲己有。李輔孫大義滅

〔註49〕《康熙陽江縣志》卷4《藝文志》，第106頁。

親，向官府告發。太守白景亮秉公辦事，將被占學田斷還縣學。然而，過了幾年，李天錫之子李元與仍幻想混水摸魚，將已被判歸縣學的田地奪回；即便不能全部奪回，能奪回部分亦聊勝於無。於是，他越級「興詞督府」（向督府「鳴冤」）。督府讓新郡守謝榮審斷此案。謝郡守選拔吏之「能者」及「勤者」陳弘士、淩光謙及「耆宿」（鄉村中有名望的紳士）丈量田土，核實田契真僞，「然後彼疆我界不較判然（田畝屬誰無容爭辯一清二楚），而李（元與）遂款服。」李元與企圖侵佔學田之企圖未能得逞。然而，所謂「好事多磨」。過了兩年，李元與之弟倚著與督府小吏關係密切，企圖借其上下其手爲己謀取「福利」，又將學田之事翻出來「訟冤」。督府檄下肇慶路總管府，索取南恩州此前審理此案的前後文牘，仔細審視，看是否有疑竇。卻發現「未有如謝公（郡守謝榮）之裁決詳明允爲可據者」，此事終於成爲定案，無容再爭辨。李天錫父子知道無法通過弄虛作假手段謀取非法利益，亦只得死心。

此事令陽江縣令林淳頗生感慨，深明此事之所以反反覆覆，爭訟不已，完全是因爲背後有貪官污吏在暗中操縱教唆，企圖從中獲得不義利益。林淳在《復南恩州學田記》的文章中說：「嗚呼！世道降而人僞興，官政窳（惡劣，敗壞）而奸弊熾。夫以廩士（贍養學士）之田，文獻足徵，昭昭若是，而桀頑之徒懷機以僥倖，伺釁而爲奸，既息而復訟者，良由貪官污吏有以啓（教唆）之也，與之校（競逐，幫助）者。苟非迂懦，則曰：『吾借徑於是，傳舍過之，曾幾何而以得罪巨室爲耶（我到此做官，就像一個住幾天旅店的過客，何必得罪地方豪強）』？」〔註50〕即使不是貪官污吏，並非企圖從中獲取利益，普通官員亦怕得罪地方豪強而影響自己仕途，只得遷就他們，討好他們，而不敢據實判斷、執行。這是此案反覆不已的根源所在。

宋元時期，粵西地區書院教育亦得到重視與發展。

書院是我國古代一種別具一格的教育形式。書院教育自五代時期出現，宋代獲得較大發展。這與理學的興起有關。據方志記載，陽江縣在宋代有廉溪書院：「宋建於南恩州北，後毀。元大德間（1297～1307）復建於縣西。天曆二年（1329），知州張允明徙於州學之東，有光霽堂。」〔註51〕

在宋元時期南恩州（今陽江市）教育事業的發展中，有幾位人物有著突出貢獻。

〔註50〕《康熙陽江縣志》卷 4《藝文志》，第 107～108 頁。
〔註51〕《民國陽江縣志》卷 11《建置四·古跡》，第 274 頁。

　　如李昉、李茂先父子都曾在南恩州任教授。眞德秀爲南宋名臣，他在所寫的《贈李茂先教授南恩序》中說：「溫陵（人）李茂先遊天子學（太學）七年，取上第而歸，不以南恩（州）爲遠且陋也，往教授之，曰：『此吾先子（父親）之所蒞也。』始，恩（州）有學而不教（學校雖設，教育卻未得到振興），有田而不廩（田雖種而無積蓄，人貧困），有教官而不職其職（教官雖設卻未能盡教育之責）。吾先子（李）昉廩（領取俸祿）而教之，於是其職以舉。恩（州）之士思其德者至今不衰。吾之往也，所以續吾先子之志也。」〔註52〕李茂先到南恩州來任教，繼承了其父未竟之事業，亦有突出貢獻。《康熙陽江縣志》卷3《名宦傳》謂：「李茂先，溫陵（今福建泉州市）人。（南宋）紹定六年（1233）遊太學，取上第，補南恩州教授。父（李）昉亦嘗教授南恩（州），有功於學（校教育），爲荒服（邊遠地區）所宗（崇敬）。及茂先繼之，大爲眞西山（德秀）所重，立教制行果不愧於父師云。」〔註53〕

　　宋代學校教育事業的發展，爲國家社會培養造就了一批棟樑之材。宋代陽江縣第一位以科舉晉身的是梁作心。志載：「梁作心，世居（陽江縣）造性村，力學窮經。宋紹興間（1131～1162），通判黃公度以大魁來攝州事，一見奇其文，是歲領鄉薦，次年成進士。南恩（州）登第自（梁）作心始，青衿（士人）知稽古（學習經典、歷史）之榮，梓里見破（天）荒之事。」同爲陽江縣造性村人的李梅國則科舉晉身後在朝廷中任職：「元大德四年（1300）登進士及第第三人，七年（1303）授給事中，十一年（1307）升通議大夫、吏部左侍郎。皇慶二年（1313）進資政大夫。刑部尙書。」李梅國在詩歌創作上頗有成就與名望。在地方任職者如陳嘉猷，「（南宋）紹興五年（1135）舉於鄉，任高州府推官，政績卓異，擢知新州（今廣東新興縣）事，歷朝請大夫、秘書省校書郎。」曾躍鱗，亦陽江人，「少警敏，精通經史，爲詩文下筆立就，一時人士多從之遊。（南宋）淳熙五年（1178）登進士第，初爲羅源（縣主）簿，以弭盜功擢判汀州（治所在今福建省長汀縣），所至有政聲，受知於學士李彥穎，薦入秘書（省）。會諫官缺少師，陳俊卿薦爲監察御史。」曾躍鱗洞明政治，敢於直言，「紹熙（1190～1194）末，災異數見，（曾）躍鱗疏請避殿減膳以承天心，啓（論）事剴切，多見施行，一時重之。」〔註54〕

〔註52〕《康熙陽江縣志》卷4《藝文志》，第106頁。
〔註53〕《康熙陽江縣志》卷3《名宦傳》，第78頁。
〔註54〕《康熙陽江縣志》卷3《人物傳》，第85～88頁。

　　粵西其它市縣教育亦於宋代興起，並取得不凡成績。如陽春縣，官學之設亦始於宋代。「學宮（縣學）原在南門外一里許梅花村，宋慶曆四年（1044）建，所稱舊學崗是也。」〔註 55〕學校的興建，教育的開展，為陽春縣士人學有所成，通過科舉之途晉身仕宦創造了條件。志載：「（陽）春（縣）自宋以前（文）獻不足徵矣，至宋淳熙二年（1175）韋君載登進士，而邑（縣）人始知向於文學。」〔註 56〕據《康熙陽春縣志・選舉志》記載，除韋君載於宋進士及第外，元代還有陽春縣人氏劉鼎受薦辟為新州判官。吳川縣在南宋末年於硇洲島建有翔龍書院，方志記載：「翔龍書院在（吳川縣）南四都硇洲渡頭，去縣南一百二十里，宋景炎間（1276～1278）丞相陸秀夫建以興學。」〔註 57〕關於翔龍書院之創建另有一種說法，謂：「（宋）景炎時建為行在所，後人即其故址為書院耳。（宋衛王趙昺）即位有黃龍之詳，故升硇洲為翔龍縣，非因書院以名縣也。」二說未知孰是。

　　亦有一些流寓至粵西的文化人士，受到粵西人的景仰，因而留居粵西，從事教書育人工作者。如「黃思溫，號冰潔，莆田人。元（代）任石城縣尹黃昱之次子也。少舉明經為廣西博白（縣）教諭，失婚（離婚）後淡於宦情，來石城（今廉江市）省親，偶遊吳川，一時學者慕其名，爭延為師。乃設教於舊倉前街。時姚氏女有賢名，（黃思溫）娶之，生二子，長（黃）仲仁（獲）歲薦，次（黃）仲義（為）庠生。常往來於吳（川）、石（城）兩地。及父沒，遂居於城南，為嶺頭街與大岸黃族始祖。」〔註 58〕

〔註 55〕　《康熙陽春縣志》卷 5《學校志》，第 47 頁。
〔註 56〕　《康熙陽春縣志》卷 8《選舉志》，第 76 頁。
〔註 57〕　《光緒吳川縣志》卷 4《經政・學校》，第 124 頁。
〔註 58〕　《光緒吳川縣志》卷 8《人物・流寓傳》，第 343 頁。

二、宋元明時期陽春縣教育事業的發展及其局限

摘　要

　　陽春縣儒學的興建與廣東各府縣儒學的興建一樣，早在北宋時已開其端。地方官員對於縣儒學的教學及設施投入了極大的關注及財力支持；有時候，當官府財力支持不足之時，負責官員還慷慨解囊，捐俸以助。除地方官想方設法從經濟上支持學校教育外，鄉紳們也有所奉獻。官方還允准縣學生員的請求，在縣學旁邊建房出租，收入用於縣儒學教學。除縣儒學這一屬於中等層次的教育設施外，陽春縣還有屬於基礎教育性質的社學。地方官在任職期間多有良好政績或表現，他們或興利除弊，誅鋤豪強；或興辦學校，關心民瘼；或平定寇賊之亂，為社會為國家為民眾作出了重要的貢獻。這些活動都直接或間接地促進了陽春縣教育事業的發展。制約宋元明時期陽春縣教育事業發展的原因，既有社會方面，亦有自然方面。社會方面的原因是，陽春境內少數民族的頻繁作亂，對陽春縣教育事業的發展造成了極大的困擾；自然方面的原因是，頻發且嚴重的自然災害對陽春縣教育事業也造成了極大的摧殘；陽春縣地廣人稀，民眾經濟困難，也制約了當地教育事業的發展。

關鍵詞：宋元明時期；陽春縣；教育事業；局限

一、古代，粵西地區一個行政隸屬變動不居的特殊的縣

據方志記載，秦朝統一嶺南，將嶺南劃分爲南海、象、桂林三郡，分而治之，陽春就已隨嶺南歸屬秦王朝的統治。秦「置南海郡，春（陽春）爲屬部」，陽春歸屬南海郡（治今廣州市）治理。

秦末漢初，嶺南在趙佗的統率之下走向割據獨立，歷時近百年，陽春爲南越國領地的一部分。西漢統一嶺南後，在嶺南劃分七郡（後擴充至九郡）而治，並設交州、廣州爲監察區。「（陽）春自漢定南粵而邑（縣）始置」〔註1〕。新設置的陽春縣隸屬於交州合浦郡。

三國兩晉南北朝時期，陽春在吳國及南朝（宋、齊、梁、陳四朝代）治下。

隋朝統一全國後，對兩晉南北朝以來中央政權爲爭取地方歸附而多設州縣以安置地方勢力首領的政策進行改革，精簡行政機構，「並省了不少州縣，裁汰了一些冗員，從而節省了一筆開支，而且提高了行政效率」〔註2〕。但在嶺南，卻推行了不同的政策，行政機構不減反增。隋朝在粵西置高涼郡；今陽春縣地被切割劃分爲銅陵、傅林、羅水、流南、西城共五縣，可謂「麻雀雖小五臟俱全」，統屬於高涼郡。這是長期分裂割據之後重新歸於統一的隋朝爲爭取粵西地區少數民族歸附而推行的一項「羈縻」政策，旨在讓盡可能多的粵西地區有影響力的大小少數民族首領皆有職可任，有權可使，眞心歸附隋王朝的統治。唐朝沿襲隋朝這一「羈縻」政策不變。

隋末唐初，改朝換代之際，嶺南地方動亂，粵西地區在洗夫人後代馮盎的軍事控制之下。馮盎任命其子馮智戴爲春州（今陽春）刺史。至唐武德四年（621），唐朝統一大勢已定，馮盎意識到再堅持割據獨立可能招致唐朝大兵南指，最終難逃滅亡命運，於是「識事務者爲俊傑」，毅然選擇歸向統一王朝。唐朝在地方上實行州、縣兩級制，詔以高涼郡之陽春縣地置春州和勤州，隋朝時在陽春境內所設五縣分隸此二州。行政機構不減反增，與隋、唐兩代統一以後在國內大部分地區的精簡機構的行政設置大異其趣，其旨意都在籠絡粵西地區的少數民族歸附，以安定嶺南。高州、春州、勤州分立，互不統屬。

〔註1〕《康熙陽春縣志》卷2《疆域》，第22頁。
〔註2〕韓國磐著：《隋唐五代史綱》，北京：人民出版社，1979年，第25頁。

　　唐末宋初，乘農民起義、軍閥混戰割據之機，南漢國再度割據嶺南，歷時半個世紀。陽春在南漢國治下，仍稱「春州」，與高州地位平等。

　　北宋統一，為加強中央集權，精簡地方行政機構。在粤西，廢勤州，並其地入春州。宋景德年間（1004～1007），本道轉運使以陽春古城土質惡劣，難築堅城，將陽春縣城遷移至桐石叉（《民國陽春縣志》卷 1《沿革》謂「景德六年移春州治於陽春界石津古城」），使陽春縣隸屬於新州（治所在今廣東新興縣）。後因各種始料不及的新問題層出不窮，陽春縣城不得不又遷回原址，徒然勞民傷財。

　　元代，陽春及陽江兩縣均隸屬南恩路（後改路為州，治今廣東陽江市）。明代，陽春縣歸屬肇慶府管轄；清代，「王師定粤，（陽春）復仍其舊焉」〔註3〕，陽春仍隸屬於肇慶府。

　　由上述可見，陽春縣由於特殊的地理位置，介於高州（涼）、合浦、新州（今廣東新興市）、肇慶之間，時而屬此，時而屬彼，時而又獨立，變化多端，莫衷一是。正如《康熙陽春縣志》卷一《沿革》序言所云：「先聖王畫野分州，代有因革。或廢而置，或置而廢，不過察其土宜，沿其俗尚，俾（使）之吏稱民安，非固為異同也。天下之赤縣神州率率乃爾（大體如此），奚論春邑（陽春縣）哉！要其化以地宜，治從俗理，則在良有司牧會而通之耳。」

　　這段文字說明，關於各地州縣的行政區域劃分，歷代皆有變化；這些變化並非統治者一時心血來潮，故弄玄虛，好標新立異，而是「察其土宜，沿其俗尚，俾之吏稱民安」而已。廣東省陽春縣的行政歸屬劃分亦是如此，歷史上儘管變化多端，要而言之，都是為了將陽春縣治理好而已；關鍵在於任職的地方官「化以地宜，治從俗理」，因地因時制宜施政，才可以將一方治理好。這是明智之見。

　　由於遠離封建統治中心，又地處山區，交通不便，地廣人稀，少數民族（以瑤族為主）又盤踞山地，不時作亂，這就使陽春一縣在古代歷史上前進的步伐艱難。即以地方教育事業而論，雷州地區學校教育在宋代已然興起，並取得了喜人的成績，人才輩出，已有「海濱鄒魯」之稱〔註4〕；而在陽春，雖然學校教育亦興起於宋代，但發展緩慢，成效乏善可陳，人才之出寥若晨

〔註3〕　《康熙陽春縣志》卷 1《沿革》，第 11～12 頁。

〔註4〕　參見曾國富：《宋代雷州地區學校教育的興起及其文明的傳播》，載《廣東史志》2012 年第 3 期；另見曾國富著：《宋元明清雷州歷史文化研究》，臺灣花木蘭文化出版社，2014 年 9 月版。

星。從《康熙陽春縣志》卷八《選舉志》可知，宋代陽春僅出了韋君載一位
進士，攝（代理）廣南東路提舉。韋君載雖是陽春籍，卻並非在陽春接受教
育而成才，而是不遠千里到文化教育發達的廣州拜師學習而得以科舉晉身
的。元代，陽春僅劉鼎一人被薦辟爲新州（今廣東新興縣）判官；明代，陽
春縣教育事業有了較大的發展，但從科舉入仕方面看，明代陽春縣也僅梁應
材一人進士及第；另有舉人九名。僅從科舉入仕一途來看，陽春縣六、七百
年間僅出此十餘人，實屬可嗟可歎。然而，俗語云：「十年樹木，百年樹人」，
教育事業的成效並非如政治般立竿見影的。雖然人材之出寥落，然而，古代
陽春縣的地方官卻並未因此而氣餒。從地方志書記載來看，自宋至明，陽春
縣的地方官，重視學校教育事業者不乏其人。他們的事跡讀了讓人心生感懷。
本文試圖以方志資料爲主，對明代及其以前陽春一縣教育事業的發展狀況略
作考察論述。雖然在古代，陽春一縣通過科舉一途所出人才有限，但教育（尤
其是學校教育）事業已得到官民甚至山區少數民族的重視；在科舉考試入仕
之外，學成之士通過薦辟（歲貢、拔貢等）一途入仕者卻不乏其人。總之，
教育事業的發展，使陽春人獲得了受教育的機遇，豐富了學識，提高了素質，
對於陽春一方社會文化的發展無疑起到了積極的作用。

二、自宋至明陽春縣學校教育得以振興的若干條件

（一）陽春地方官對地方學校教育的高度重視

學校教育對於提高一個地方的人文素質，改良社會風俗，爲國家培養適
用人才，具有重要意義。這是受過良好教育的出任地方行政職務的官員大多
具有的共識。《康熙陽春縣志》卷五《學校志》序云：「學校者所以育英才也。
謂之『英才』，豈僅尋章摘句而已乎！風化本於人倫，人倫本乎學校。學校端
則士習正，士習正則教化興矣。（陽）春雖荒陬，而學校之訓迪在師儒，表率
在司牧（地方官）。苟立其規程，修其廢墜，時其督課，屬其廉隅，俾化淳習
美，上可以黼黻王猷（治國安邦），下可以倡導禮教，皆由此出。士之遊息其
中者亦當思自重以砥行勵學，戀經世之謨於不朽可也。」強調了學校教育在
一方教化及治國安邦上的重要意義。

陽春縣儒學的興建與廣東各府縣儒學的興建一樣，早在北宋時已開其
端。「學宮原在南門外一里許梅花村，（北）宋慶曆四年（1044）建」〔註5〕。

〔註5〕《康熙陽春縣志》卷5《學校志》，第47頁。

元代，從中央到地方，官員對教育事業都欠重視，陽春縣儒學也趨於「圮壞」。明代，在最高統治者重視文教政策的促動之下，地方官對於地方學校教育給予了足夠的重視，陽春縣儒學也得以一再興建擴建，設施日趨完善。《民國陽春縣志》卷五《學校》序云：

> 明洪武二年（1369），（陽春）知縣黃景明徙（縣學）入縣治之右。永樂七年（1409），縣丞吳子育重建明倫堂於殿後，西廡、戟門、櫺星門、神祠、牲舍、倉庫、射圃俱完葺，又建存誠、育村（材）二齋爲諸生肄業之所。正統三年（1438），督學彭琉視學，令知縣宋啓、主簿楊賜重設講堂，創號舍十間，饌堂、學門、廟舍悉備。天順間（1457～1464），知縣李福海更新之。成化五年（1469）毀於寇。七年（1471），知府黃瑜委經歷全忠督建。時知縣邱祥以學基不正，改遷文廟面正南。正德十年（1515），知縣黃寬重修，計地深（長）二十七丈，廣（寬）十六丈，重建明倫堂、儀門、鄉賢、名宦二祠、儒學衙舍三所及饌堂、號房、祭品庫房。嘉靖十年（1531），知縣楊和始建啓聖祠於廟左，建敬一亭於堂後。三十二年（1554），知縣謝復生捐俸率邑（縣）人楊世榮重修殿廡、堂齋、號舍，移名宦、鄉賢祠於門之左右。隆慶間（1567～1572），署同知郭文通與知縣熊烈鑿泮池，引東門冠溪水入焉，建尊經閣於明倫堂後，高丈有八尺，學前左右建騰蛟、起鳳二坊，置學田以資月課之需。萬曆元年（1573），造錫祭器。四年（1576），署同知蔡懋昭買學前民地以闢雲路，增築泮池欄干，架拱橋。知縣毛汝起、典史黃文莊捐俸修櫺星門，爲柱者六，橫架以石，改建敬一亭於學左以置四箴碑，凡殿、廡、堂、齋、戟門、禮門、名宦、鄉賢二祠及門外照牆修復。十五年（1587）八月，大風，文廟木瓦掀壞殆盡，知縣張文誥捐俸葺理如舊，又以四箴亭舊址淺隘，移建於尊經閣後，泐（雕刻）石記之。崇禎十六年（1643），知縣陳軾倡率重修至聖殿、戟門、左右名宦、鄉賢祠及明倫堂。

由上述文字可見，明代，陽春縣地方官員對於縣儒學的教學及設施投入了極大的關注及財力支持；有時候，當官府財力支持不足之時，負責官員還慷慨解囊，捐俸以助。在縣學的一再修葺過程中，有幾位官員的事跡是頗感人的。

　　一是永樂初年任陽春知縣的廬陵（今江西吉安市）人梁潛及任縣丞的番陽（今江西波陽縣）人吳子育。梁潛，明初曾任廣東四會縣知縣，在當地「導民以禮，而尤勤於撫字，稍暇輒就學舍親受（授）業諸生」；後調任陽春知縣，「治之如四會」〔註6〕。吳子育善文詞，理政之餘「必相與課諸生爲業」，親自到陽春縣儒學去教授生徒。縣學生徒中有一生員崔士暐，文章寫得好，很受時任陽春縣令的梁潛及縣丞吳子育的讚賞。梁潛離開陽春縣六年後已在朝廷任職。永樂戊子（1402）科，崔士暐舉人及第。這是明代陽春縣第一位舉人，具有「破天荒」的意義。爲了激勵陽春縣儒學生員以崔士暐爲榜樣，刻苦學習，開創日後陽春縣學校教育的新局面，仍在陽春縣任職的吳子育千里迢迢到了京師（北京），將崔士暐科舉及第的喜訊告知梁潛，認爲「蓋陽春能以文詞舉者始自崔生（士暐），今日前乎此未有聞也」，懇請昔日的陽春縣令梁潛寫一篇激勵陽春後學者的文章，以鐫諸石，「礱（磨礪）石爲題名，俾來者有所觀」。梁潛義不容辭，應邀寫下《鄉貢進士題名記》，既讚揚了吳子育的熱心陽春縣教育事業的發展，又激勵了陽春縣學子們奮發努力，見賢思齊，還對其後的陽春縣官員提出了殷切的期望，文謂：「嗚呼，子育於陽春之士用心厚矣，使子育得用其心於齊魯之邦，其功效當如何耶！使後治陽春者用其心如子育，德行美材之士烏知其不顯揚於時？陽春雖陋不陋矣！今子育幾（將近）三考（按，古代，官員三年一考覈，「三考」即九年），將去，陽春不知繼此而治者尙有若人否也？惟皇上化被幽隱，如春至氣達，陰崖寒谷，物無不暢，吾知陽春自此負道德、抱文詞而進者當復有人，未止此也！諸生力學當以崔生自勉，毋以陋自棄！」〔註7〕

　　二是正德年間（1506～1521）任陽春縣令的黃寬。由於教育相對於政治而言，其對社會的作用是間接的、長遠的，而官員多是急功近利，追求短期治績而求得上司賞識，求得職位陞遷的。因此，明朝前期，陽春縣學校教育未得到官員的足夠重視，以至「夫子（孔子）之廟敝壞者久，風雨幾若（幾乎）無以蔽，又何有於學之堂歟！」即使是新任縣令黃寬決定重新維修破敗不堪的陽春縣儒學，派縣學生員趕赴肇慶，請肇慶知府黃瑗審批時，知府黃瑗亦說：陽春地處山區，少數民族部落眾多，社會治安不寧，民不聊生，縣令哪有時間精力顧及地方教育？這位被派到府城申請上司批准維修破敗縣學

〔註6〕《康熙陽春縣志》卷12《名宦志·梁潛傳》，第119頁。
〔註7〕《康熙陽春縣志》卷16《藝文志·鄉貢進士題名記》，第162～163頁。

的生員回答說：「以盜不弭則教不興，教不興則亂由作，又無怪乎焚、劫、攘之炳之熾也！」指出了政治與教育是密切相關的：盜賊不寧息則教育難振興；而教育不得振興又使民眾愚昧野蠻，犯上作亂便難以止息，因此，軍事可以鎮壓、消滅「盜賊」，而教育則可以使人思想觀念更新，從根本上消弭民眾的反抗意識。黃寬任陽春縣令後，與前任官吏不同，他對教育事業頗重視。蒞任伊始，他一方面先營造地方和平安定局面，「視事之初，抵諸瑤洞，殲醜獲首，安其來附者，境內肅然」，通過軍事征討，震懾慣於據山作亂的少數民族，使之畏威而收斂，不敢輕舉妄動；另一方面則「於急遽蒼黃之際經度謀畫」縣儒學教育的振興。黃寬初到陽春，即到縣儒學去視察，「瞻眺之際，惻然甚，不敢以自安，若有所喪焉」。目睹了縣儒學的破敗景象，黃寬決定投入人力物力財力維修學校，為振興陽春縣學創造條件。此舉得到陽春縣民眾的秉力支持，「民感其惠，有以觸其同然之機，趨事赴工弗戒（沒有告知）而集」，學校維修工程得以順利完成，「不覺其成之易者」。甚至在學校的修葺過程中，出乎人們意料的，「是舉有瑤、僮（壯）運木以相資」。一向被人們認為是愚頑不化的瑤族、壯族人亦自發參與縣儒學的修建工程！經過修葺的縣儒學，「中為大成殿，制度森嚴，旁翼兩廡，樸而不華，壯而可久，殿之外崇乃臺，又修廣乃庭，前為靈戟門，殿之後為明倫堂，堂之左右兩齋、書室以次而序，士之藏修遊息有其地」矣！此項縣儒學的修葺工程，「作於正德丙子歲（1516）夏六月，落成於歲之秋九月」，僅數月而竣工！〔註8〕。

三是明嘉靖三十二年（1553），任陽春知縣的謝復生。謝復生蒞任後，又對縣儒學作了一次大規模的修葺。江治《重修陽春縣學記》對此事有具體的記載，謂：「陽春邑（縣）屬肇慶，僻處南隅，環山負陵，襟岩帶洞，形勢險逼，其地志所云也。儒學之建舊矣，然歷歲既久，而有司不加之意，故日就傾圮。嘉靖三十二年，謝尹（縣令）復生來治邑（縣）事，首務學校，因以白（說明、告知）於諸司，計材鳩工，舉而新之」。學校修葺於次年（1554）告成。江治在文中議論說：「夫修學（校）有司之事也，以學（習）自修者君子之責也。若其高堂隆棟，梴梀開楹，規圓矩方，準平繩直，於吾人學問之道固皆有互相發者，多士育於學宮，已嘗習見舊學之廢，乃今又見其聿新焉，則遠觀近取，觸目激衷，自新之機將必有油然生、勃然興者」；堅信陽春地方

〔註8〕黃瑗：《重建陽春儒學記》，《民國陽春縣志》卷14《藝文‧專集‧總集》，第441頁。

官府對縣學的修葺必將促成地方教育事業的興盛，所謂「有司之修學誠於一鄉之士有助，而德成材達，拔茅彙徵，將彬彬然以善聞於天下而無負於邑（縣）之名陽春也。」〔註9〕

隆慶（1567～1572）、萬曆（1573～1620）年間，陽春縣接連湧現幾位重視學校教育的縣令，他們分別是熊烈、毛汝起、黃憲清、張文誥。

隆慶壬申（1572），熊烈縣令於縣學明倫堂後建尊經閣，並且「捐俸置山口田租二石四斗，歲入爲諸生會課助；又治錫爵並籩簋以充祭器」〔註10〕。六年後，萬曆戊寅（1578），新任縣令毛汝起「承少府蔡公（名懋昭）所遺贖金，益以己俸創（建），蓋明倫堂兼修廟廡，又買學前民地直抵城基，大辟雲路，仍同贊政黃君文莊別捐磚瓦，結櫺星門，創敬一亭，移泮池於黌宮（學校）外，咸新厥制」〔註11〕。萬曆初年，陽春縣令黃憲清亦以振興陽春縣教育事業爲自己施政的當務之急。據方志記載，黃憲清蒞任之初，「時適大兵蕩平之後，城郭荒涼，人民凋敝。黃侯（憲清）則以整齊治化任諸己，故他務未遑，首興學校；百廢未舉，即課農桑，學校興而俗皆禮義之士，農桑課而邑（縣）盡飽暖之民」。不僅如此，黃縣令還捐己俸錢以購置學田，資助縣學生徒學業：「諸所羨餘纖毫不入私室，闢田入學，歲計穀五百餘石，上爲先聖時祭之需，下需諸生繼晷（時間，喻學習）之費。」黃縣令對於縣學教育中的禮儀學習尤其重視：「初，郡士未嘗業（學習）禮，侯（黃縣令）釋菜（古代入學時祭祀先聖先師的一種典禮）後，即以禮經旨義授諸生，自是郡之人士皆精於是經矣。侯之作士化民大都如此。」正因爲黃憲清在任期間對陽春縣教育事業極度關懷，貢獻良多，因此，當黃縣令「去之日，民之遮道擁留者以千萬計，留之不遂，繼以思，思不已，復共擬樹碑以垂不朽」〔註12〕。

萬曆乙酉（1585）任陽春縣令的張文誥也是一位重視學校教育的縣令。志家說：「周自成均造士，育英之義世世講之矣」，「成均」是西周時期設立的大學的名稱，自西周始，統治者就一直重視教育事業的發展；就陽春縣本地而言，「（陽）春自學校肇建，文人甫出。邇來文宗作興，列青衿者（生員）近百人」〔註13〕，自宋代以來有作爲的陽春地方官亦重視學校教育的發展。

〔註9〕《康熙陽春縣志》卷16《藝文志·重修陽春縣學記》，第166～167頁。

〔註10〕《康熙陽春縣志》卷16《藝文紀·新建尊經閣等項類記》，第168頁。

〔註11〕愈洪賓：《新建尊經閣等工記》，《民國陽春縣志》卷14《藝文》，第444頁。

〔註12〕何維柏：《陽春黃侯去思碑記》，《康熙陽春縣志》卷16《藝文紀》，第169～170頁。

〔註13〕《康熙陽春縣志》卷5《學校志·育英堂》，第54頁。

然而，由於種種原因，地方教育有時候又面臨困境。因此，他初來乍到，就「崇聖訓，興學校，尤日夜所注向焉」。當他看到陽春縣學「亭宇圮頹日久，碑箴仆地，跡其初址，寬不盈丈，高不尋尺」，便「謀諸司訓羅君、佐學韓君」。張文誥「自捐俸金既（及）諸生緣募，共銀二百餘兩，與居民賀熾兄弟買屋於學（校）後畔，建書房二座，東西兩旁數十間，前堂曰『育英』，高丈九尺五寸，深丈七尺，廣五丈五尺，天井東西五丈五尺五寸，南北二丈六尺八寸」，「經營告竣，舍宇恢宏」〔註14〕。學校修葺工程完成後，後人對此寄予了厚望，說：此後，陽春學士「登斯堂也，則有搜羅古今以為棟宇者（喻朝廷大臣）矣，則有涉獵子史以為垣籬者（喻地方官）矣，則有闡明經術以為室奧者（喻學者）矣，群（聚合）春邑（陽春縣）髦士而薰且陶於其中，詎（豈）不有稱英才哉！」〔註15〕張文誥也親作《育英堂記》一文，敘述維修縣學的經過，對諸生寄予了厚望：「爾多士何患於肄業之無地哉！每月會期六，鳩（集合）多士較藝其中，膳饌紙筒，支俸辦給，爾多士其惟勤毋怠，惟專毋放（散漫，放縱），耽嗜文藝，毋玩愒歲月，顯科巍第，陟要宅樞，俾後人撫斯堂而命之惟曰：『是甲第藪也！』」這次縣儒學的修葺工程，「興於萬曆丁亥（1587）歲秋九月，落成於越歲戊子（1588）春二月。」修葺一新的縣儒學，為生員學習創造了一個良好的環境。〔註16〕

此外，終明一代，重視陽春縣教育的官員（包括教官）還有不少。如，李福海，明景泰年間（1450～1456）任陽春知縣，「尤加意於庠序（學校）」；吳銓曾任陽春縣學教諭，「勤於教諭。（陽）春本陋邑，（吳）銓循循造就，諸生大喜，勸學，貧者俸給之」；傅慶貽，萬曆年間蒞陽春知縣，「自下車，加意作人（培養人才），文風丕（大）變，如壬子（1612）之楊鳳鳴與丁酉（1597）之胡秉忠、戊午（1618）之馮仕琦，皆所賞識士也」；明末崇禎年間（1628～1644）任陽春知縣的王魁春，「憫士風之不振也，則開雲路（按，即青雲路，明代陽春縣儒學門前通道）」；同樣是崇禎年間任陽春知縣的陳斌，「興學勸士，多所成立」〔註17〕。

〔註14〕張文誥：《育英堂記》，《民國陽春縣志》卷 14《藝文·專集·總集》，第 445～446 頁。

〔註15〕《康熙陽春縣志》卷 5《學校志·育英堂》，第 54 頁。

〔註16〕張文誥：《育英堂記》，《民國陽春縣志》卷 14《藝文·專集·總集》，第 446 頁。

〔註17〕《康熙陽春縣志》卷 12《名宦志》，第 119～121 頁。

（二）地方官及鄉紳義士還努力從經濟上支持縣學的教育事業

「郡縣之學，廩膳各有定額。（陽）春之學膳類（大抵）給於官」〔註18〕。生徒在縣學中就讀，膳食費用由官府供給；但其它生活、學習之資則不在官府的供給範圍內，「顧會文雜費，燈窗油火，青衿之士不無苦於從出之無需也」〔註19〕。於是，一些關心陽春縣教育事業的官員、鄉紳，便努力從經濟上給予學校教育以支持。《康熙陽春縣志》卷五《學校志》記載：「黃、熊二（縣）令亦各申允以絕戶田租充作學田，扣租納糧，餘爲本學會費」。「黃」即黃憲清；「熊」即熊烈。據《陽春縣學田記》所載：「陽春縣學田始於兵憲王公爲郡守時檄縣尹黃君相與成之，惠養士也」。「王公」即肇慶知府王泮；「黃君」即陽春縣令黃憲清。萬曆壬午（1582）冬，陽春縣富有者黃裳舉家遭遇劫殺，「賊既得，產無所歸」。陽春縣令黃憲清將情況向肇慶知府王泮報告，經知府批准，其「遺赤籬根諸田租五百八十四石有奇，該稅四頃三十六畝四分有奇，遂歸陽春學中，令典守者歲收其所入貯蓄之，察諸生有不能自給者歲周之。於是，諸生燈油之費、喪葬之資，婚娶而少齎送者，咸樂得有所助，故諸生獲一意於問學，業廣而藝精」〔註20〕。除黃憲清外，熊烈亦是陽春歷史上重視地方教育並注重從經濟上支持縣學教育的官員。據載，隆慶壬申（1572），熊縣令於縣學明倫堂後建尊經閣，並且「捐俸置山口田租二石四斗，歲入爲諸生會課資」〔註21〕。

除地方官想方設法從經濟上支持學校教育外，鄉紳們也有所奉獻。如明隆慶年間（1567～1572），陽春耆民伍賢就送田以助學費，受到官府的表彰〔註22〕。此外，縣儒學還建有倉庫儲備糧食等物資以備災荒。方志記載，陽春縣儒學倉「在明倫堂後之左，弘治十八年（1505），知縣黎君滋創廒（倉庫）三間，（後）知縣楊和增置一間」〔註23〕。

官方還允准縣學生員的請求，在縣學旁邊建房出租，收入用於縣儒學教學。志載：「本學生員張弘化等乃集眾議，呈縣將學（校）東邊餘地與梁□等兌換學（校）前左邊民地，橫三丈六尺，直一十二丈，又將學西邊餘地與梁

〔註18〕《康熙陽春縣志》卷5《學校》，第55頁。

〔註19〕《康熙陽春縣志》卷5《學校志‧學田》，第55頁。

〔註20〕陳萬言：《陽春縣學田記》，《康熙陽春縣志》卷16《藝文志》，第168～169頁。

〔註21〕愈洪賓：《新建尊經閣等工記》，《民國陽春縣志》卷14《藝文》，第444頁。

〔註22〕《康熙陽春縣志》卷5《學校志‧學田》，第55～56頁。

〔註23〕《康熙陽春縣志》卷5《學校志‧儒學倉》，第57頁。

應標兌換學前左邊民地四號，右邊民地一小片，伍起其積地四十丈零五尺四寸四分，牌坊後廢其地，賃民蓋屋，每年收租入學。」〔註24〕。

　　除縣儒學這一屬於中等層次的教育設施外，陽春縣還有屬於基礎教育性質的社學。「夫社學何爲也？群鄉之童稚薰習歌誦而古所稱『蒙養』者也」。據方志記載，陽春縣社學最早設於明代嘉靖二年（1524），由知縣黃克主持設立，原設於縣衙之西二十步文廟之左側。教學活動需要得到經濟的支持。有社學則需有社倉。「社倉何爲也？儲鄉之穀食，斂散以時，而古所謂『常平』者也」。起初，陽春縣只設社學而無社倉。由於缺乏經濟支持，教育效果也大打折扣。「顧社學原設有地而圮廢日久，社倉從來無設。此浪民所以棄禮義、拋鄉井，起而悉胥之□者，其素無薰陶蓄積然也。」方志記載，「（明）萬曆十五年（1417）五月，內奉府帖文，奉軍門分守道明文，動支官銀，每都起倉銀九兩，將五里各設社倉一座三間，中廳爲鄉約所，大書『教養堂』三字。時群鄉之子弟誦習其中，即社學也。兩旁二間爲東西倉，積穀備賑」〔註25〕。有了社倉，不僅遭遇災荒時鄉社得以開倉救荒；亦使社學教學得到經濟上的支持。

三、教育的發展，使陽春縣一批學士得以晉身入仕，亦使社會風俗得以改良

　　陽春縣儒學教育儘管興起於宋，但明代以前，一直處於落後狀態中；明代以後，情況有了較大的變化。王仰《重建陽春縣堂鄉司學門坊館亭樓臺記》開篇即云：「陽春縣爲古春州，環山繞林，襟岩帶洞，瑤氓錯落，劍犢雜處（兇猛野獸出沒），斯險阷區也。明興，（陽春）隸於肇慶，聖化孚給，賢令撫綏，迄於今，風氣開，人文著，朝誦暮習，人士彬彬，即方（比）之中土（中原）曷（何）遜焉」〔註26〕。志家亦云：「（陽）春自宋以前（文）獻不足徵矣，至宋淳熙韋君載登進士，而邑人始知向於文學；至明而良有司倡導教育，二莫（莫尚俊、莫璵）同舉於前，二謝（謝鏜、謝鑛）繼舉於後」〔註27〕。說明代陽春縣的教化、文明已趕上中原地區，當然有所誇張；但與明代以前陽春縣本身相比，已有巨大進步則又是事實。儘管宋、元、明三代，陽春縣通

〔註24〕《康熙陽春縣志》卷5《學校志》，第55頁。
〔註25〕《康熙陽春縣志》卷5《學校志・社學》，第57～58頁。
〔註26〕《民國陽春縣志》卷14《藝文》，第446頁。
〔註27〕《康熙陽春縣志》卷8《選舉志》，第76頁。

過科舉途徑晉身者數量不多，但是，通過接受教育培養造就而得以貢舉的士人卻不在少數，見於《康熙陽春縣志》的明代陽春籍歲貢者有 140 餘人。他們都是知書識禮者，雖然或許有在私學中學成甚或自學成才者，但大部分應該出自縣儒學的培養造就則是無疑的。這些獲得歲貢的人才中，不乏在各地任知州、知縣、縣丞、主簿或教官者。他們在任職之地多有良好政績或表現，或興利除弊，誅鋤豪強；或興辦學校，關心民瘼；或平定寇賊之亂，為社會為國家為民眾作出了重要的貢獻。

（一）平寇剿賊，救濟災荒，營造地方和平穩定秩序

宋、元、明三代中，出自陽春的士人，有擔任軍事職務者。他們以勘定動亂，為地方營造和平穩定秩序為自己義不容辭之職責，因而得以方志留名。如元代梁國傑，「累官昭勇大將軍、沿海招討使，威令嚴明，士卒用命，海寇遜跡」〔註 28〕。在平寇剿賊，營造地方和平秩序方面，陽春士人楊鳳鳴亦有傑出貢獻：他「為人倜儻不羈，喜談兵略。彼時流寇震動，王兵尊督□（師）撲剿，（楊）鳳鳴桑梓情重，牽子弟壯丁，具知賊之形勢，指授方略，擒賊首與馬，如（裴度）雪夜之入蔡州，（楊鳳）鳴與有功焉」〔註 29〕。

「寇賊」是古代危害地方社會秩序的一大弊害；另外，各種弊政、陋習、自然災害等，都是危害民生，阻礙地方社會經濟發展的不利因素。陽春籍官員中，致力於為地方清除弊害，以發展經濟，蘇息民生為職志者不乏其人。如韋君載是宋代「為有司所舉，登淳熙進士」的陽春縣「破天荒」的第一位人才，以奉議郎權攝廣南東路提舉，「嘗（曾）奏減官賣鹽及增收鹽斤錢，商民利便」〔註 30〕。宋代實行「禁榷」制度，規定某些產品（如鹽、鐵、酒等）由官府設官專營買賣，民眾不得擅自生產銷售，否則必受嚴懲。但官方在賣鹽時常常採取強製辦法，規定每家每人每年必須買鹽若干，民眾沒有自由選擇的餘地；同時所賣之鹽質量也存在問題，給民眾生活造成很大困擾。韋君載為民請命，使官府榷鹽制度有所放寬，給民眾的生活帶來了便利。

這樣關心民瘼，以興利除害為自己為官從政義不容辭之責的陽春籍官員還有不少。如伍聚奎，明萬曆二十四年（1596）以歲貢任歸州（今湖北秭歸

〔註 28〕《康熙陽春縣志》卷 13《人物志》，第 125 頁。
〔註 29〕《康熙陽春縣志》卷 13《人物志》，第 127 頁。
〔註 30〕《康熙陽春縣志》卷 13《人物志·韋君載傳》，第 125 頁。

縣）州判，「慷慨任事，御下精明，察物而吏不能隱，執法而民不敢犯。上官以爲能，每倚辦焉。聚奎知無不言，故能爲百姓興利除害，卓有政聲，去後人思其德」〔註31〕。胡秉忠，明萬曆己酉（1609）舉人，「任江南六安州（今安徽六安縣）知州，威信明敏，慷慨任事而動嘗端謹，政暇則以興賢作事爲務，凡健訟者委曲開諭，或令退思之，不施鞭樸，詞訟日簡，豪猾屏跡。（六）安構訟多以賄勝，（胡秉）忠蒞任，門內肅然，訟減十之七，州人稱治」〔註32〕。陳諫，由貢生任江西安義縣（今江西安義縣）知縣，「甘苦茹淡，勤於民事，胥吏重足而立。故事，每里甲遞年供役，（陳）諫悉遣歸農。前官催徵刻迫，民多逃竄，（陳）諫加意招徠，民俱復業」〔註33〕。梁應材，明「萬曆壬子（1612）舉於鄉，成天啓壬戌（1622）進士，初授江右進賢（治今江西進賢縣）令，進賢爲豫章（今江西南昌）劇邑（難以治理之縣），應材廉靜，臨之以簡，御之以寬，而政無不理。亡何（不久），以艱（父母之喪）去，起，補蕪湖（今安徽蕪湖市）令，甫下車，進父老於庭，問興革利病，乃爲新（修茸）學宮，疏汴源，繕堤堰，申保甲。於是文物蔚興，奸宄潛息。兩攝□篆，皆以寬恤爲懷，稅課之外不問俸羨，而歲時之火耗、贖鍰、饋遺、供應、蕪往（繁雜交往）皆有陋規，所得不訾（計算）。應材至即首嚴禁革，以治行擢駕部主事，尋（不久）遷吏部文選司員外郎，益清愼自矢（誓），峻絕賂遺」〔註34〕。馮士琦，萬曆戊午（1618）舉人，任四川雙流縣（今四川雙流縣）令，「性方嚴潔，杜私門，修學校，治豪猾，塞弊竇，興廢墜，凡費出不經（不符合制度）者悉爲請豁（申請罷廢），如里甲有頂役耗頭，悉與裁省」〔註35〕。何謙，萬曆四十六年（1618）鄉貢，「任江西樂平縣縣丞，處心寬恕，政無苛擾，民供折薪錢，謙歎曰：『丞何功，而受此耶！』樂平俗尙獷猂，（何）謙嚴什伍之法，奸不能容，其治務在安民」。總之，何謙任職異鄉期間，「惠政多端，民感其德」〔註36〕。羅光岳，「由歲貢歷雲南三泊縣（今雲南安寧市西南）令。三泊近滇池，佛刹居多，以笳竹爲□。（羅光）岳至，行黃老之法，清靜爲治本，愛民而辦□，有盜誣陷良善，富民咸受其害。岳爲辨白其冤，皆得釋；

〔註31〕 《康熙陽春縣志》卷13《人物志・伍聚奎傳》，第126頁。
〔註32〕 《康熙陽春縣志》卷13《人物志・胡秉忠傳》，第126頁。
〔註33〕 《康熙陽春縣志》卷13《人物志・陳諫傳》，第126頁。
〔註34〕 《康熙陽春縣志》卷13《人物志・梁應材傳》，第127頁。
〔註35〕 《康熙陽春縣志》卷13《人物志・馮士琦傳》，第127頁。
〔註36〕 《康熙陽春縣志》卷13《人物志・何謙傳》，第127頁。

而又問民疾苦，革火耗，清徭役，去無名之征，開陂池之利，百姓受惠者誦德不休焉」〔註37〕。楊鳳翻是明末崇禎元年（1628）拔貢，「初任福建建寧府□□縣縣丞，秩滿報最（考覈優秀），轉升山東東平州州同（同知）。時山東大旱，饑甚，民皆相食。任是地者多畏避。（楊鳳）翻單車入荒州，撫恤備至，百姓深戴之。後郯城縣令去（辭職），中丞公即檄署邑（任命楊鳳翻代理郯城縣行政）。翻調劑於上下之間，軍民倚之若父母。攻苦茹淡，家人不能堪，皆遁去。翻持守不變，益簡訟牒，寬民力，州人大悅。及棄官去，囊橐蕭然，田廬靡所拓於舊」〔註38〕。此類事例頗多。

（二）卻修贄，育人才

這是陽春籍教官所共有之特點。如張所學，由歲貢生任廣州府訓導，「日與諸生講課，惟事文藝，不問修贄（禮物、待遇）。升連州（今廣東連州市），嚴氣正性，士敬憚之，憫州居僻遠，多方訓迪，諸生或有饋遺，必固卻，曰：『吾職尚慮未稱，何以此爲！』（遇）貧者捐俸周恤，務（使）端士習明禮教，連（州）俗翕然興起。」〔註39〕謝良垣，「由歲貢任曲江訓導，喜談經藝，悉心訓誨，士有屈者不煩囑託而力爲代伸，其接生徒隨事規戒，尤能持大體，課文不倦，親加評隲，至其恬淡寬和，廉介自處」〔註40〕。梁之屏，「少肆力經書，稽理修辭，爲學使者所重，由歲貢授羅定州訓導，轉廣西來賓教諭，飭躬講業，卻贄周貧，加意學校（教育），士人咸德之。嘗（曾）捐俸以修學宮，苜蓿盤空（喻生活艱苦），悠然自樂也。」〔註41〕盡職盡責從事教書育人工作，不計較個人利益待遇的還有黃守誼、謝良遇等。黃守誼「由歲貢授福建古田縣訓導，闢學□，立大社，課士如家塾子弟，束脩（待遇）不問，捐俸倡紳士共修學宮，扶振風教，古田人士翕然歸之。」〔註42〕謝良遇，「中庚午副榜，由歲貢任清遠縣訓導，學行醇謹，模範克端，毅然以勸學興文爲己任，訓迪有方，士信從之。」〔註43〕

〔註37〕《康熙陽春縣志》卷13《人物志‧羅光岳傳》，第129頁。
〔註38〕《康熙陽春縣志》卷13《人物志‧楊鳳翻傳》，第128頁。
〔註39〕《康熙陽春縣志》卷13《人物志‧張所學傳》，第126頁。
〔註40〕《康熙陽春縣志》卷13《人物志‧謝良垣傳》，第127頁。
〔註41〕《康熙陽春縣志》卷13《人物志‧梁之屏傳》，第128頁。
〔註42〕《康熙陽春縣志》卷13《人物志‧黃守誼傳》，第128頁。
〔註43〕《康熙陽春縣志》卷13《人物志‧謝良遇傳》，第129頁。

此外，因各種原因，陽春籍士人中，通過科舉得以晉身者還有若干人，在方志中，他們雖然只留下了姓名及取得功名的時間而沒有留下事跡記錄，但正如志家所言，他們「雖行實經歷無考，亦必非凡庸」〔註44〕。

值得一提的是，陽春籍官員（包括教官）中，清正廉潔者不乏其人。如，梁棟，先從教後從政，「勤教，不受修□（贄），安民，不履公庭，由教諭升授府申理十餘年，致政歸，囊如懸磬。年八十□終，殮無食，都鄉友賴麟助之，人皆稱歎」。「審理」當為司法之官，在封建時代屬難得「肥缺」，不少貪官污吏正是在司法工作中上下其手，敲詐勒索，中飽私囊；而梁棟任此職十餘年，致仕後竟「囊如懸磬」，甚至去世後竟需鄉人資助才得以入土為安，恐怕連宋代著名的清官包拯也難以相比了！難怪其去世後「人皆稱歎」〔註45〕。汪英，任泰州（今江蘇泰州市）判官，升福山（今山東福山縣）縣令，亦是頗有權勢者，但他任官期間，卻是「門無暮夜之金，民有富庶之慶」，既清廉又政績顯著〔註46〕。賴麒，由歲貢授金華訓導，升龍泉教諭，「致政家居，絕跡公室，審理（辦理）梁棟父子三喪，皆為捐資舉殯」〔註47〕。由其致仕後之「清」，可以推知其在任時必亦以「清」著稱。

（三）移風易俗

自宋至明，陽春縣教育事業的發展，培養出一批任職於國內各地、盡職盡責、備受當地民眾尊敬和愛戴的政官、教官，這只是一方面；另一方面，教育的發展，還改善了人的品性，使許多士人培養成淡泊名利、恬然自修，與世無爭，孝敬父母等良好品性。其中一部分士人，當他們的遠大志向未能實現，便甘願退隱，致力於教書育人事業。如謝鍠，崇禎庚午（1630）舉人，「卓越有志行，以古人自期許，再上春官（會試），不第，即決志為隱逸計」，「鑿池引泉，栽竹灌花，惟以課子姪誦讀為務，不入城市者二十餘年」〔註48〕。科舉中式後沒有入仕為官，而是退居鄉里，以教授子弟為業的還有謝鍠之兄謝鑛，他亦因會試沒有及第而退隱，「登科後仍設帳教子弟諄諄」，終其身未嘗出仕任官，其性「甘淡薄，敝縕不完，藜藿不厭」〔註49〕。宋、元、明三

〔註44〕 《康熙陽春縣志》卷 13《人物志》，第 125 頁。
〔註45〕 《康熙陽春縣志》卷 13《人物志·梁棟傳》，第 125 頁。
〔註46〕 《康熙陽春縣志》卷 13《人物志·汪英傳》，第 125 頁。
〔註47〕 《康熙陽春縣志》卷 13《人物志·賴麒傳》，第 125 頁。
〔註48〕 《康熙陽春縣志》卷 13《人物志·謝鍠傳》，第 128 頁。
〔註49〕 《康熙陽春縣志》卷 13《人物志·謝鑛傳》，第 129 頁。

代，陽春縣籍受過學校教育的士人，不僅淡泊榮利，而且大多具有孝親睦鄰的良好品格。如梁燧，「崇禎十五年貢，資性端凝，篤志於學，綽有汪汪千頃之致，每入奉父母，問膳請□（安）而愉色和氣，先意承志，人自無間言，為鄉邦所推重。」梁燧雖然學有所成，並為有司所貢，但他淡泊名利，始終未出仕，所謂「壯志未酬，識者惜之」，他以孝敬父母而受到鄉里人的推重，其移風易俗之作用是不容忽視的〔註50〕。此類事例還有陳炳璿，「幼勤於學，博雅好古，為諸生以純謹自守。歲貢，恬淡不仕。人有過，耳不欲聞，惟就其善者獎成之……暮年杜門謝客，吟詠自樂，鄉人重之」〔註51〕。

除淡泊榮利外，賦性耿介，不肯阿私，先人之憂而憂，後人之樂而樂，也是陽春籍士人的共有品性之一。如張弘位，「由邑庠歷國學，考通判職，魁奇磊落，賦性鯁（耿）介，不肯阿私。每出議地方，直言無隱，凡可為闔邑（全縣）計安全者，無不殫（盡）力圖之」〔註52〕；謝之棟，崇禎壬午（1642）副榜第一貢，以薦授兵部司務。其人「平生喜談兵略，淳和清雅，卓有古人風，不隨流俗，不恤己私，惟念通邑利弊，日以役繁賦重為計（憂），有先憂後樂之志」〔註53〕。也有一些陽春籍士人為官期間廉潔能幹，致仕後仍心繫鄉梓，為陽春縣的文教事業盡力奉獻。如曾以舉人任江南六安州（今安徽六安縣）知州的胡秉忠，任職期間以「端謹」為人、「興賢」培才而著稱；致仕歸鄉後仍「資賓興卷資」，即資助陽春士人參加科舉考試，故「至今（清代）鄉里稱焉」〔註54〕。致仕後在鄉間從事教學活動，亦是陽春籍士人關心、奉獻鄉梓的表現，如馮仕琦，明萬曆戊午（1618）舉人，曾任四川雙流縣令。他「少時與兄仕瓊讀書於河西龍岩庵，宦歸仍教子侄於龍岩（庵）」〔註55〕。

總之，教育能使人掌握知識文化而成才，亦能改善人的思想與品格。從《康熙陽春縣志》卷13《人物志》的記載看，所載人物都是受過良好教育者。他們除了通過科舉途徑入仕，得以在各地任職，對國家對地方社會、文化教育等方面作出了種種貢獻之外，因各種原因未嘗出仕為官的陽春籍士人，不

〔註50〕《康熙陽春縣志》卷13《人物志‧梁燧傳》，第129頁。
〔註51〕《康熙陽春縣志》卷13《人物志‧陳炳璿傳》，第129頁。
〔註52〕《康熙陽春縣志》卷13《人物志‧張弘位傳》，第129頁。
〔註53〕《康熙陽春縣志》卷13《人物志‧謝之棟傳》，第129頁。
〔註54〕《康熙陽春縣志》卷13《人物志‧胡秉忠傳》，第126頁。
〔註55〕《康熙陽春縣志》卷13《人物志‧馮仕琦傳》，第127頁。

少在思想品格、爲人處世上也有可圈可點之處，他們以自己的行爲爲鄉梓樹立了良好的學習典範。

（四）潛心學術，著書立說

宋、元、明三代，陽春籍受過良好教育的人物中，潛心學問，好著書立說者亦有之。如謝鑣，天啓元年（1621）鄉貢，「警敏異常，潛心理學，名重鄉邑，且生平以曠達自期，不汲汲於功名，有逸民遺風，古稱隱德君子，此其人與！爲人恬淡無求，好周人急」〔註 56〕。黃守誼曾任福建古田縣訓導，歸鄉之後，「林居十餘年，足不履公府」，唯以著書立說爲事，有《燕京興五華風韻》、《荔枝集》等著述〔註 57〕。汪萬垓，明崇禎乙亥（1635）拔貢，任教官，「所訓士多遴選去。平生口不□□言，身不與外事，日與親友唱和成帙」〔註 58〕。

四、影響陽春縣宋、元、明三代教育事業發展的不利因素

由上述可知，自宋至明，陽春縣從官員到鄉紳再到士民，對於學校教育、人才輩出，都是一片赤誠之心；然而，從方志中的《選舉志》來看，除「鄉舉里選」的鄉貢一途外，通過科舉考試得以及第而出仕爲官者卻又寥若晨星：進士是宋、元、明各一人；舉人是明朝九人，僅此而已。問題的根源在哪裏？這是值得人們思考、探索的課題。

康善述是清代康熙年間曾任陽春縣令的一位學者型官員，本課題研究所主要依據的《康熙陽春縣志》即爲其著述。他在《康熙陽春縣志》卷 5《學校志·接雲樓》中說：「春邑（陽春縣）儒學肇建已久，顧自崔莫三君（按，指明初永樂年間鄉試及第而成舉人的崔士暐、莫尚俊、莫璵三人）科第以後寥寥無聞，豈地脈興隆直有待耶？抑培而植之者無其人也？說者謂學宮（之旁）玄武山逶迤而下，地脈空虛，宜培之，故建樓於學宮後垣以豎大觀，扁曰『接雲樓』。」說明了陽春縣長久以來，雖經官紳士民付出了極大的努力，而教育事業卻未得到振興，人才之出寥落。人們都心生苦悶，於是，有人（包括官員）便試圖從「風水」上去尋找原因，懷疑是否「風水」有局限，抵消了人們的努力？於是，在經濟還很困難的境況下，地方官還是斥資在縣學之後興

〔註 56〕《康熙陽春縣志》卷 13《人物志·謝鑣傳》，第 127 頁。
〔註 57〕《康熙陽春縣志》卷 13《人物志·黃守誼傳》，第 128 頁。
〔註 58〕《康熙陽春縣志》卷 13《人物志·汪萬垓傳》，第 128 頁。

建了一座「接雲樓」，冀望通過這項「風水工程」以填補「學宮玄武山逶迤而下，地脈空虛」的缺陷，讓「多士登斯樓也，其有舉頭日近，回首雲低之想」，從而使陽春縣教育事業得以振興〔註59〕。此外，陽春地方官還在縣儒學門前開闢出一條康莊大道，取名曰「青雲路」，實際上也含有「風水」意蘊，寓意學士們通過勤學苦讀而最終得以「平步青雲」，所謂「『雲路』以通天衢，是□名耳。爾多士顧名思義，其無忘凌雲之想也耶！」〔註60〕「風水」之說虛無飄緲，當然沒有科學合理的根據，不僅徒耗人力物力，於事實亦無補。於是，人們又從學校設施或教學方法或經濟支持等方面試圖尋找答案。有人說：「陽春學校建自歷朝，宜乎人文之盛與中州（原）埒（等同）。何文獻鮮徵，科第寥寥焉？果廟宇箴亭未盡葺理歟？督課章程未盡作興歟？燈窗之費取辦無需歟？」從本文論述可知，試圖從官員不重視學校教育，教師對教育事業不熱心、教學設施、制度不完善以及生員生活、學習費用欠缺等方面去找原因，都不可能尋找到正確的答案。

依筆者愚見，制約古代陽春縣教育事業發展的原因，既有社會方面，亦有自然方面。以下簡要述之。

（一）社會方面的原因是，陽春境內少數民族的頻繁作亂，對陽春縣教育事業的發展造成了極大的困擾。

陽春地處粵西山區，是個少數民族聚居地區，所謂「僻壤之地，雜瑤之鄉」〔註61〕。而「在官吏腐朽貪殘日甚和戰亂頻繁的條件下，廣東的瑤、僚等族也被刻剝侵害得民不聊生，不得不向無人少人的深山轉移逃匿」〔註62〕。封建時代統治者對少數民族的歧視、壓迫、剝削，鑄造了少數民族的「叛逆性」。因此，整個古代，陽春縣境內的瑤族、壯族等少數民族頻頻反叛，招致官軍屢屢征討。這就破壞了陽春縣的社會秩序，民眾不能安心生產，士人亦無法靜心讀書。

陽春以山地為主，又遠離高州、肇慶等主要城市，封建統治力量薄弱，不逞之徒及一些封建化程度尚淺的少數民族以山區為淵藪，不時起來反抗封建統治，成為擾亂陽春一方治安的動亂因素，正如方志所云：「（陽）春雖山

〔註59〕《康熙陽春縣志》卷5《學校志》，第55頁。
〔註60〕《康熙陽春縣志》卷5《學校志》，第55頁。
〔註61〕《康熙陽春縣志》卷2《風俗》，第26頁。
〔註62〕方志欽、蔣祖緣主編：《廣東通史·古代上冊》，廣東高等教育出版社，1996年，第1003頁。

城僻壞乎，而綠林嘯聚，東西兩山不軌之謀者有之」〔註63〕。這裏所說的東山、西山即粵西瑤族居住區。瑤族「所居深山，叢菁亂石，易以走險。其謠云：『官有萬兵，我有萬山；兵來我去，兵去我還。』」「無事射獵為生，有事則鳴小鑼，舉眾蜂起，以殺人為戲樂」；「其性兇悍好鬥，一成童可敵官軍數人；又善設伏，白晝匿林莽中，以炭塗面，黑衣黑褲，為山魈木魅之狀」；「官兵至，盡室而去；退則擊我惰歸」〔註64〕。這就給粵西地區尤其是陽春縣社會治安造成了極大的危害。

早在唐代，生息於陽春縣內山區的少數民族對於當地的社會民生就構成了嚴重威脅，因而常常成為官軍征討的對象。如唐開元年間（713～741），春州（陽春）司馬姜晦就曾發兵征討過「洞獠」：時「洞獠出沒，（姜）晦常提兵陟岡（上山），賊皆遁去，遂名為『將軍嶺』」〔註65〕。《元史》亦有「海北瑤酋盤吉祥寇陽春，命江西行省督兵捕之」〔註66〕的記載。歷宋、元至明，陽春縣仍為少數民族聚居的主要地區。少數民族對於陽春縣社會治安的擾亂成為古代社會一個突出的問題，所謂「陽春猺（瑤）、獠（僚，今壯族）環處，稍不得其所欲，即獸怒跳躍，不可制」〔註67〕。對此，一些地方官試圖採取「待之如子而不拘於法」的羈縻政策，即採取忍讓、寬容的辦法，企圖以此而使這些少數民族感懷而有所收斂。這種「撫諭」辦法有時候也能換來和平安寧，如明嘉靖四十四年（1565），許宗承新任陽春縣令，「時值西山龐峒二蠻作梗，民甚病之，侯（許宗承）乃開誠撫諭，俾（使）之復業，蠻悉傾心向化，境內底寧，民乃大悅」〔註68〕。但實踐證明，這些措施並未能真正長久地消弭陽春縣內少數民族的作亂。這些少數民族受漢族歧視壓迫，不得不以山為居，而山區又限制了經濟的發展，為了生存，少數民族不得不出山搶掠，所謂「瑤賊盤踞山谷，稱槃瓠氏遺裔，日肆暴掠」〔註69〕，這才是問題的根源。既然「羈縻」不能真正解決問題，於是，征討或軍隊鎮守便成為官

〔註63〕《康熙陽春縣志》卷3《城池志》，第28頁。

〔註64〕屈大均：《廣東新語》卷7《人語·猺人》，第235、238頁，中華書局，1985年版。

〔註65〕《康熙陽春縣志》卷12《名宦志·姜晦傳》，第118頁。

〔註66〕明·宋濂等撰：《元史》卷29《元史·泰定帝一》，第658頁，中華書局1976年。

〔註67〕《康熙陽春縣志》卷12《名宦志·梁潛傳》，第119頁。

〔註68〕吳守貞：《重修陽春縣堂並建後堂記》，《康熙陽春縣志》卷16《藝文紀》，第173頁。

〔註69〕《康熙陽春縣志》卷15《祥異紀事》，第159頁。

方無奈的選擇。這方面的記載，方志中比比皆是。現僅據《康熙陽春縣志》卷 15《祥異紀事》所載，將明代有關陽春一地之「瑤亂」略述如下：

成化五年（1469），「西山賊攻破陽春城，兵備僉事陶魯來援，殺賊甚眾，餘黨遁去」；成化十五年（1479），「瑤（按，方志中皆作「猺」，爲行文方便並避免民族歧視嫌疑，一律改爲「瑤」字）賊寇陽春，兵備僉事陶魯來援，率兵至，賊驚走」；弘治十五年（1502），「瑤賊入陽春，毀縣治，劫庫藏。總兵徐洪出禦，死之。瑤賊八十餘人竊入城中，蓋乘不備也」；正德七年（1512），兵備僉事汪鎔討陽春瑤賊，敗績。先是，瑤賊不靖，（汪）鎔督兵進討，以石綠獞子（壯族）爲嚮導，獞與瑤通謀，引（官軍）入深險，被傷甚眾，始知爲其所賣。自是不敢言用兵矣」。正德十年（1515）冬，「瑤賊剽掠，知縣黃寬率鄉兵撲滅之白飯坑、擔石嶺諸瑤」；嘉靖二年（1523）十一月，「瑤賊」掠陽春，「陽江賊」又乘機作惡，二「賊」共掠陽春，雖被官軍「斬獲甚眾」，但「嗣後屢犯屢遁，卒無歲寧」……

值得注意的是，在明代陽春，階級矛盾與民族矛盾常常交織在一起，其結果是漢族「頑民」進入「瑤山」，與瑤族人勾結在一起，共同反抗官府，對陽春地方社會治安也構成了極大危害。如方志記載：「陽春處萬山之中，諸瑤部落甚眾，與土賊嘯聚出沒靡測，民弗安生」；又載：「嘉靖七年（1528），兵備僉事李香按（巡視）陽春，招諸投瑤者復業。瑤山藪盜，官兵莫敢誰何，以故新興、陽江、新會頑民投瑤爲亂者二千餘人。（李）香至，悉招還新興、新會、陽江各處復業，民賴以安」〔註70〕。此史料說明，在李香「招還」新興、陽江、新會等處進入「瑤山」與瑤民勾結作亂的「頑民」之前，漢族「頑民」曾與瑤民一道，成爲陽春一地不安定的社會因素，以致官軍多次征討未能奏效，所謂「官兵莫敢誰何」。正因爲屢屢征討而無效，李香才改用「招還」漢族流民的辦法，讓他們回鄉復業，釜底抽薪，才有效地化解了一方的動亂，使「民賴以安」。

陽春境內少數民族屢屢騷亂，使陽春難有安寧之日，農業生產、教育事業均受嚴重摧殘。明嘉靖十一年（1532），當「陽春瑤賊趙林花等攻高州，提督、都御史陶諧、總兵官咸寧侯仇鸞討平之。賊首趙林花、黎廣雄等一千七百餘徒攻陷高州，軍門調兵七萬分道督進。正月十五日誓師，至四月十五日奏凱，巢穴迅掃，又實以良民千餘家，復田賦一百二十九頃九十一畝零」

<hr>

〔註70〕《康熙陽春縣志》卷 15《祥異紀事》，第 157 頁。

〔註71〕。官兵動用七萬軍隊征討作亂的「瑤賊」一千餘人，竟耗時數月才「奏凱」，可見「瑤賊」戰鬥力之強，亦可由此推知「瑤賊」對於陽春、高州等地社會摧殘之嚴重。嘉靖十二年（1533），都御史陶諧、總兵官咸寧侯仇鸞討陽春、新興、德慶諸「賊」，平之。至此，由瑤族發動的「恃險聚眾，剽掠鄉村，殺擄男婦，攻高州城庫，敵殺官兵，縱橫騷擾已數十年」的長期的動亂才基本被平定。官軍「攻搗巢穴一百二十五處，擒斬三千七百九十名顆，俘獲賊屬三千七百二十餘口，他物稱是」〔註72〕。

除了「瑤賊」、「漢賊」外，還有「倭賊」（來自日本的強盜）的擾亂。如嘉靖三十三年（1554），「浪賊麥長裙攻破陽春縣，知縣謝復生討擒之」。所謂「浪賊」，大約是指踏浪而來之賊，即倭寇或海盜；次年，「浪賊」又流劫陽春鄉村，又被知縣謝復生請鄰道兵討平之〔註73〕。萬曆四年（1576），「倭賊劫陽江」。陽春與陽江毗鄰，亦受到倭寇的擾亂。陽春縣學生員汪雲梓曾「計誘倭人，招至三十餘徒，養之於家。時陽江被困甚急，值久雨，城多崩壞，得其帶倭殺退以解其圍」〔註74〕。陽春縣學生員汪雲梓「以倭治倭」實屬高明，但由此亦可證倭寇亦曾流劫至陽春。

頻頻的社會動亂以及官軍的勞師征討，徵稅、徵兵、供餉，民眾負擔沉重，不可能不對陽春縣教育事業造成消極影響。

（二）自然方面的原因是，頻發且嚴重的自然災害對陽春縣教育事業也造成了極大的摧殘。

歷史的發展包含時間與空間兩大要素。空間又包括地理、氣候等具體內容。18世紀前期，法國啟蒙思想家孟德斯鳩（1689～1755）在其名著《法理精義》中，對歷史發展提出一種解釋，認為人類社會的發展是受多種因素制約的，而這些因素中，最重要的是地理環境與氣候條件。這就是史學史上所謂的「地理環境決定論」。地理環境決定歷史的發展，這種觀點固然有失偏頗；但我們又不可否認，地理環境與氣候條件對歷史的發展確實有重要的影響。一些歷史著作開篇先講地理、氣候概況，這是有道理的。

〔註71〕《康熙陽春縣志》卷15《祥異紀事》，第157頁。
〔註72〕《康熙陽春縣志》卷15《祥異紀事》，第157頁。
〔註73〕《康熙陽春縣志》卷15《祥異紀事》，第158頁。
〔註74〕《康熙陽春縣志》卷13《人物志·義勇》，第131～132頁。

　　陽春地方歷史就顯然受到地理及氣候條件的影響。北宋時，中原地區流行著這樣一句有關粵西地方歷史的諺語：「春（州）、循（州）、梅（州）、新（州），與死為鄰；高（州）、雷（州）、竇（州）、化（州），聽著也怕」〔註75〕。春州即今陽春縣，排在第一位。諺語反映了粵西地區環境、氣候惡劣，對社會對人生影響極大。這是有事實根據的。古代陽春「瘴癘」盛行，所謂「自嶺以南二十四郡，大率地土皆下濕，偏多瘴癘，而陽春為太甚焉，以偏邑也。」〔註76〕這「瘴癘」實際上就是各種自然災害頻發造成人口死亡，死亡人口不能及時掩埋又造成傳染病流行，生人接踵而死。而陽春在宋、元、明時期就是一個自然災害頻發的地區。如方志記載：

　　明朝天順六年（1462），陽春洪水「暴漲旬日，壞官民房屋，溺人畜，沖陷民田地」；成化三年（1467），「大饑」；弘治三年（1488）正月「有蝗」；八年六月「地震」；正德六年（1511）九月「大水。時洪水穿山，河道改移，摧崩田屋不計，太平都蒲沼山崩，壓死人畜尤多」；正德八年（1513）「春旱又潦，田禾俱不收，遍地刺竹，花實可食」；正德十年（1515）秋，「地震，舉邑皆驚」；正德十一年（1516）「大水穿山沖石」；嘉靖五年（1526）「大風」又「地震」；六年六月「颶風大作，白晝晦暝，山谷震響」；瑤族居住的山區「百山一時崩摧，瑤民三十餘處盡遭淹沒」，「畜產死者千計，沙石壓壞民田」；同年又突發火災：「火災從西廂營起，值西北風，延燒西郭民居，焚死十餘人，尋（不久）燒入城中，焚毀民居及學宮兩齋一空，共百餘家。次年冬十一月，復火災，延燒西郭五十餘家」；嘉靖十四年（1535）五月，「大雨殺稼，斗穀百錢」；次年「大旱，復饑，民食草實，餓死甚眾」；十六年又「大水」；三十一年又「大旱」；隆慶三年（1569）「地震，城內外搖動民居久之」；隆慶五年，「大風倒牆壞屋，拔木揚波」；六年，「大饑，斗穀八十錢，死者不計，城外餓殍尤甚」；萬曆元年（1573）「正月初五日雨雹，大如卵，須臾遍地盈尺，林鳥池魚死不可計」，又「狂雷非常，連日不止」；萬曆十五年（1587）八月「大風敗屋拔樹，晝夜乃止」；萬曆二十四年（1596）春「大饑，斗米銀二錢，餓莩載道」；崇禎元年（1628）「春，大旱，穀貴」；五年夏四月又「大疫」……

〔註75〕馬永易：《元城語錄解》，轉引自方志欽、蔣祖緣主編：《廣東通史·古代上冊》第693頁注1。
〔註76〕《康熙陽春縣志》卷1《氣候》，第20～21頁。

總之，終明一代，陽春縣各種自然災害頻繁發生，嚴重毀壞了陽春民眾生活的房屋、生產的田地及農作物，還使許多人死於非命。自然災害對於地方社會、經濟的嚴重摧殘，自然也波及作爲上層建築的教育事業，使學校設施或受到摧殘（如嘉靖元年的大火就波及學宮；地震、颶風自然亦使學宮遭到損壞），生員生活學習或因家庭經濟受損或因親人罹難而面臨困境。《康熙陽春縣志》卷 13《人物志‧鄉賢》序云：「春邑（陽春）海國遐陬，人物之產自漢以來鮮（少）與中州（原）齒（並列，相等），則謂瘴癘之鄉，非所以延英毓粹也」〔註 77〕。認識到陽春特有的惡劣的地理環境（山區）及氣候對於人才成長的妨礙，是有一定道理的。

（三）陽春縣地廣人稀，民眾經濟困難，也制約了當地教育事業的發展。

古代陽春地處山區，少數民族雜居其間，加之「寇賊」縱橫，社會治安形勢嚴峻，使陽春長時間成爲人口稀少之區。據《康熙陽春縣志》卷九《戶口考》載，唐代陽春縣有戶 11218，口 21661，平均每戶約 2 人；元代只有戶 4547，口數無記錄；明初洪武二十四年統計，得戶 5244，口 22158；明代近三百年，陽春縣戶口不僅沒有明顯的增長，反而嚴重減少，很多時候都在戶一千餘，口數千範圍（按，古代縣人口一般以萬戶爲率）。這種人口凋零狀況，依筆者之見，當與動亂頻生，天災不斷有關，人民或死或徙，故陽春縣長期地廣人稀。

生員家庭經濟不景氣，生活困難，也妨礙了他們的讀書成才。宋、元、明三代中，不少陽春籍士人是在極艱苦的條件下刻苦攻讀而得以成才晉身者。如謝詵，「幼孤，與兄（謝）介用相依孝友」，後由歲貢任江西寧州同知〔註 78〕；梁崇泊，「幼失怙，爲人孝謹」，「日事母氏，孝養甚篤」，顯然是貧困人家，其子梁應材受教育後得成進士，但仍然「出入徒步」〔註 79〕。明朝天啓、崇禎年間均受到陽春縣令表彰的婦女黎氏，其丈夫賴欽堯爲士人，在繼任父職途中沉船溺水而亡。黎氏年方十八，有娠，生子，「名一貫，邑庠；孫聖詔，亦在庠」〔註 80〕。一個寡婦將子、孫都送入縣學就讀，其情可憐，

〔註 77〕《康熙陽春縣志》卷 13《人物志‧鄉賢》，第 124 頁。
〔註 78〕《康熙陽春縣志》卷 13《人物志‧謝詵傳》，第 125 頁。
〔註 79〕《康熙陽春縣志》卷 13《人物志‧梁崇泊傳》，第 128 頁。
〔註 80〕《康熙陽春縣志》卷 13《人物志‧節婦貞烈》，第 132 頁。

其志可嘉。明朝末年的謝鎧、謝鑛兩兄弟，通過接受教育得以成才，分別中崇禎庚午（1630）、壬午（1642）舉人；但要進京參加會試、廷試就遇到了困難，不得不退居家鄉，以教書授徒爲業。志載二謝「家世清白」，「敝縕不完，藜藿不厭」〔註81〕，家庭經濟的困難使兄弟倆壯志難酬！

　　貧困的家庭背景及艱辛的生活，無疑制約了不少年青有志者的讀書成才。

〔註81〕《康熙陽春縣志》卷 13《人物志‧謝鑛傳》，第 129 頁。

三、明代粵西地區的瑤族之亂及官府的治瑤策略

摘　要

　　明代，粵西地區的瑤族長期此起彼伏的作亂，對社會秩序、民眾的生產、生活及地方教育都造成了嚴重的摧殘。其致亂緣由大約有以下幾個方面：瑤族所受壓迫剝削的日漸加重；周鄰少數民族及漢族人民反抗鬥爭的影響；明王朝推行「以夷攻夷」政策造成的民族對立；混入瑤族當中的某些漢人出自各種目的的挑唆利用。面對瑤族的頻繁、長期的作亂，粵西地方官府採取了各種策略，旨在平定動亂，使瑤族像漢族民眾一樣，俯首帖耳接受封建統治：軍事征討；築城固守；釜底抽薪，招撫投瑤者復業；撫而用之，利用降附瑤族的力量維持地方社會治安；平定瑤亂之後相應的行政、軍事設置。

關鍵詞：明代；粵西地區；瑤族；治瑤策略

明代，粵西地區生活的瑤族頻頻「作亂」，對粵西地區社會秩序及生產、生活造成了嚴重破壞。此時期「瑤亂」接踵而起的原因何在？「瑤亂」對粵西地區社會造成的危害如何？何以官軍多次大規模對「作亂」瑤人用兵，卻常以失敗告終？這些都是值得探討、思考的問題。

一、明代粵西地區瑤族的社會生活

瑤族是我國南方的山居民族，大部分散居在海拔 1000 公尺以上的高山和密林之中。「由於歷代封建統治階級不斷推行階級壓迫和民族壓迫的政策，瑤族人民為了生存，被迫不斷向南遷移，由平原，越丘陵，入溪谷，進山區，輾轉流離。而反動統治者又步步緊逼，迫使他們入山唯恐不深，入林唯恐不密，最後只得在荒山野林中尋找落足之地，過著艱苦的遊耕生活。」〔註 1〕

明代，粵西瑤族大多仍過著較原始的社會生活。《明英宗實錄》卷 51 就記載，明代陽春、高要二縣之瑤人仍採用「刀耕火種」的原始生產方式。這是一種簡單粗放的耕作制，廣種薄收。《廣東新語》卷十四《食語·穀》謂「白衣山子」（瑤人），〔註 2〕在山坡「自上而下悉燔燒，無遺根株，俟土脂熟透，徐轉積灰，以種禾及吉貝綿（棉花）。不加灌溉，自然秀實，連歲三四收，地瘠乃棄，更擇新者，所謂畬田也。」〔註 3〕廣東，尤其是粵西地區，因為山高林密，向來是瑤族聚居的重要之地，所謂「南嶺無山不有瑤」。明初，廣東的瑤族分佈在廣州等 5 府 17 州縣，共有瑤山 531 座。〔註 4〕其中，肇慶府瀧水縣（今廣東羅定縣）118 座，陽山縣 94 座，德慶州 84 座，四會縣 57 座，新會縣 55 座，居瑤山之多數。〔註 5〕

明初，國內封建統治未穩，對邊疆少數民族不得不採取寬鬆的統治政策。只要少數民族首領表示歸順，即可由他們繼續維持原有的統治。不僅是封建

〔註 1〕 中國少數民族簡史叢書：《瑤族簡史》，廣西民族出版社 1982 年，第 7 頁。

〔註 2〕 「白衣山子」即指瑤族。顧炎武《天下郡國利病書》卷 100《廣東上》云：「『輋族』居嶺海間，號曰山民。蓋盤瓠之遺種……而無酋長，隨溪峒各群處，斫山為生，有採捕而無賦役，自為生理，不屬於官，亦不屬峒首，故名莫徭也，嶺西海北人呼為白衣山子。」

〔註 3〕 （清）屈大均：《廣東新語》卷十四《食語·穀》，中華書局，1985 年，第 373 頁。

〔註 4〕 （明）戴璟修，張岳、黃佐等纂：《（嘉靖）廣東通志初稿》卷 35，濟南：齊魯書社，1996 年。

〔註 5〕 方志欽、蔣祖緣主編：《廣東通史·古代下冊》，廣州：廣東高等教育出版社，2007 年，第 103 頁。

剝削輕微，而且在行政管理上，推行的是一種間接的治理方式，即土司制度，或所謂「羈縻」政策。由於粵西瑤族處於「大分散，小集中」狀態，生產方式原始，有自己獨特的文化，難以直接納入封建統治之中，故明初只得在粵西瑤族居住區設置「撫瑤土官」。代朝廷對山區瑤族「招撫」者多數是當地的士紳、學子，或是靠近瑤山的州縣基層小吏，俗稱「土人」，故職名中常冠以「土」字，如「土縣丞」、「土主簿」、「土巡檢」、「土典史」等，以區別於朝廷委派的流官。「土官」由於通曉瑤族語言、族情，易與瑤人溝通，故通常不理州縣民事，專職「撫瑤」，多數可以父死子繼。明初近百年間，「撫瑤」活動不斷，這是瑤族大小首領紛紛「來朝」的重要原因。

然而，隨著時間推移，事情在不斷發生變化。作為封建王朝統治代表的「土官」，有恃無恐，得寸進尺，為所欲為。「土官對瑤族人民壓迫和剝削是極其殘酷的。在其統治範圍內，除少數的『造田』和『墾田』外，絕大部分土地都為土官所佔有。他們把土地分給瑤族人民耕種，只給使用權，沒有所有權，每年要向土官繳納沉重的田租和擔負繁重的無償勞役……除了固定租穀外，土官每年還要向他們勒索客穀一斗，糧酒（客酒）一壺，糧雞一隻，並為其服無償勞役若干天。同時還要收取地皮租、豆租、花生租、芋頭租等超經濟剝削……瑤族人民在這樣漫無止境的盤剝下，終年辛勞，不得溫飽，過著牛馬不如的生活。」〔註6〕加上封建官府控制瑤區食鹽輸入，甚至斷絕供應，迫使廣大瑤民生計無著，不得不揭竿而起，展開前赴後繼的英勇鬥爭。

由於「瑤族是一個受壓迫最深而又最富有反抗精神的民族，長期以來，他們遭受著歷代反動統治階級的殘酷剝削，過著『衣不蔽體，食不果腹，烤火禦寒』的悲慘生活」，〔註7〕因此，「其性兇悍好鬥，一成童可敵官軍數人。又善設伏，白晝匿林莽中，以炭塗面，黑衣黑褲，為山魈木魅之狀。」〔註8〕具有較強的戰鬥力，難以武力征服，因此，有明一代，瑤族一次再次起而反叛作亂〔註9〕。

〔註6〕中國少數民族簡史叢書：《瑤族簡史》，廣西民族出版社 1982 年，第 44～45 頁。

〔註7〕中國少數民族簡史叢書：《瑤族簡史》，廣西民族出版社 1982 年，第 7 頁。

〔註8〕（清）屈大均：《廣東新語》卷七《人語·瑤人》，中華書局，1985 年，第 238 頁。

〔註9〕對於明代瑤族的反叛作亂，不少著作都將其定性為「起義」；但從瑤人「作亂」過程中，所至燒殺搶掠，普通民眾大受其殃來看，這一定性並不準確。

清代，方志中粤西瑤族作亂的記載已較罕見。這與清代實行「改土歸流」政策有關。清初，凡土司歸附者皆授予原職，並令世襲；後經雍正、乾隆年間大規模的「改土歸流」，原來土司較多的湖廣地區幾乎沒有土司了，在南方民族地區推行了幾百年之久的土司制度基本結束。與此相關的是，隨著封建統治力度的加強，「瑤亂」現象亦較罕見了。

二、明代粤西地區「瑤亂」概述

翻閱粤西方志，尤其是陽春縣志，屢見不鮮的一個問題是瑤族之亂及地方官府的屢屢興師平亂。粤西爲山區，在古代漢族人口相對稀少，少數民族（尤其是瑤族）自古以來據山爲寨，生活於斯，生產於斯，本來過著相對「清靜」的生活；但隨著歷代封建統治勢力的不斷擴張，粤西地區少數民族那種「日出而作，日入而息」的「太平」生活也不斷受到衝擊，封建王朝要將粤西地區的所有少數民族與漢民族一樣，納入封建統治之中，要承擔賦役，要接受封建統治。這就觸動了多少年來過著自給自足，封建壓迫、剝削不算嚴重的粤西地區少數民族的生活。於是，粤西地區少數民族的「作亂」、「反叛」事件便在方志中頻頻可見。儘管如此，但是，封建王朝統治的推進並未因此而受阻、退縮，而是在與地方少數民族的鬥爭中穩步推進。到清代，粤西地區的少數民族，除一部分被迫向海南島、廣西等地遷徙，企圖擺脫、逃避封建統治外，仍然留在粤西地區的少數民族，不得不向封建統治屈服，像廣大漢族人民一樣，耕田獻賦，承擔封建義務。從此粤西地區漸趨和平安寧。

在粤西方志中，明代「瑤亂」最多見，且爲害甚烈。

粤西「瑤亂」其實自唐代已啓其端。元朝「泰定四年（1327）夏四月，高州瑤寇電白，縣千戶張恒力戰死之」。進入明朝，隨著封建統治力度的加強，粤西地區瑤族的反叛事件就頻頻發生。

據《光緒高州府志》卷 54《紀述七‧雜錄》記載，明初，電白縣中，民（漢人）瑤雜處。瑤每肆寇掠。永樂年間（1403～1424），官府榜募征剿。縣諸生王禮率民兵入其巢穴，擒其渠魁，令瑤人「大震服」。王禮示以朝廷威德，教以農桑，瑤人「誓不敢劫掠」。永樂十七年（1419），盤龍佛子瑤首領黃滿山等六十人入朝進貢降香等物，皇上嘉獎其「慕義」，賜鈔幣遣還，免其賦役，錄王禮功，授撫瑤主簿，世爲土官。〔註10〕

〔註10〕 （清）楊霽修，陳蘭彬等纂：《光緒高州府志》卷54《紀述七‧雜錄》，第808頁。

　　正統四年（1439）春，「蠻賊蘇觀探掠石城（今廣東廉江縣）」。正統五年（1440），「六豪（峒）瑤亂」。正統「十一年（1446）秋九月，廣西瑤叛，犯化州，執知州茅自得，殺千戶王義」。「景泰二年（1451），廣西瑤賊流劫茂名、化州、吳川等鄉」。〔註11〕天順年間（1457～1464），「瑤賊」亦曾流劫至粵西。《萬曆雷州府志》卷十八《勳烈志・武烈》載：「文帶，海康縣民，驍奮絕倫，天順中，猺賊侵境，（文）帶充義勇，領兵禦賊，戰皆捷，賊避其鋒，後與（猺）賊大戰於白沙坡，被槍（刺）死。」〔註12〕「成化元年（1465），廣西猺賊胡公威反，流劫至雷州。是時承平既久，民不知兵，賊至，俱奔入城。相持日久，城中疫起，十死六七，田野荒蕪，戶口頓減。」〔註13〕弘治「十五年壬戌（1502），瑤賊八十餘人入陽春，毀縣治，劫庫藏，總旗〔註14〕徐洪出禦，死之。」正德十年（1515）「冬，白飯坑擔板嶺瑤賊梗道殺人。知縣黃憲率鄉兵撲滅之。」〔註15〕

　　嘉靖十年（1531）、十二年（1533），粵西大規模的瑤亂對陽春縣的破壞最嚴重。《民國陽春縣志》卷13《事紀》載：「（嘉靖）十年辛卯，陽春瑤賊趙林花等攻陷高州。提督、都御史陶諧、總兵官咸寧侯仇鸞討平之。賊首趙林花、黎廣雄等一千七百餘徒攻陷高州，軍門調兵七萬以正月十五日分道進剿，至四月十五日凱旋，巢穴迅掃，又實以良民千餘家，復（免除）田賦一百三十九頃九十一畝零」。「（嘉靖）十二年癸巳，都御史陶諧、總兵官咸寧侯仇鸞討陽春、新興、德慶諸（瑤）賊，平之。先是，陽春縣西山、雲廉、參峒、湖峒、坐羅、下雙、茶場賊首趙林花、唐觀政、唐朝用、盤勝富、何總管、郭安富與德慶州東山南鄉蔡嶺賊首鳳二、全師安、盤僧堂、新興王三坑、石壁等巢賊首盤晚大、鄧大弟、盤世寬皆恃險聚眾剽掠鄉村，殺擄男婦，攻高州城庫，拒殺官兵，縱橫騷擾已數十年。至是，（陶）諧等調兵分道並進，攻搗巢穴一百二十五處，擒斬三千七百九十九名夥，俘獲賊屬三千七百二十名口」〔註16〕雖然遭到沉重的打擊，但瑤族的叛亂仍未完全止息，直至嘉靖末

〔註11〕《光緒高州府志》卷48，《紀述一・事紀》，第697頁。

〔註12〕明・歐陽保等纂修：《萬曆雷州府志》卷十八《勳烈志・武烈》，第420～421頁。

〔註13〕明・歐陽保等纂修：《萬曆雷州府志》卷一《輿圖志・沿革》，第167頁。

〔註14〕《明史・兵志二》云：「天下既定，度要害地係一郡者設所，連郡者設衛，千一百二十人爲千戶所，百十有二人爲百戶所。所設總旗二，小旗十，大小聯比以成軍。」

〔註15〕《民國陽春縣志》卷13《事紀》，第428頁。

〔註16〕《民國陽春縣志》卷13《事紀》，第429頁。

年，瑤族之亂仍在此起彼伏。如嘉靖「四十年辛酉（1561）（陽春）東山、西山瑤、僮又恣，延至四十三年（1564），旋招旋叛」〔註17〕。

每當瑤族作亂，府城、縣城尚有城防可據以抵禦，有駐軍可以抗擊，城中之民尚可圖存；而廣大鄉村之民則無防禦設施可以利用，只能四散奔逃。不少人在瑤亂之中命喪黃泉。在瑤族動亂來臨之時，部分民眾投奔府城、縣城，以為可以暫時藉以庇身保命；但當危難來臨，地方官往往只顧自保，置城外之民於死地而不顧。方志記載：「劉海者，石首（今湖北石首縣）人，知高州府事，時值廣西瑤賊入境，民攜家避賊。（劉）海皆閉門不納。城外積屍數里，犬食者皆肥腯，（劉）海乃烹犬食之。時有『城裏人食狗，城外狗食人』之謠」〔註18〕。

當「瑤亂」發生，不僅是地方官畏敵如虎，據城自保，置城外民眾生死於不顧，就連職在保一方平安的軍隊亦如此，面對「瑤賊」，畏縮而不敢出戰，甚至袖手旁觀。這是明代「瑤亂」為害嚴重的的一個重要原因。景泰三年（1452）七月丙午，廣東高州府奏：「廣西瑤賊入本府地方流劫殺掠，而都指揮孫旺等各擁兵高坐，日設宴樂，不行剿除。」事下兵部，議將孫旺等腐敗將領執付總督軍務都御史治罪。〔註19〕後將孫旺貶謫至廣西戍邊，以儆效尤。天順八年（1464）五月庚子，兵部大臣上奏：「今天下太平，兵革不用，獨廣西蠻（瑤）賊作耗，流及廣東，殺掠人民，攻陷城邑，蓋由將非其人，兵失其馭。是以人各偷安，莫肯赴鬥。寇至則卻走以避其鋒，寇退則張皇以邀其功……乞選良將，以滅賊為期。」〔註20〕然而，這種面對瑤亂，將非其人的狀況在其後仍然存在。嘉靖五年（1526）二月乙卯，「提督兩廣都御史姚鏌劾奏：廣東參政李銳，當瑤賊之亂，詐稱有病，離任遽歸，避難曠職，無人臣禮。布政使梁材知而故縱，並直（宜）究治。得旨：（李）銳、（梁）材俱按御史按問。」〔註21〕從中央到地方，大小將領畏敵如虎，不敢出戰，故使「瑤賊」氣焰甚囂，得寸進尺，如入無人之境，得肆其淫威。

在粵西方志中，有關叛亂瑤族的稱謂，除「瑤賊」、「瑤寇」等蔑稱外，還被稱為「蠻賊」、「流賊」；又因瑤人所至燒殺搶略，破壞性嚴重而被稱為

〔註17〕 《民國陽春縣志》卷13《事紀》，第430頁。
〔註18〕 《光緒高州府志》卷54，《紀述七‧雜錄》，第809頁。
〔註19〕 《英宗實錄》卷218，第4707～4708頁。
〔註20〕 《憲宗實錄》卷5，第0128頁。
〔註21〕 《世宗實錄》卷61，第1427頁。

「狼徒」等。「蠻」是封建時代對我國南方各少數民族的通稱，瑤族爲其中一員，故常被稱爲「蠻賊」；由於瑤族之亂多以流動作戰爲常見形式，故又常被稱爲「流賊」；廣西大藤峽是瑤族聚居的主要地區，明代對粵西地區造成嚴重摧殘的瑤人多來自廣西大藤峽，又常被稱爲「大藤峽賊」。爲了「鏟草除根」，從根本上解除瑤族動亂對粵西地區的危害，官軍有時候就出兵直搗廣西大藤峽。如《光緒高州府志》卷 48《紀述一‧事紀》成化元年條云：「案，《通鑑輯覽》：（成化）元年正月遣（韓）雍討瑤。多十一月，破瑤於大藤峽」。〔註 22〕但由於大藤峽爲深山老林，易於藏匿，故官軍的攻討收效甚微，瑤人得以長久以大藤峽爲巢穴作亂，四處流劫，禍及粵西。

瑤族長期此起彼伏的作亂，對粵西地區的社會秩序、民眾的生產、生活及地方教育都造成了嚴重的摧殘，方志謂「高（州府）、肇（慶府）素苦瑤夷焚市戕官。」〔註 23〕

例如，由於受瑤族動亂勢力的壓迫，電白縣治就不得不遷移。方志記載，明成化四年（1468），知府孔鏞離任後，神電衛指揮馬貴將縣治遷徙至衛城中，以籍駐軍保護，寬目前之憂。縣治遷移後，原縣治居住的民眾失去庇護，各奔東西。「自此，田野不闢，人民不聚。至是，趙林花（粵西瑤族首領之一）直劫府庫，如履無人之境矣。東北一帶，雖有獅子、電白二堡，而兵力單弱，不能救援」。〔註 24〕官員是求得一時之安了，而廣大民眾卻深受其殃。瑤族的連年作亂，使粵西地區滿目凋殘景象。志載：「及大徵（陽春）西山諸賊（按，明代陽春西山爲瑤族聚居區之一），雖已頗定，而數十里人煙斷絕，遺黎一二在途，織草爲居而已」。信宜山區，瑤族的勢力依然強盛，給當地社會造成了極大的壓力：「信宜雖有驍勇守城，而西通（廣西）博白，北極陽春，萬山聯絡，賊黨日蕃，矧（況且）舊電白雖立爲堡，地廣人稀，瑤賊出入如沸」。地方官擔心如不加強軍事力量給予彈壓，日後將處被動局勢，遂向上級請求增兵設鎮以備後患，指出：「若非擁強兵，開重鎮以遏之，他日螳螂鼓臂，斬關而入，如趙林花者，不能保其必無也！」當時，巡按御史戴璟至高州郡，曾就此問題策問高州府學諸生。生員吳守貞在對策中指出：「舊電白亟宜添設縣治以控西山三路咽喉，鎮以將府，並搗信宜近境（瑤族）巢穴爲地方至要」，

〔註 22〕《光緒高州府志》卷 48《紀述一‧事紀》，第 698 頁。
〔註 23〕《光緒高州府志》卷 25，《職官八‧宦績‧李香傳》，第 357 頁。
〔註 24〕《光緒高州府志》卷 48，《紀述一‧事紀》，第 702 頁。

即建議將電白縣治遷回原址，並駐軍守護；同時對信宜縣境內慣於作亂的瑤族發動攻擊，搗其巢穴，以除將來之患。此建議受到官方的重視。「於是，會守巡兵備等官僉（合）謀，皆協乃奏，請分割茂名、電白二縣地共八里，增設縣治，仍於神電衛四所官軍內割一所遷附（縣治）以守之。」地方官府認可了生員吳守貞的策略，欲付諸行動；但當向上級提出申請時，上級出於各方面的考量，大約是兵力有限，顧此失彼，因此，「後不果行」。〔註25〕

在「瑤亂」中，粵西地區婦女成為深受其害的一個群體。不少婦女被姦淫，遭殺戮，或被迫自殺。方志「列女志」、「貞女志」中就有不少這方面的記載，如《萬曆雷州府志》卷十九《貞女志》載：「王妙璘，海康（縣）王谷榮女也，賦性沉靜，元至正間猺賊寇雷（州）被執，將犯之，妙璘罵不受辱。賊驅之行，乘間詒（騙）賊，投水死。」「柳氏，徐聞魏乞妻。（明）成化元年，猺賊流劫村落，柳（氏）年十八被擄。賊憐其姿，欲犯之。柳（氏）紿賊云：『從汝何難，第（不過）吾父有奇行（特殊技能），嘗能自作銀納井中。今宜攜（銀）與（汝）俱（歸）』。引（賊）至井，遂投（井）而死。群盜惋愕。」

由於瑤人在動亂中恣意殺戮，窮兇極惡，因而造成了粵西地區人口大量減少。僅以雷州為例，據方志記載：「成化元年（1465），廣西猺賊胡公威反，流劫至雷州。是時承平既久，民不知兵，賊至，（民）俱奔入城。相持日久，城中疫作，十死六七，戶口頓減。」〔註26〕

瑤族動亂對粵西地方的學校教育事業的摧殘亦很嚴重，使學校教育一再停廢。

俗語有云，「十年樹木，百年樹人」。學校教育不僅需要長久的時間，更需要有安寧的環境。而瑤族的頻頻作亂，使粵西地區難得片刻安寧。以石城縣（今廉江市）及海康縣儒學為例。石城縣儒學在元、明時期就隨縣治之遷徙而頻頻遷移：「學官舊在江頭鋪南。元皇慶間（1312～1313）隨縣（治）遷於高峰鋪東黃村。天曆（1328～1330）間仍隨縣（治）遷於新和驛左。明洪武間（1368～1398）建在縣之西臺。……成化間（1465～1487）遷西關回龍嶺。嘉靖二十一年（1542），經歷邱君王改遷縣治西……」縣治與縣學頻頻遷移，其中一個重要的原因是瑤族的騷亂。直隸進士戴嘉謨在《遷學記》中說：

〔註25〕《光緒高州府志》卷48，《紀述一‧事紀》，第702頁。

〔註26〕《嘉慶雷州府志》卷三《事紀》，第124頁。

「石城，高涼隸邑，壤接雷陽（州），去中州爲特遠。學（校）雖代建，化未深洽，士鮮有成。我明御極，敷教造士，漸濡南海。是故國初人才彬彬輩出，幾（乎）與中州（原）等。（明）天順（1457～1464）、成化（1465～1487）間，瑤人弗靖，黌（學校）毀兵燹。重建之未幾，徙西關，隘陋不稱，尋（不久）亦就頹。人才日以剝落，志士憂之，莫有任其事者……」〔註27〕「瑤亂」對海康縣儒學的摧殘也是很嚴重的，如前所述，成化元年（1465），廣西「猺賊」胡公威流劫至雷州，附近民眾進入城中避難。由於瑤人長久不去，城中人眾疫作，十死六七，戶口大減。至成化十四年（1478），因「瑤亂」造成雷州人口大減，生徒稀少，縣學教學難以爲繼，「絃誦者少」，經地方官奏請，將海康縣儒學與雷州府學合併。直至弘治九年（1496），才恢復海康縣儒學。〔註28〕

三、明代粵西地區瑤族頻繁作亂的原因

粵西地區的「瑤亂」早在元代已見記載。《嘉慶雷州府志》卷之四《建置志》云：元朝天曆二年（1329），廣西「瑤賊侵掠」至雷州。海北道廉訪司僉事呂琇乃築城濬湟，高深如故；又於東、西、北三門外置木橋以通出入，夜則撤橋以備不虞。元統元年（1333），廉訪司僉事張添睡，經歷郭思誠重修雷州府城。重修府城的目的亦在於防禦「瑤賊」的作亂。志載：「廣西瑤賊復陷遂溪。路總管、同知羅奉致、裨將李百戶遇害。（廉訪司僉事張）添睡、（經歷郭）思城乃謀設立柵門，築羊馬牆，四門渠竇各置以鐵窗櫺（柵欄），備禦嚴整，故寇至不爲害。」〔註29〕瑤人「作亂」爲害，這是元朝對邊疆少數民族實行壓迫剝削政策所致。

明朝建立之初，瑤族是有心歸附明朝統治的。方志中瑤人來朝的記載觸目可見。如，明永樂四年（1406）二月，信宜六毫峒下水三山瑤首盤貴等來朝。瑤首盤貴等朝貢方物，上（皇帝）嘉其慕義，賜齎遣還，仍敕有司免其賦役。自後瑤首、瑤總來朝貢者皆如之。六月，高州、肇慶二府瑤首趙第二、盤貴來朝。志書於此有小字說明瑤族來朝緣由，謂：「先是，化州吏馮原泰、陳志寬言天黃、大帽、曹連、茶峒、石粟諸山瑤人素未歸順，今有向化之心；

〔註27〕《民國石城縣志》卷4《經政志·學校》，第434頁。
〔註28〕《嘉慶雷州府志》卷三《事紀》，第124頁。
〔註29〕《嘉慶雷州府志》卷之四《建置志》，第142頁。

遂遣人齎敕同（馮）原泰等往撫諭之。至是，（趙）第二等籍其屬（登記其所領屬成員）二千五百餘戶凡七千□百餘口來朝，賜鈔幣、襲衣，命（馮）原泰爲瀧水縣丞……」。永樂十年（1412）夏四月，信宜根竹峒瑤首陸仲人等來朝貢方物，賜衣及鈔。夏六月，升瀧水縣丞馮原泰爲德慶州判官，以其善撫諸瑤也。（永樂）十五年（1417）夏四月，信宜瑤首盤龍福等來朝貢方物，錫鈔幣及衣。冬十一月，化州瑤首黃應廣等來朝貢方物，賜鈔幣、襲衣。十七年（1419）夏五月，電白佛子瑤首黃滿山等六十人入朝貢降香諸物，錫鈔幣遣還。〔註30〕事實上，明初粵西瑤族大小首領「來朝」的記載史不絕書，如：「永樂八年（1412）二月，『德慶州新落山等處瑤首駱第二等來朝』。十年（1412）二月，『信宜縣根竹洞瑤首陸仲八等來朝』。十一年（1413）四月，『肇慶府學增廣生廖謙招誘新興縣山洞瑤首梁福壽等來朝』。十二年（1414）五月，『化州瑤首藍盛宗來朝貢』。十三年（1415）九月，『德慶州瑤首周八十等來朝』。十四年（1416）十一月，『肇慶府高要縣瑤首周四哥等來朝，籍其屬八十七戶，男女二千二百四十口願入版籍，供賦稅』。十六年（1418）十月，『化州瑤首黃應廣等來朝』。十八年（1420）六月，『電白縣佛子等山瑤首黃滿山等六十人來朝』。」〔註31〕以上記載說明明朝建立之初，粵西地區的瑤族有向化歸附之心。這是因爲明朝廷對山區瑤族採取了「免其賦役」的優待政策，加之地方官「善撫諸瑤」，故瑤人有歸化之心。然而，自明朝正統年間（1436～1449）開始，粵西地區由少數民族（包括瑤族）發動的叛亂事件就屢屢出現。探究其致亂緣由，筆者認爲大約有以下幾個方面。

（一）瑤族所受壓迫剝削的日漸加重

明代，粵西是瑤族主要的聚居區之一。他們自古以來長期居住、生活在山區，過著不服徭役，不納賦稅的生活。

明初，面臨著恢復發展經濟和穩定社會秩序的艱巨任務，對邊疆少數民族推行了一系列以「撫」爲主的統治政策，在少數民族地區設立「土官」進行治理。因其職司管理瑤人，由官府任命，故通常被稱作「瑤官」、「瑤目」、

〔註30〕《光緒高州府志》卷48《紀述一・事紀》，第697頁。《明太宗實錄》卷五十一所記與方志略有不同，一是時間爲永樂四年三月；二是地名謂「信宜縣陸毫、雲峒、下水三山瑤首……」。

〔註31〕方志欽、蔣祖緣主編：《廣東通史・古代下冊》，廣州：廣東高等教育出版社，2007年，第105～106頁。

「瑤首」。「瑤首」、「瑤目」之下還有「瑤總」、「瑤甲」等。對邊疆少數民族推行的這種「羈縻」政策，以「招撫」為主，在客觀上對緩和民族矛盾，安定社會秩序，恢復發展社會生產以及對鞏固和發展多民族國家的向心力和凝聚力，都曾起過積極的作用。

但是，明朝統治者並沒有在根本上消除民族歧視的政策，仍把邊疆少數民族視為「化外之民」，視為封建統治的「離心力量」；加之隨著明朝封建統治的日漸穩定、鞏固，統治者生活日趨腐化，對各族人民的壓迫、剝削也日漸加重。這是明中後期包括瑤族在內的國內各民族紛紛「起義」的原因之一。

明代中期，瑤族社會發生了明顯的變化：這些「土官」利用「代表」朝廷的身份、地位，成了瑤族社會的壓迫者、剝削者。所謂「瑤官歲入其租稅千金，（官府）縱容弗問。」〔註32〕《廣東通史‧古代下冊》亦指出：「隨著瑤族社會生產發展和漢區影響日益加深，瑤族社會加速了封建化的過程。瑤族土官成了瑤區的統治者。瑤人首領歸附後，明王朝封以各種職名。有瑤首、瑤頭、瑤目、瑤長、瑤老、瑤總、瑤甲、巡檢、主簿等，通過他們統轄瑤民。這些人利用職權，徵取稅收，嚮明王朝進貢，換取回賜，成為瑤族享有權勢與財富的統治者。」〔註33〕他們佔有大量土地與財富，與明朝統治者、漢族地主相勾結，成為當地的「富豪」與「貴族」；而大批瑤民則淪為佃農。其中不少貧困的瑤民不得不離開世代居住生活的深山老林，下到平地，向漢族地主租種田地，繳納高額租利，還要向官府交納糧差，受著雙重剝削。史載：明景泰（1450～1456）、弘治（1488～1505）年間，廣東就出現了「各山洞賊乘機竊發，高山之猺（瑤）日下平地，深洞之獞（壯）時近近村」的現象。〔註34〕顧炎武《天下郡國利病書》「廣東」篇記載：萬曆二年（1574），據各瑤族頭人告稱：陽山縣瑤人「自天順間（1457～1464）下山，陸續開墾，批耕往種，後因各山主（地主）倍收租利，加派糧差，以致各瑤（族）不得安生」，希望地方當局允許瑤人「只納正派糧差，並免雜差」，減輕瑤族人民的負擔，以免矛盾激化，導致變亂。當這種願望未能實現，瑤族人民只能以武裝鬥爭的方式表達訴求。朝廷對於少數民族的反抗鬥爭，最常見的對策就是

〔註32〕（清）屈大均：《廣東新語‧上》卷七《人語‧瑤人》，第238頁。

〔註33〕方志欽、蔣祖緣主編：《廣東通史‧古代下冊》，廣州：廣東高等教育出版社，2007年，第361～362頁。

〔註34〕《明孝宗實錄》卷139，第2418頁

武力鎮壓，鎮壓之後將瑤族人民原來耕種的田地招「良民」耕種，如顧炎武
《天下郡國利病書・廣東下》記載：嘉靖年間（1522～1566），明軍在鎮壓了
高州瑤人的反抗後，把「瑤田一百三十九頃九十三畝零，招良民一千餘家耕
種其間」〔註35〕。「總之，明代瑤族社會有了明顯變化，在河谷丘陵地的瑤區，
一些有權勢的瑤族土官，成了封建剝削者，他們佔有大量土地與財富，與明
朝統治者、漢族剝削者相勾結，對內壓迫瑤族人民；瑤民有的成了自耕農，
大批淪為佃農。」〔註36〕這不僅於緩和階級矛盾、民族矛盾無益，反而加深
了矛盾，迫使瑤族人民再次舉行暴動。這是明代中後期瑤族人民一次再次舉
行「暴亂」的主要原因。

　　此外，明朝中期以後，由於明軍戰鬥力削弱，而邊疆少數民族的武裝——
土兵，戰鬥力則較強，因此，明朝廷遇戰事時，便頻頻徵調土兵到各戰場參
戰。在《明史》及官私史料中，多有關於徵調少數民族「土兵」作戰的記載。
如弘治九年（1496），廣西總督就奏言：「廣西瑤僮數多，土民數少，兼各衛
軍士十亡八九，凡有徵調，全倚土兵。」〔註37〕前者「土民」應指世居當地
的漢人；後者「土兵」則應指包括瑤、僮在內的少數民族士兵。這是明朝廷
「以夷制夷」、「以蠻攻蠻」的慣用政策。明朝所徵調的「土兵」，糧餉皆須自
備，所謂「餉士之費，未嘗仰給公家」。這無疑也是激化瑤族與封建王朝矛盾
的一個重要根源。

（二）周鄰少數民族及漢族人民反抗鬥爭的影響

　　自明中期開始，封建賦役剝削日趨繁重，在少數民族地區，過去不抽稅
的土產也開始徵收稅銀。州縣地方官吏亦恣意增加土貢項目，巧取豪奪，使
少數民族遭受的壓迫、剝削越來越重。與此同時，為了從經濟上「制裁」少
數民族，官府還限制漢族百姓與少數民族民眾，尤其是那些未納入封建統治
的少數民族的交往，嚴禁漢族商人攜帶鹽鐵等生活生產重要物資進入少數民
族居住的山區，更是激起少數民族的強烈不滿，使民族矛盾日益加深。

　　明朝成化（1465～1487）以後，政治日趨敗壞，被派往海南黎族地區的
將領貪功，隨意殺戮無辜，勒索錢財，大失黎族人心。黎族人民被迫掀起一

〔註35〕（清）顧炎武：《天下郡國利病書・廣東下》，上海古籍出版社，2012年。
〔註36〕方志欽、蔣祖緣主編：《廣東通史・古代下冊》，廣州：廣東高等教育出版社，
　　　　2007年，第362頁。
〔註37〕《明史》卷317，列傳第二百五，《廣西土司》，第8209頁。

次又一次的反抗浪潮。弘治十四年（1501）七月，儋州七方峒（今海南白沙縣境）爆發符南蛇領導的大規模的黎民起義。海南三州十縣諸黎峒聞風響應。明軍二萬餘人分路進逼，被義軍打得全線潰逃。符南蛇眾號十萬，「地險兵銳，勢難卒滅，而三州外應，強黨以倍。」〔註 38〕瓊州西界千餘里，道路為之不通。明廷命兩廣總督毛銳統兵 10 萬往海南鎮壓。歷時一年多的起義終歸失敗。

嘉靖十八年（1539），萬州鷓鴣峒（今瓊中縣境）黎族再舉義旗。義軍聯合諸峒，屢敗官軍，其勢益熾。嘉靖二十年（1541）九月，明官軍 10 餘萬在總督蔡經統率之下分三路進攻義軍。因寡不敵眾，起義失敗，黎民 5000 餘人被殺。

嘉靖二十八年（1549）四月，崖州（今海南樂東縣境）黎民暴動。「東至陵水，西至昌化，七百餘里之路，阻絕不通，……三州十縣，竟為所圖。」〔註 39〕同年十二月，總兵官陳圭、總督歐陽必進率兵八萬餘人分三路進攻。因寡不敵眾，至次年（1550）二月，起義失敗。

萬曆年間（1573～1620），海南又爆發大規模黎民起義，成為明代黎族反抗鬥爭的第三次高潮。萬曆二十五至二十七年（1597～1599），瓊山、定安、澄邁、臨高諸縣黎民再舉義旗，州縣震動。官軍數年未能平息。萬曆四十年（1612）十一月，崖州又發生諸峒黎族的反抗鬥爭，「歲無寧日」。總之，明中期開始的黎族人民的反抗鬥爭遍及全島。其中，以符南蛇為首的黎民起義規模最大，影響及於海南大半地區，史稱「舉海南之境，被其動搖。」不僅如此，這些起義還「撼動海外三千里」。明王朝在海南投入的兵力「無慮十萬」，〔註 40〕且死傷慘重，以致「財力耗敝。」〔註 41〕故屈大均謂：海南黎族「自昔以來，叛服無常。……明興百餘年，以大徵見者凡三，其間近者十數年，遠者四五十年，輒復蠢動。」〔註 42〕

與此同時，廣東也爆發了規模較大的農民起義，如，正統十三年（1448）九月，在廣州府就爆發了黃蕭養領導的民眾起義。起義隊伍擁眾 10 萬，在戰鬥中給予明軍以重創，並圍攻廣州城。明朝廷急忙從廣西、江西、南京等地調派軍隊，最終才將起義鎮壓下去。「此後，廣東境內山區農民起義，黎、瑤

〔註 38〕王佐：《雞肋集》卷 2《平黎記》，中山大學出版社，1995 年。

〔註 39〕張巍：《交黎剿平事略》卷四《歐陽必進奏疏》，嘉靖三十年刊本。

〔註 40〕王宏誨：《天池草》卷二《水會所平黎善後碑》，海南出版社，2004 年。

〔註 41〕道光《廣東通志》卷二百五十三。

〔註 42〕清·屈大均《廣東新語·上》卷二《地語·開拓黎地》，中華書局，1985 年，第 56 頁。

等少數民族起義和『海盜』反海禁的鬥爭，持續於景泰、天順、成化、弘治、正德、嘉靖、隆慶各朝和萬曆初年，尤以嘉靖年間最爲頻繁。」〔註43〕，「福建鄧茂七、浙江葉宗留、廣東黃蕭養各擁眾僭號，湖廣、貴州、廣西、瑤、僮、苗、僚，所至蜂起。」〔註44〕。爲了加強封建統治和鎮壓人民的反抗鬥爭，正統至景泰年間，明朝廷設置廣東巡撫和兩廣總督，成化以後開始成爲定制。成化五年（1469），設兩廣總督於廣西梧州，嘉靖四十三年（1564）遷至廣東肇慶，加強對少數民族聚居且反叛時起的粵西地區的防禦。

（三）明王朝推行「以夷攻夷」政策造成的民族對立

以少數民族力量制約和削弱其它少數民族勢力，這是我國封建時代統治者常常採用的治國安邦的策略之一，取所謂「中國之形，惟以夷攻夷，是爲上算」，「中國有四夷之患，勢在以夷攻夷，使之自斃。」〔註45〕這一策略，造成不同民族之間、同一民族不同土司之間的隔閡與仇恨。明代統治者沿用前代治理邊疆少數民族的這一慣用伎倆，仍實行土司制度，往往利用甲地土司對付乙地土司；或者將大土司分化瓦解爲若干小土司，讓各土司互相對抗，互相仇殺，從而達到統治的目的。這必然招致少數民族的不滿和抗爭。

（四）混入瑤族當中的某些漢人出自各種目的的挑唆利用

明代，瑤族社會中，混雜著不少漢人。這些漢人原來多是爲了規避賦稅徭役而離鄉別井，逃入瑤人所居山區，日長久遠，與瑤人風習漸染，遂成爲瑤族一員。清人屈大均曾說，瑤族人「以盤古爲始祖，盤瓠爲大宗，其非盤姓者初本漢人，以避賦役潛竄其中，習與性成，遂爲眞瑤。」〔註46〕說明瑤族中，不少人原是漢人，因各種原因進入瑤山中，與盤姓瑤人生活在一起，穿瑤人之服，說瑤人之語，便被人們看作了瑤族人。在歷次「瑤亂」之中，混入其中的漢人的挑唆、鼓動是重要原因之一。故《廣東新語》說：「羅旁之地，土著之民（本土漢人）多質悍，利入瑤爲雄長。客籍之民（外來漢人）

〔註43〕 方志欽、蔣祖緣：《廣東通史・古代上冊》，廣東高等教育出版社，2007 年，第 193 頁。

〔註44〕 （清）張廷玉等撰《明史》卷 170《于謙傳》，中華書局，1974 年，第 4548〜4549 頁。

〔註45〕 （明）張萱：《西園聞見錄》卷 66《兵部十五・以夷攻夷》，複印本，第 1260 頁上。

〔註46〕 （清）屈大均：《廣東新語・上》卷七《人語・瑤人》，中華書局，1985 年，第 236 頁。

多文巧，利出瑤爲圉奪，茲固長毃（動亂、罪惡）之媒也。則備諸瑤當自齊民始。」〔註47〕認爲「瑤亂」多爲漢人煽動所致。因此，「備諸瑤當自齊民始」，即採取措施防止「齊民」（接受封建統治的漢人）進入瑤人聚居地，從中煽動鼓搗，是防止瑤族作亂的一個好辦法。屈大均還說：「四方亡命者（漢人）又爲之（瑤族）通行囊橐，或爲嚮導，分受鹵（擄）獲。」〔註48〕某些漢人利用煽動瑤族人反叛作亂，以便從中漁利。

不僅是一些不逞之徒（漢人）與瑤人勾結作惡，即使是職主鎮壓反叛瑤人的政府軍人，有時候亦與瑤人勾結，作惡爲非，所謂「官軍與（瑤人）交通爲盜。」〔註49〕

在封建統治者及封建文人看來，瑤族的反叛，不管出於何種原因，都是「犯上作亂」，因而都被稱爲「寇」或「賊」。屈大均在《廣東新語·上》卷七《人語·瑤人》中說：「（明）萬曆初，兩廣寇之劇者曰羅旁瑤。瑤每出劫人，挾單竹三竿，炙以桐油，涉江則編合爲筏，所向輕疾，號爲『五花賊』。」〔註50〕

官軍每次對反叛瑤人的征討，雖大軍壓境，然而戰績往往不佳。之所以如此，是因爲瑤人借著深山老林的有利條件，官軍進擊則躲而避之；而當官軍稍有鬆懈時則發動突然襲擊，兵法所謂「攻其不備，擊共惰歸」。《廣東新語》卷七《人語·瑤人》謂：「瑤……又所居深山，叢箐亂石，易以走險。其謠曰：『官有萬兵，我有萬山，兵來我去，兵去我還。』」又說：「官軍至，（瑤人）盡室而去；（官軍）退則擊我惰歸。跟蹌叢薄（叢林）中，不可縱跡。拒敵則比耦（成雙成對）而前，執槍者，前卻（進退）不常以衛弩；執弩者，口銜刀而手射人。矢盡則刀槍俱奮；度險則整列以行，遁去必有伏弩。」〔註51〕這是終明一代「瑤亂」歷久不衰的一個重要原因。

〔註47〕（清）屈大均：《廣東新語·上》卷七《人語·瑤人》，中華書局，1985年，第236頁。

〔註48〕（清）屈大均：《廣東新語·上》卷七《人語·瑤人》，中華書局，1985年，第238頁。

〔註49〕（清）屈大均：《廣東新語·上》卷七《人語·瑤人》，中華書局，1985年，第238頁。

〔註50〕（清）屈大均：：《廣東新語·上》卷七《人語·瑤人》，中華書局，1985年，第235頁。

〔註51〕屈大均：《廣東新語·上》卷七《人語·瑤人》，中華書局，1985年，第235頁、第238頁。

四、明代粵西地區的治瑤策略

　　面對瑤族的頻繁、長期的作亂，粵西地方官府採取了各種策略，旨在平定動亂，使瑤族像漢族民眾一樣，俯首帖耳接受封建統治。

（一）軍事征討

　　終明一代，軍事征討是明朝廷對付粵西瑤族叛亂使用的主要策略。如據方志記載，洪武三十一年戊寅（1398），陽春西山瑤盤窮腸等作亂，指揮王浚等討平之。〔註52〕；景泰中（1450～1456），項忠由郎中遷廣東副使，曾「從征瀧水瑤有功，增俸一秩」；〔註53〕天順三年（1459）秋，「廣西瑤賊胡公威攻圍化州，知州吳春督兵破之」；〔註54〕成化五年己丑（1469），「西山（瑤）賊陷陽春城，兵備僉事陶魯來援，殺賊甚眾，餘黨遁去」；十五年己亥（1479），「瑤賊寇陽春，兵備僉事陶魯擊走之。(陶)魯率兵至，賊驚走，追入其阻（險要地帶）。魯欲乘勝剿滅龐峒等山（瑤），以里排不結而止」〔註55〕「嘉靖十一年（1532），陽春瑤賊趙林花陷高州。陽春西山、德慶東山、新興石壁諸巢賊首趙林花、全師安、盤世寬等皆恃險剽掠，嘗攻高州，殺官兵，騷擾數十年。逮嘉靖十二年（1533），提督侍郎陶魯檄惠（州）、潮（州）守備張祐等調兵六萬三千，三道並進，破（瑤）寨百二十五，俘斬三千八百，獲賊屬三千七百，以捷聞。」〔註56〕嘉靖二年癸未（1523）十一月，「瑤賊掠陽春，兵備副使王大用、參政羅僑次第擒獲之」〔註57〕

　　萬曆三年（1575），粵西羅旁山又爆發一次大規模的「瑤亂」。翌年，兩廣總督凌雲翼請兵20萬，軍費銀10萬兩，決定「大征羅旁」。他將明軍彙聚至高州、肇慶，以參將楊照專督水陸諸軍，守德慶江道，防瑤人北渡；僉事王一卿等駐師六雲，遏其西奔；並制定了征討「瑤亂」的獎懲條例與賞格。從萬曆四年（1576）十一月始，明軍分路並進，連戰連捷，大敗瑤人，「破其柵，遠近諸巢俱下」。至萬曆五年（1577）三月，明軍取得征瑤之戰勝利，擒斬「瑤賊」一萬六千餘人，俘獲二萬三千餘人。戰後，明軍撤出，留兵 2 萬

〔註52〕《民國陽春縣志》卷13《事紀》，第428頁。

〔註53〕《光緒高州府志》卷25《職官八‧宦績傳》，第356頁。

〔註54〕《光緒高州府志》卷48《事紀一‧明》，第698頁。

〔註55〕《民國陽春縣志》卷13《事紀》，第428頁。

〔註56〕《光緒高州府志》卷48《紀述‧事紀一‧明》，第701頁。

〔註57〕《民國陽春縣志》卷17《事紀》，第429頁。

分守要害，以防瑤人「死灰復燃」。〔註58〕

　　雖然軍官在對瑤族叛亂的鎮壓中，多有致勝者；但由於瑤族能征慣戰，因而，官軍亦常被打破。在軍事征討叛亂瑤族過程中，雖然官軍人數眾多，但由於處於攻勢，加之對山區地理形勢不熟悉，瑤人則利用他們熟習環境的特長，與官軍周旋，採取你來我走，你撤我襲等多種戰術，往往使官軍所受損失不少。於是，粤西官府採取的對策之一就是招廣西「狼兵」以剿之。「狼兵」在明代中後期被用於指稱全部桂西土兵，「狼兵」勇悍善戰，因而名聲鵲起。時有「粤西狼兵鷙悍，天下稱最」之說。在明代邊政和平亂中，廣西「狼兵」作為中央朝廷頻頻徵調的武裝力量，曾扮演過重要角色。在粤西，地方官就曾採用以「狼」治瑤的策略。「狼兵」被作為鎮壓「瑤亂」的重要軍事力量來使用，通過「狼兵」的分界耕守，以阻斷「瑤賊」的出沒。「狼兵」在平定瑤亂之後並未返回原籍，而是被安插於各處隘口把守。他們被官方撥給「荒田」耕種，這些「荒田」大部分是未納入官府徵稅範圍而由瑤族人耕種的土地。因此，每次對瑤人作戰，將其打敗後，官府便將部分本為瑤人開墾的「賊田」平均分配給各里，招「狼兵」、「狼人」佃種，一年後起科納稅。這樣，「狼兵」一來可用於平亂，維護封建統治秩序；二來承擔封建義務，種田納稅，可謂一舉兩得。

　　然而這種利用少數民族力量以應付其中某些不同民族的叛亂勢力的策略，有時候可以收到顯著效果，而有時候則可能適得其反。如，明正德七年（1471），「兵備僉事汪鋐討陽春瑤賊，敗績」。敗績的原因是汪鋐藉以利用的「獞（壯）兵」與瑤人通謀合作：「先是，瑤賊不靖，（汪）鋐督兵進討，以石祿獞子（今壯族）為嚮導，獞潛與瑤通謀，引（官軍）入深險，官軍大創（敗），始悟其奸，自是不敢言用兵矣。」〔註59〕

（二）築城固守

　　瑤族作亂，目的在於劫掠財物，其首選目標是人口、財富集中的城市。因此，對於府城、縣城而言，當務之急是加強城防。從方志記載看，自明代始，粤西各州縣的城防設施的建設就得到了地方官的重視。如石城縣（今廉江市），方志記載：「高涼郡屬邑石城，曩歲（過去）被猺（瑤）、獠出沒為生民患，有司屢以故上封事（向上級反映情況），請立城池以守禦。議調雷州衛後千戶所全伍官軍以守其地。惟時歲當庚申（1380），肇基之日，都司（都指

〔註58〕康熙《廣東通志》卷二十九；劉堯誨重修：《蒼梧總督軍門志》卷二十一。
〔註59〕《民國陽春縣志》卷17《事紀》，第428頁。

揮使司）則委雷指使（雷州指揮使）、鳳陽王公總督其事，大藩則委高涼郡通守馬公同任其勞。二公勤謹，朝夕不遑寧處。議遠邇，略（規劃）基址，種畚築，量功命，日以稽勤怠。矧土木之功浩繁且難，譬猶爲山萬丈，無一簣之虧；掘井九仞，有及泉之效，且周圍五百三十五丈，越三載合設（竣工），衙門煥然一新。」其實，石城縣這次築城並非首次。《創立石城碑記》載：「石城縣……古無城，洪武二年（1369），縣丞倪望督工修築土垣，周圍二百五十丈」。庚申（1380）歲的築城是因爲不滿意原城牆過於狹窄而拓展之，由「周圍二百五十丈」拓展至「周圍五百三十五丈」，歷時三年竣工，不僅規模更大，而且質量亦更加堅固。城防建築完工之後，石城縣的治安形勢大爲改觀：「其城郭之完固，三門之壯麗，人物之往來，軍旗之保障，金鼓之聲聞於石屋，旌旗之影耀於望恩，形勢之壯觀，且甲於他邦，又非往日之比者，然而百役之勞雖一時厭煩，其生民之樂業，家室之相慶，實保安於悠久也。」〔註60〕粵西其它幾處城防在明代亦一再重築，在「瑤亂」發生之際，對於保一方民眾平安起到了重要作用。

（三）釜底抽薪，招撫投瑤者復業

由於各種原因，主要是因爲封建剝削過重，一些漢族民眾不得不逃離家園，進入深山，投靠瑤人，與瑤人結夥，出山劫掠。因此，設法讓投靠瑤人的漢民回鄉復業，便成爲化解「瑤亂」危機的有效辦法之一。據方志記載：嘉靖七年（1528）「兵備僉事李香按（巡視、考察）陽春，招諸投瑤者復業。瑤山藪盜，官兵莫敢誰何。新興、陽江、新會頑民先後投瑤爲亂者二千餘人。（李）香至，悉招還，各復其業，民賴以安」。〔註61〕

（四）撫而用之，利用降附瑤族力量維持地方社會治安

由於瑤人利用深山老林等有利形勢以作亂，給官軍征討造成了極大的困難。因此，在平亂中，官方並非一味依靠武力，而常常是剿撫兼施，以撫爲先，以剿爲後。如，正統十年（1445）七月甲戌，巡按廣東監察御史譙明並三司官奏：「高州府信宜等縣瑤賊出沒，乞調大軍征剿，無使滋蔓。」朝廷「命兵部移文，令三司推委能幹堂上官，選諳曉夷情者往各賊寨諭以利害，果能改過即宥其罪；敢有仍前出劫者，即調官軍剿殺。」〔註62〕

〔註60〕《民國石城縣志》卷9《紀述志上・金石・創立石城碑記》，第568頁。
〔註61〕《民國陽春縣志》卷13《事紀》，第429頁。
〔註62〕《英宗實錄》卷131，第2600～2601頁。

當地方社會治安遭到威脅，單憑官軍力量難以抵禦或鎮壓時，官府常常利用歸附的瑤族力量以維持地方治安。

「天順二年戊寅（1458），新、春（新會、陽春）瑤叛。肇慶知府黃瑜撫而用之。瑜威望素著，乃檄瑤酋潘宗德等至府庭，諭以禍福，加以恩信。其黨畏服，誓為報效。遂率眾防禦要害。流賊屢至輒敗。新、春一路數年賴之以安。」〔註63〕

成化年間（1465～1487），都御史亦利用包括瑤族在內的粵西少數民族以維護地方治安。《光緒重修電白縣志》卷9《經政三・瑤僮》云：「瑤、僮皆廣西之狼人也。（明）成化間，都御史韓雍以高（州）郡多盜，招往各口隘（守禦），拔荒田以俾之耕，而蠲其徭役，瑤、僮悉化為民矣。」〔註64〕

嘉靖三年（1524），「參政羅僑招復瑤目梁烏皮等三百餘家。」〔註65〕此「招復」即以優惠條件招撫瑤人，並免除其租賦負擔。嘉靖二十三年（1544），「浪賊」（海盜）麥長裙攻破陽春縣，最終被知縣謝復生率兵討擒之。志載：「（麥）長裙及黎汝誠、顧本通等劫掠思良等村。知縣謝復生躬自督捕，奪回男婦五十餘人，復立賞約令招主嚴君玉、密同瑤人盤光眼計擒（麥）長裙，解軍門斬之。當道（地方官府）各加獎勵焉。」〔註66〕

亦有軍事攻擊與懷柔招撫兩手兼而用之而取得良好效果者。如方志記載：「明初，邑（電白縣）中民（漢人）瑤雜處，瑤（人）每肆寇掠。永樂間（1403～1424），（官方）榜募（出榜招募）征剿。邑諸生王禮率民兵入其巢穴擒渠魁（首領）。瑤人大震服。（王）禮示以朝廷威德，教以農桑。（瑤人）誓不敢劫掠。（永樂）十七年（1419），盤龍佛子瑤首黃滿山等六十人入朝貢降香等物，上（皇帝）嘉其慕義，賜鈔幣遣還，免其賦役，遂錄（王）禮功，授撫瑤主簿，世為土官。」〔註67〕

（五）平定瑤亂之後相應的行政、軍事設置

「瑤亂」被平定後，為了防止瑤族再生變亂，官方往往採取增置行政機構及駐軍防守的辦法，以加強對瑤人的管轄與防犯。如萬曆五年（1577），兩廣總督凌雲翼請兵20萬征討「瑤亂」取得勝利後，「明朝政府旋升瀧水縣為

〔註63〕《民國陽春縣志》卷13《事紀》，第428頁。
〔註64〕《光緒重修電白縣志》卷9《經政三・瑤僮》，第94頁。
〔註65〕《民國陽春縣志》卷13《事紀》，第429頁。
〔註66〕《民國陽春縣志》卷13《事紀》，第429～430頁。
〔註67〕《光緒重修電白縣志》卷30《紀述六・雜錄》，第314頁。

羅定直隸州，轄新設的東安、西寧二縣，並置南鄉、富霖、封門、函口 4 千戶所，調軍防守，以強化封建統治。」〔註68〕

嘉靖四十四年（1565），提督兩廣軍務、侍郎吳桂芳，爲對付羅旁山區的瑤族，提出治安策略，說：「廣東肇慶府德慶州上下江一帶地名羅旁、涤水、介東、西二山間，竹木叢翳，素爲瑤賊淵藪。其羅旁西山瑤人，先年都御史韓雍經略提防，頗就安輯，惟東山諸瑤阻深菁（利用山深林密的有利環境）而居，時出剽掠。有司每歲發戍卒之費廣力疲，無益實效。今一勞永逸之計，莫如聚兵召商，隨山刊木，設立營堡，將就近田地給與戍兵耕種，以省給餉諸費，庶可扼其從出之塗（途），絕其潛伺之計，耕守既定，控制斯儼，北岸營兵，以次漸減。此足食足兵，治以不治之上策也。」〔註69〕這一治瑤策之實行，換來了十多年的相對和平局面。《民國陽春縣志》卷13《事紀》記載：明萬曆三年（1575），東、西二山瑤、僮復叛，四年，總督凌雲翼、肇慶行府楊裴討平之。平亂後，「仍立善後兵耕守其地，奏升瀧水縣爲羅定州，置東安、西寧二縣屬之，又立副總兵，署於兩山之中，設南鄉、富霖等所，分禦各隘，民賴以安。四年丙子（1576），析陽春瑤田立東安縣。」志書又解釋云：「總督凌雲翼既平羅旁瑤賊，立東安縣，仍割陽春之雲廉、通根、北海三洞、黎涝、鐵峒、謝存、榕木岡、上沙、豐峒、黎埇等瑤田稅米五百九十四石三斗零七合，湊之以爲縣。」〔註70〕

〔註68〕方志欽、蔣祖緣主編《廣東通史・古代下冊》，第206頁，廣東高等教育出版社，2007年。

〔註69〕《明世宗實錄》卷547，第8833～8834頁。

〔註70〕《民國陽春縣志》卷13《事紀》，第430頁。

四、明代雷州地區的「寇賊」之亂

摘　要

　　雷州自古多「寇賊」。有「瑤賊」、「倭寇」、「海賊」及其它「寇賊」。「倭寇」、「海賊」的猖獗與明朝廷推行的「海禁」政策有關；造成明代雷州地區多「寇賊」還有一個重要的原因，即明朝廷對南方少數民族的欺壓、明朝軍隊及過往官員對雷州及其附近地區人民的騷擾；明代在雷州建珠池採珠，也是導致雷州民眾為「寇賊」的原因之一。「寇賊」之亂使雷州人口大減，破壞了地方社會秩序，對雷州民眾的生產生活造成了嚴重的危害，加重了雷州人民的經濟負擔，對於雷州地區教育事業發展的摧殘也是極嚴重的。為減少損失與危害，盡快恢復發展生產，地方官府採取了若干有效的措施。

關鍵詞：明代；雷州地區；「寇賊」

　　雷州自古多「寇賊」。這話並非誇張。《廣東通志》稱明代的雷州，經歷了一個「雄寇橫戈，逆倭蹂踐」〔註1〕的歷程。《萬曆雷州府志・藝文志・大宗伯王弘誨雷廉副總兵楊應春紀功記》亦謂：「雷州地險而僻，俗惰窳（惡劣）而多盜，猺（瑤）、獞（壯）、蛋（疍）、狼（按，古代對邊疆地區以作戰勇悍著稱的少數民族的蔑稱，如廣西「狼兵」）雜處其間，且東虞（憂慮）倭（寇），西虞雕題（按，指紋身斷髮的今廣西、越南等地的少數民族），最稱難控」。這段文字寫的是明代雷州地區的現實。雷州古代多「寇賊」是否由於雷州「俗惰窳」，即雷州人懶惰及慣於爲非作惡？答案當然是否定的。這是統治階級對被統治階級（尤其是邊疆地區被統治階級）的誣衊。本文擬以學術界尚未有學者涉足的明代雷州「寇賊」問題爲研究對象，通過考察其狀況、成因、危害及官府的對策，以期揭示古代雷州多「寇賊」的眞相，同時有助於人們對明代雷州邊疆地區社會歷史的正確、深入的認識。

一、明代雷州地區「寇賊」之種類

（一）「瑤賊」

　　《嘉慶雷州府志》卷十八《藝文志・副使莫天賦重修雷州城垣記》云：「雷郡（州）濱海爲島，猺（瑤）出沒之區」。方志中常常可見「瑤賊」流劫雷州的記載。「瑤賊」，顧名思義，即以居住生活於粵西、廣西的瑤族成員爲主，或許混合有其它少數民族成員的以劫掠爲特徵的隊伍。這些在方志中被稱爲「瑤賊」者，解放後則被一些人稱爲瑤族人民「起義」：「從正德元年（1506）至萬曆十一年（1583）間，瑤族人民的起義就多達三十餘次，平均二三年就有一次」〔註2〕。

　　「瑤賊」流動劫掠雷州各地鄉村，不僅民眾財產、生命失去了保障，深受其害的還有廣大雷州婦女。她們不僅遭受「瑤賊」的性侵，常常還如財物一樣被擄掠而去。一些貞節觀念強烈的雷州婦女不甘受辱，唯有以死抗爭。如，成化元年（1465），「瑤賊」流劫雷州鄉村。徐聞一婦女柳氏年方十八，「彼

〔註1〕陳大科，戴耀：《廣東通志》卷56《雷州府・名宦序》，第462頁。中國科學院圖書館編。《稀見中國地方志彙刊》（第四十三冊），北京：中國書店出版社，1992年。
〔註2〕廣東少數民族編寫組：《廣東少數民族》，廣東人民出版社，1982年，第53頁。

虜賊見其有姿色，以車載歸，中途欲犯之，柳氏設言吾父有銀藏在某深井中，引至井，遂投井死。」〔註3〕

「瑤賊」流劫雷州早在元代已見方志記載。成化元年大約是明代「瑤賊」的初次來臨。雷州之民驚惶失措，匆忙入城躲避。由於「瑤賊」四處遊掠，城中人滿為患，相持日久，導致疾疫流行，死者大半。朝廷調兵來雷州鎮壓，「總兵官歐陽信師次於雷州，與賊戰，敗績」。「知縣王麟禦賊於那柳村，死之」〔註4〕。一些雷州民人（包括婦女）為了躲避此次「瑤賊」之亂，被迫遠走流落他鄉，過著寄人籬下的屈辱生活；也有被逼迫而走上絕路者。海康婦女莊氏的經歷可謂典型一例。據方志記載：「成化初，廣西『流賊』（疑即上述『瑤賊』）劫掠鄉邑，人民飢饉。莊氏隨夫避難於新會，寄寓劉銘家，傭以自給。（劉）銘見莊氏有容色，欲犯之，屢誘不從。乃謀鄉人梁狗，同其夫入海捕魚，因擁下水殺之。越三日，莊氏見夫不還，尋之海濱，有一屍流岸側，手足被縛。莊（氏）認其衣服，乃夫也，即歸，攜其女赴水抱夫屍而沒。時莊氏二十有二也。翌日，三屍隨流，繞（劉）銘之門，去而復還。鄉人感傷驚訝，共殯祭之，然未知（劉）銘之殺也。後梁狗與人言其故，人始知之；然畏劉銘強暴，亦未敢發也。既而傳聞漸著，騷人墨客競為詩歌以弔焉。有司聞之，遂捕劉銘、梁狗，詢實，處以極刑。」〔註5〕莊氏以其「貞烈」而得以留名史冊；而其它未見諸記載的為逃避「瑤賊」之亂而流落異鄉的雷州人，不知還有多少飽含辛酸血淚的悲慘遭遇！

這場發生在成化初年的以胡公威為首的「瑤賊」之亂，對粵西、桂東地區摧殘尤烈，最終是由一位雷州籍官員設法平定的。據《萬曆雷州府志·鄉賢志》羅紳傳記載：羅紳，海康人，「由冑監任鬱林（今廣西玉林）知州，時值蠻賊肆掠，（羅紳）協同哨守相機卻敵，城賴以完。招撫渠魁（首領）胡公威等三千人，安置陸川諸屬邑，賊遂屏息。」但就雷州地區而言，「瑤賊」之亂並未因此絕跡。

「瑤賊」以流動搶掠為特點，故又常稱「流賊」；由於「瑤賊」常從廣西而來，又稱「西賊」、「西寇」。《廣東通志》卷56《雷州府·列女》「賀氏」條記：「賀氏，遂溪民張謙妻，年二十五，（張）謙故，遺腹一子，五閱月方生，

〔註3〕《廣東通志》卷56《雷州府·列女》，第472頁。
〔註4〕《嘉靖海康縣志》卷1《疆域》，第6頁。
〔註5〕《廣東通志》卷56《雷州府·列女》，第472頁。

時窘於流賊壓境，或勸其別醮（改嫁），賀誓不二心，事舅姑益謹。」這段史料透露出一點歷史信息：在「流賊」壓境，風聲鶴唳之時，雷州地區社會秩序已出現混亂，人們自顧不暇，大約不逞之徒也乘亂而起。在此形勢下，孤兒寡婦最無助，故有人勸賀氏「別醮」，一來可以有個依靠，二來可以免除姦人的覬覦侵犯。

據屈大均《廣東新語》卷七《人語·傜（瑤）人》云：「瑤賊」作亂時，「舉眾蜂起，以殺人為戲樂」。面對「瑤賊」擄掠殘殺，雷州地方軍隊和民眾展開了英勇的抵抗。如，白毅，黎族人，歷功升錦衣衛都指揮同知，以事註誤，調雷州衛指揮同知，「值瑤賊入境，毅然領軍殺賊，屢戰有功，後於竹叢尾村孤軍抵抗，斬獲甚眾。賊眾幾潰，偶被殺，贈本衛指揮使。」〔註6〕雷州一些地方組織了義勇隊伍，奮勇迎擊「瑤賊」。如海康縣民文帶，「驍奮絕倫。天順（1457～1464）中，瑤賊侵境，（文）帶充義勇，領兵禦賊，每戰皆捷。賊避其鋒。後與賊大戰於白沙坡，被槍死。」〔註7〕

（二）「倭寇」、「海賊」

「倭」，古代指日本；「倭寇」（又稱「倭奴」、「倭夷」）自然指來自日本的以劫掠屠殺為職志的隊伍。但「倭寇」並非純粹的日本浪人隊伍，他們到中國來殺掠，常常與中國下海為「寇盜」的不逞之徒相結合，互相配合、援助。因此，又常將來自海洋的殺掠者統稱「海賊」、「海寇」、「倭賊」等。

在明代雷州「寇賊」隊伍中，「倭寇」之害最烈。他們所過之處，就像近現代侵華日軍那樣，搶光殺光燒光，還姦淫擄掠婦女，殘殺兒童，充分表現了其殘酷本性。如唐汝迪知雷州時，「倭奴犯郡，（唐汝迪）率眾死守，治糧餉，整部伍，益以民間兵，闔郡□以保全，汝迪之力也。及寇退，室空十九。」〔註8〕洪武二十四年（1391）九月，倭寇集結賊船數十艘，自海康武郎場登岸，大肆焚劫擄殺。

雷州衛右營所鎮撫陶鼎率官兵抗擊，英勇戰死。鑒於倭寇為害慘烈，明朝廷詔沿海宜立衛所，以防備倭寇進犯。在雷州沿海增設了海康、海安、樂民、錦囊四個千戶所，練兵屯田，防禦倭寇；此外，還設有多處巡檢司，以加強防務。隆慶年間（1567～1572），倭寇對東南沿海地區騷擾日甚。雷州始

〔註6〕《萬曆雷州府志》卷18《勳烈志》，第420頁。
〔註7〕《萬曆雷州府志》卷18，《勳烈志》，第420～421頁。
〔註8〕《廣東通志》卷56，《雷州府·名宦》，第468頁。

建白鴿寨於通明港調蠻村，駐紮水師，專司「海上備倭」之責。從此，白鴿寨逐漸成爲雷州水師重鎮。

「倭寇」由於人多勢眾，船堅劍利，來犯之時，氣焰囂張兇狠，官軍也常常處於劣勢。隆慶五年（1571），倭寇犯錦囊城。雷州衛左副千戶黃隆督軍迎戰，結果，「鋒銳莫禦，眾皆散潰。（黃）隆獨挺身力戰，遇害。」〔註9〕萬曆二十九年（1601）三月，倭寇對沿海村莊大肆劫掠。官兵多次進擊，都被打敗，死傷甚多。雷州知府葉修募兵守城不敢出。五月，倭寇再次侵犯雷州城，明將盛萬隆、知府葉修及東山參將鄧鍾調集戰船60多艘，鄉勇數千人合力追擊，倭寇敗走。

倭寇之外，還有「海賊」。這些「海賊」多爲中國人，因不滿朝廷的「海禁」政策而下海爲「賊」。隆慶元年（1567）十二月晦，曾一本「海賊」來犯。「果毅有謀」的南頭守備李茂才「督兵麻濱與賊曾一本夜戰，至元旦辰，援兵不至，敗死。」〔註10〕嘉靖年間（1522～1566），李茂、陳德樂率徒眾反叛，下海爲「賊」，聲勢浩大，焚燒城社，屠戮士女，無惡不作。當時，地方官考慮到近來遭倭寇屢屢來犯，軍隊疲於應戰，民眾轉輸困弊，不忍心又興師動眾以行征剿，只得採取「姑從招撫以苟旦夕之安」之策，但官府的招撫被「海賊」視作軟弱無能。「自隆慶壬申（1572）迄於萬曆己丑（1589），幾（乎）二十年，竟爾包藏禍心，陽以從撫（以）愚官司，而陰蓄其不軌。」這支「海賊」廣招閩、廣兩省亡命之徒爲爪牙，陰結雷州城中「豪傑」，陰爲耳目腹心。來犯時「浮艟（大船）蔽空，鉦吹拂浪，刃接火攻」，咄咄逼人。官軍被迫迎戰，卻「樓將士（樓船水師）歲被創不可勝計」，處於被動劣勢。在此形勢之下，雷州地區一些「愚氓」爲利益所驅動，棄農而從「賊」，使大片良田荒蕪，官租大減；而那些「劍客奇民、逋亡罪隸、蹻跼擊搏、五合六聚，大都白晝之間剽攫莫可詰」，即不逞之徒乘著官軍疲於對付「海賊」，分身無術之機，數十人團聚爲夥，光天白日下公開搶劫，官府亦無可奈何。一些富有者一方面爲了免於被「海賊」劫掠，另一方面也爲了從中牟利，竟「齎重貲創（造）船具牛酒給奸（接濟『海賊』），坐而倍收其利」；而貧窮者則「願效死命以償子母金錢（高利貸），出沒黏天浩浪中，走死地如鶩」。萬曆戊子（1588）年春，官府將擒獲的「海賊」二首領並其黨徒徙居郡城，以便監控，同時希望

〔註9〕《萬曆雷州府志》卷18，《勳烈志》，第421頁。
〔註10〕《萬曆雷州府志》卷18，《勳烈志》，第421頁。

他們棄惡從良。但未能如願。「海賊」二酋怙惡不悛，唆使其餘黨蔡克誠、陳良德等擁眾出海，指戈內向，企圖脅迫官府釋放二酋。官府仍然是「遣使招諭，庶幾待以不死」。豈料，「乃兩旬間響應輻輳，登岸長驅，突襲清瀾，焚毀廬舍，煙炎（焰）亙天，毒焰且熾」。一月不到，「海賊」氣焰甚囂塵上，如火如荼。事實教訓了雷州地方官：招撫等同於姑息；除了堅決鎮壓平叛，已別無其它選擇！於是，朝廷調集高、雷、廉、瓊四州軍隊配合作戰，分路夾擊。當各路軍會聚雷州，乃下令誡諸將曰：「敢有狐疑持兩端惑軍事者誅！敢有首鼠進退阻軍者誅！」要求軍隊「進無易（輕視）敵，退無避寇，罪在渠魁（首領），脅從可宥」；又下令戒諸道曰：「敢有載酒米餉賊者法毋赦！敢有盜軍情輸賊者法毋赦！」由於軍令法令嚴明，軍民齊心，結果，「軍聲大振，賊勢甚窘」。「海賊」派遣數人喬裝打扮混入郡城，企圖疏通關節，約二酋乘機劫獄，斬關而去。事情敗露，官府將奸細捕捉，立即斬首！官軍兵分三路出擊：「一由廣海督趨南頭諸軍以進；一由潿洲游擊諸軍自南夾攻；一由吳川督北津白鴿（寨）諸軍從中出。諸軍用命，所向克遂有功。五旬之間執馘獻俘，且夕奏捷轅門下。（海賊）諸酋長以次就縛，餘黨悉平。」「是舉也，共擒戮六百夥有奇（多），俘獲賊屬一百有奇，其沉溺重淵，骸骨浮海者不勝計。」〔註11〕

但是，「海賊」並未就此絕跡。明末，崇禎五年（1632），「海寇」劉香率眾騷擾雷州沿海，先後在吳川和遂溪登陸，大肆劫奪縱火。七年（1634），劉香海寇再次來犯，焚毀商船，擄掠男女以勒索贖金。八年，都御史熊文燦檄總兵鄭芝龍率兵會剿。劉香戰敗被斬。

可以說，「倭寇」、「海賊」之亂幾乎伴隨明朝統治始終。

值得一提的是，面對兇殘囂張的「倭寇」、「海賊」，除了軍隊英勇抗敵，功不可沒之外，還湧現了許多民間英雄，他們率領村民、鄉勇毅然禦敵，事跡可歌可泣。如柯有年，「徐聞人，教諭（柯）懋之子，補邑庠（縣學）生，性慷慨尚氣節。嘉靖四十年（1561），海寇劫村甚急，有年語兄扶其父懋出走，以身禦敵而死。賊退，村賴以保（全）」。陳邦傑，「徐聞人，素威武，隆慶初年，海寇剽掠，眾推為大會長，尋立為哨官。六年，倭寇逼城，眾洶洶不自保，邦傑挺身出戰，手刃二賊。會賊眾繼至，遂遇害。然賊氣亦索（消沉）。」王言，「徐聞人，勇健非常。隆慶初，海寇登北盆港，掠男婦數十。（王）言

〔註11〕 《嘉慶雷州府志》卷18，《藝文志・鄧宗齡平南碑記》，第527～528頁。

帶土兵（義勇）追躡，遂奪以還，斬賊首報縣，縣令旌之，署爲哨官。六年，倭復逼城，屠戮甚眾。（王）言與陳邦傑同出禦寇。邦傑遇害，（王）言愈奮屬，整率行列，用火器連斃二賊，復手刃其一，因奪其馬而乘之，賊圍遂解，城賴以全。」〔註12〕

（三）其它「寇賊」

明代，方志中對於「寇賊」的記載很多，名目亦繁多。除了以民族身份名之，如「瑤賊」、「黎賊」；或以其活動根據地稱之，如「海賊」、「水賊」、「山賊」、「村賊」；還有以其活動特點或體貌特徵而命名者，如「流賊」、「毛賊」；亦有不辨身份、體貌而籠統稱作「賊」的。凡爲「賊」者皆有一共同特徵——打家劫舍，殺害人命。如：嘉靖三十年（1551），「毛賊犯海康城，（王廷）輔統軍督戰，身先犯敵，矢盡力窮，竟歿於戰。」陳相，百戶，「自廣西調於雷（州），輕便勇敢，隨軍調守陽春鳳凰寨。時陽春山賊猖獗，乘夜來攻。（陳）相督兵拒之，兵潰散，（陳）相挺身力戰，殺數賊，竟爲賊所殺。」雷州地處粵西，粵西多山區，因而「山賊」對雷州的騷擾也時有發生。他們常常神出鬼沒，多於夜晚出動，令雷州民眾防不勝防，危害較大。爲了解除「山賊」之患，雷州駐軍常被徵調至粵西的信宜、陽春等地征剿「山賊」。「村賊」則是據村對抗官府官軍的當地農民，當然也可能存在焚劫行爲。「村賊」把村寨建築得如堡壘一般堅固，易守難攻。官軍若征討，常常要付出較大的代價。如史載：「吳賢，百戶，同軍征廣後山十三村賊。賊設寨險固。（吳）賢勇先登，被刺死。」〔註13〕

二、明代雷州地區「寇賊」的緣起

明代，「倭寇」、「海賊」的猖獗與明朝廷推行的「海禁」〔註14〕政策有關。海禁期間，規定船舶不許出洋捕魚貿易，嚴重影響了沿海地區民眾（尤其是

〔註12〕《萬曆雷州府志》卷18，《勳烈志》，第421～423頁。

〔註13〕《萬曆雷州府志》卷18，《勳烈志》，第420～421頁頁。

〔註14〕元末，江浙一帶的百姓及當時居住在泉州一帶的外國商團曾經協助過張士誠、方國珍等人與朱元璋爭奪天下，後者由此對海上貿易產生了忌憚；明朝建立不久又發生了所謂胡惟庸暗中勾結倭寇妄圖推翻明政權自立爲王的「通倭叛國」大案。雖然後世史家對此結論多有質疑，但當時倭寇作爲一種威脅明朝的外部勢力卻是不容小覷的。大將廖永忠向朱元璋上言建議徹底消滅倭寇，加強海防。於是，朱元璋對日本國下了通牒：「日本國雖朝實詐，暗通姦臣胡惟庸，謀爲不軌，故絕之。命信國公湯和經略沿海，設備防倭。」同時，爲了防備沿海奸民與倭寇勾結，朱元璋下令「片板不得下海」，禁止老百姓私自出海。

漁民、外貿商人）的利益生計，於是，民眾被迫入海爲「賊」爲「寇」，拿起武器對抗官府。這是「海賊」熾盛的原因。倭寇來犯又與日本歷史有關。明初，日本正處於南北朝分裂階段。幕府無力控制各地「大名」（諸侯），沿海「大名」經常派武士出海貿易和搶劫；一些失去土地的「浪人」也經常出海劫掠。他們經常出沒於中國東南沿海地區，瘋狂殺掠。是爲「倭寇」的興起原因。

造成明代雷州地區多「寇賊」還有一個重要的原因，即明朝統治者、軍隊對南方瑤族人民及雷州地區民眾的欺壓和騷擾。

據黃佐《廣東通志》卷 67《外志四》記載，瑤民「其亂始自（明）正統間（1436～1449）」。其作亂的原因就是明朝的無理欺壓。當時，鎭守廣東的太監阮能和兵部尚書陳汝言勾結，對瑤民「百端剝削」；瑤民首領襲蔭（繼承父職）必須「厚賂」貪官，於是，「盜賊四起」。另據《明經世文編》卷 73 記載：成化元年（1465），翰林侍講學士丘濬向皇帝獻《馭夷狄議》，提出：「凡軍民人等有入山峒生理，許其赴官告知，印帖爲照」；「無帖者不許（入山），責令供給，不敢將帶違禁器物，惟許其米穀、牲口、土物，不許受其銀兩及其地所不產之物，違者枷號示眾，沒入其財物，親屬鄰保知情不首罪同，有首告者給以其財物三分之一」。明憲宗表示認可，令地方執行。當時的兩廣總督是韓雍，執行此策可謂不遺餘力，嚴禁食鹽等生活必需品輸入瑤民居住區。於是，「爲奪取食鹽，瑤民不得不攻打通往鹽區的關隘，或攻打州縣，以獲得食鹽」；「明朝統治者的濫殺無辜對瑤民起事起到了推波助瀾的作用。……官軍一入瑤區便濫殺以邀功」，「於是，漢人、壯人、平民紛紛加入到瑤民起事行列，瑤民起事愈演愈烈。」〔註15〕

雷州民眾起而爲「寇賊」，也與軍隊及貪官的掠奪密切相關。

宋人張紘在《思亭記》中描寫了一幅宋代雷州地區民眾安居樂業、社會一片祥和的美好景象，讚美「其俗得乎眞淳之性也」。而這一幅「歌舞昇平」景象是如何營造的呢？張紘說：「自（南）漢降附之後，居斯任者（指雷州地方官）但守職局班（頒）詔條而已，故其官絕無勞擾之事。然則簡者（指太平無事）無他，良由民性眞淳，官無擾耳。」〔註16〕這說明只要「官無勞擾」，雷州則「民性眞淳」，天下太平。然而，到了明代，形勢已經大變。

〔註15〕 顏廣文：《明代廣東地區民族政策的演變與瑤區社會經濟的發展》，《廣東史地考論》，中山大學出版社，2007 年，第 64～65 頁。
〔註16〕 《嘉慶雷州府志》卷 18，《藝文志‧張紘思亭記》，第 487 頁。

　　明朝統治者要加強封建統治，要對包括兩廣、海南在內的邊疆少數民族加緊壓迫剝削，導致了南方少數民族的接連反叛。此時期此起彼伏的「瑤賊」之亂即由此而起。瑤族人反抗，遭到官軍鎮壓，也許家園被焚毀，財物被掠盡，無處棲身，無以為生，不得不採取流動作戰方式，於是劫掠焚燒便不可避免。除瑤族外，海南黎族也頻頻舉起反抗旗幟。明朝調集大軍進駐雷州半島，雷州之民不可能擺脫官軍的「勞擾」，其「眞淳」之性便不復存在，被迫走上了「寇賊」之路。正如《老子》（三十章）所言：「師之所處，荊棘生焉；大軍之後，必有凶年」。

　　對此，《嘉慶雷州府志‧藝文志‧馮彬仰止亭記》（作於嘉靖二十一年）有詳細的記錄及清晰的表述，謂：

　　　　雷（州）與瓊（海南）連也。粵自宏（弘）治辛丑（1501）〔註17〕瓊有黎變，雷（州）嬰（遭）其害，不可勝紀。蓋興兵則羽檄（軍事文書）飛馳，徵取郡邑，為委積計者百出追呼，累繫（繩索捆綁）如犯重囚。兵既壓境，雲屯蟻聚，焚掠遠近，靡有孑遺。北三府（按，指高、雷、廉三州）至擁衛攜持，奔走先後者動（輒）數千人，供張應給，咸出於民，而膚削誅求又有甚焉。是故，懲羹（喻指受過教訓，遇事小心）之民一聞師來，莫不震駭，惴惴然欲引竄山谷間。

另據《湛江兩千年》一書記載：明弘治十四年（1487），朝廷派遣都御史潘蕃、總兵毛銳率領官軍鎮壓海南儋州七方峒符南蛇為首的黎族人民起義，「官兵駐雷州時，大量招募民夫，籌集糧草，百姓深受其害」；嘉靖二十年（1541）、二十九年（1550），海南都有黎民起義。明朝調數省官軍近十萬人渡海鎮壓，「官兵經雷州時，大肆搶掠」；萬曆四十一年（1613），崖州黎民又起事，「朝廷派兵路經雷州渡海鎮壓。官兵沿路搶劫，百姓深受其害。」〔註18〕《萬曆雷州府志》卷十五《名宦志‧黃瑜傳》載：黃瑜於成化二年薦升雷州知府，時「兵荒相仍，盜賊充斥」，將「兵」與「盜賊」相提並論，從中亦可看出二者之間的因果關係。

〔註17〕「辛丑」應為「辛酉」之誤。經查，明宏（弘）治無「辛丑」之年。根據文中所述，此年「瓊有黎變」，再查對《嘉慶雷州府志》卷一《輿圖志‧事紀》，可知宏治十四年（辛酉，1501）發生「儋黎符南蛇亂，都御史潘蕃、總兵毛銳討平之，駐師於雷」。

〔註18〕湛江市志總編室編：《湛江兩千年》，廣東高等教育出版社，1993年，第17～20頁。

　　官軍爲著鎮壓海南黎族人民的反抗而給雷州地區民眾造成的危害，在方志中可以找到許多證據。如，弘治（1488～1505）、正德（1506～1521）年間，海南黎族人民及雷州半島民眾的反抗鬥爭此起彼伏，官方徵調軍隊鎮壓，對雷州地區就造成了很大的騷擾和摧殘。《萬曆雷州府志》卷20《藝文志・馮彬班侯去思亭記》在頌揚嘉靖九年（1530）蒞任遂溪知縣的班佩的事跡時，就透露了一些信息，謂：「遂溪承兵殘之後，田薄而民瘁，且衝路往來，給費溢出他邑（縣），賦急而民益以困。」鑒於官兵擾民太甚，一些開明的將領採取了相應的措施：一是減輕民眾的軍費負擔；二是嚴明軍紀，犯者必咎，力圖將軍事行動的消極影響減至最小。如提督兩廣軍務、兵部尙書蔡某，「深鑒往弊而更之弦，是舉，計兵以食，計馬以芻，計時以儲積，權度區畫殆盡，職吏守程，無廢無擾。狼兵（廣西少數民族組成的軍隊，以勇悍如狼而得名）來，戮弗輯（不服從軍紀）者二人以殉，眾懼，相戒所過無犯，無敢縱玩。」〔註19〕）

　　除了軍隊的騷擾外，爲著戰事來往的官員對雷州民眾也騷擾極大。《林鳳鳴送海康邑令序》就提到：「海康僻在海隅，正統（1436～1449）、天順（1457～1464）年間毒遭兵凶，凋敝爲甚，且去京師爲最遠，來官者多肆暴虐，愚民敢怒而不敢言，蓋非一日矣。」〔註20〕正因爲官員貪婪放肆對社會危害極大，一旦遇上一位清廉勤政，以民爲懷的官員，雷州民眾便感念不已。

　　明代在雷州建珠池採珠，也是一項擾民弊政，也是導致雷州民眾爲「寇賊」的原因之一。明大臣林富於嘉靖八年（1529）上奏朝廷的《乞罷採珠疏》就爲我們透露了官迫民反的一些重要信息。明朝自天順（1457～1464）以來，朝廷就開始在雷州設官採珠。由於珠的生長期漫長，而官府卻越採越頻繁，導致珠越來越少，「五年之役，病死者幾（多少）人，溺死者幾人，而得珠幾何？」民眾痛斥朝廷採珠是「以人命易珠」。林富指出，如今珠已近絕跡，只怕以人命換也換不來了。又說，目前，「廣西地方盜賊縱橫，猺（瑤）、獞（壯）盤據，田土荒落，調度頻煩（繁）」，而「宗室祿米、官軍俸糧，大半仰給於廣東」，廣東之民所受剝削深重，「斯田之役其取之又不止十之八九」。在「嶺東嶺西（廣東、廣西）兩道地方，所在饑民告急待哺，申訴紛紜，盜賊乘間竊發，饋餉日贍不暇」的危機時刻，朝廷仍「於此時復以採珠坐令某府某縣

〔註19〕　《嘉慶雷州府志》卷18，《藝文志・馮彬仰止亭記》，第517頁。
〔註20〕　《萬曆雷州府志》卷20，《藝文志》，第448頁。

派銀若干千兩，某府某縣派夫若干千名，某府某縣派船若干百隻，誠恐民愈窮而斂愈急，將至無所措其手足，而意外之變難保必無。此臣所以揆之以時而知其不可採者三也。」林富給嘉靖帝上「三不可（採珠）之說」，期望統治者「敦樸素以遠珍麗，省財力以厚黎元」，勿一意孤行，招致民變。嘉靖九年（1530）十月，林富又上一疏，題爲《乞裁革珠池市舶內臣疏》，可見前一疏或被宦官截留不報，或未引起嘉靖帝的重視，仍然把「珍麗」看得比「黎元」更重要。林富在此疏中再次指出採珠及市舶兩項弊政的嚴重危害，云：「珠池約計十餘年一探，而看守太監一年所費不下千金，十年動以萬計，割萬金之費守二池之珠於十年之後，其所得珍珠幾何？正謂所利不能藥（彌補）其所傷，所獲不能補其所亡也。臣故以爲市舶、珠池太監但不必專設以貽日滋月削之害。」同時揭露了被派到地方的宦官「倚勢爲奸，專權生事」，「諸司不敢干預」的問題，希望朝廷罷撤採珠、市舶兩項害民弊政，使「地方受惠，邊徼獲安」〔註21〕。柯時復《雷陽對樂池罷採碑記》也爲我們進一步瞭解探珠之害提供了更多的信息：每次採珠都耗費民財民力不菲：「調民船四百有奇，募商船稱是（亦四百艘有奇），供役千人，押船守港軍兵二千六百名，費糧四千石，旗仗什物莫絕，用帑金四千餘，而饋餉轉送之私（按，指其中送禮行賄不入賬目的開支）不與也」；然而，所得珠「不滿百兩」。在採珠中，還導致合浦與雷州兩珠池的矛盾，幾乎引發「千艘之亂」；另外，被徵用的商船乘機擄掠民眾以彌補自己的損失：「且商船作奸太橫，出則侵界（按，指超越二珠池的分界線）速構，去則掠民取貲，寧獨（不僅）虛勞，幾挑大禍」，還有姦人從中構陷迫害善良。雖然在地方大員一再上疏乞請罷撤的呼籲之下，皇帝不得不下詔罷採珠；但雷州大地已是「暴骨」累累〔註22〕。不甘願「暴骨」原野的雷州民眾唯有上山下海爲「寇賊」！

　　正德五年（1510），雷州爆發民變，即由守珠池太監牛榮剋剝所激起：「（牛）榮恃勢橫暴，計家資取所入，地方苦之，故變。」正德十四年（1519），守珠池太監趙蘭再次激起民變：「（趙）蘭視牛榮尤橫，賊殺良民陳應魁，誣奏知府王秉良，詔獄，故變。」〔註23〕

　　自然災害亦是明代雷州地區「寇賊」興起的誘因之一。

〔註21〕《嘉慶雷州府志》卷18，《藝文志》，第509～512頁。

〔註22〕《嘉慶雷州府志》卷18，《藝文志》，第513頁。

〔註23〕《萬曆雷州府志》卷1，《輿圖志》，第167頁。

　　自然災害發生，死者已死，殘存者得不到救濟，無以爲生，在絕境中被迫爲「寇」爲「賊」。《嘉慶雷州府志・藝文志・副使莫天賦重修雷州城垣記》爲我們揭示了這方面的信息。其中云：「嘉靖甲子（1564）夏，淫雨連旬，澎湃橫流，壞民居畜產不可勝計。而郡城之南，樓櫓之崩陷泪沒，大較深二丈餘尺，寬數十丈有奇；西北亦如之。蓋雷陽（州）所未有之變也。是時，綠林巨奸（指「寇賊」）雖甫寧息，而潢池弄兵小丑恣其無忌，乘間鬥捷，都邑洶洶，神馳色奪。」這是水災引起的「寇賊」。雖說只是「潢池小丑」，只是佔據河流、沼澤、湖泊爲亂，人數團夥也可能不算太多，武器亦未必很精良，與那些千百爲群的「瑤賊」、「倭寇」殺人放火，無所顧忌未必可以相比，但由於他們「恣其無忌」，無法無天，乘人不備發動突襲，其對社會對民眾的危害依然是不可忽視的，因此才「都邑洶洶，神馳色奪」。對這些「弄兵小丑」，官府也只好採取修築城池，以防爲主的對策。

　　《編修吳道南海康令陳錦德政碑記》也提到：萬曆初年，「會海潮漲溢，民居其間（按，指海康東南洋田）者，屋宇貲（資）蓄（初耕土地）悉漂流，且鹹水灌入，禾苗皆焦，時有迫於飢寒者去而爲盜，山海蝟集，不可搜捕。」〔註24〕

　　雷州特殊的地理位置及形勢與「寇賊」縱橫亦有一定關聯。雷州地處戰略要衝：其北、其西有高州、廉州，其南爲瓊州（海南），正是三州交通之咽喉。任何一州有警（動亂），雷州均不能不受其影響。故地方志云：「高（州）、廉（州）列其北，瓊管（瓊州總管府）峙其南，中夾兩海（南海、北部灣）而若斷若引，譬之人身，其（雷州）猶喉也。三郡有警，雷（州）必中之，地方蓋多事矣。」〔註25〕另外，雷州沿海洲島眾多，爲奸宄伏匿，乘機竊發也創造了有利條件。

三、明代雷州地區「寇賊」之亂的危害及官府對策

　　「寇賊」群聚行動，無惡不作，令人髮指。故史家說：「情（依常情而論）罪之最重者無過強賊。彼其殺人焚室，姦污勒財，無辜良民備受慘毒。一旦得之，察其果眞，即殺無赦，庶幾紓人心刺骨之憤。」〔註26〕

〔註24〕《萬曆雷州府志》卷20，《藝文志》，第443頁。
〔註25〕《萬曆雷州府志》卷1，《輿圖志・論曰》，第168頁。
〔註26〕《萬曆雷州府志》卷15，《名宦志》，第384頁。

「寇賊」之亂使眾多雷州之民或被屠戮，或被迫逃難，落藉異鄉，使雷州人口大減。「寇賊」來臨，除了擄掠，還肆意殺戮：「時賊肆殺掠，數百里內杳無煙火。」〔註27〕成化元年（1465），廣西瑤族胡公威反，流劫至雷州。「是時，承平日久，民不知兵，賊至，俱奔入城，相持日久，城中疫起，十死六七，田野荒蕪，戶口頓減。」〔註28〕據《廣東通志》卷五十五《雷州府·戶口》記載，明初永樂十年（1412）統計，雷州府有戶45538戶，口167179；成化八年（1472）無統計數據，僅有一段說明文字：「按，此以前被猺（瑤）殘破，人民耗散，都（邑）圖（籍）不能復舊，戶口十僅存五，非復昔日之繁盛也。海康止（只）存五十里（居民組織，即「鄉里」），遂溪止存三十里，徐聞止存十八里。」

過了十年，到成化十八年，雷州府也只有戶23418，口51733，人口僅為永樂十年的三分之一！即以海康一縣而言，明初洪武二十四年（1391）的統計數據是戶23595，口97199；但天順、成化、宏（弘）治、嘉靖、萬曆年間，海康縣戶數都在一萬多、口數都在2～3萬幅度，人口的凋零狀態也是清晰可見的〔註29〕。減少的人口，或是斃命於「寇賊」之亂，或是移徙他鄉，再不回歸。此後，直至萬曆年間（1573～1620），雷州人口一直徘徊在戶二萬餘，口4～6萬範圍，時增時減，沒有明顯的增長。由此可見動亂對雷州社會的摧殘。

「寇賊」之亂破壞了地方社會秩序，對雷州民眾的生產生活造成了嚴重的危害，加重了雷州人民的經濟負擔。如，雷州郡城之東，原有「良田彌（滿）數千頃」；然而，「居人在村落者稍苦盜賊，俱徙麗（依附）郡郭（城）而處，以故城南人不啻萬家，稠密聯絡，煙火如雲。」〔註30〕居民為了在「寇賊」來襲時能及時入城躲避，都由鄉村徙居至城南，生產自然不能不受影響，田園丟荒亦屬難免。「寇賊」臨境，近城的進城躲避，離城遠的只得逃入深山。無論入城或入山，生活之艱苦是可想而知的。《萬曆雷州府志·貞女志》陳氏條云：「時避寇於城，饔餐莫繼。每有食，必先舅姑而己後之」。進城者還可以通過乞討或為人傭作獲得有限食物，而入山者唯有以野菜樹葉裹腹度日了。直至「寇賊」平息，才能返鄉；如果家已被掠空甚或已被焚毀，則生活

〔註27〕《萬曆雷州府志》卷，15，《名宦志·毛吉傳》，第400頁。

〔註28〕《萬曆雷州府志》卷1，《輿圖志》，第167頁。

〔註29〕劉邦柄修、陳昌齊纂：《嘉慶海康縣志》卷1，《疆域·戶口》，嘉慶十七年（1812）刻本。

〔註30〕《嘉慶雷州府志》卷18，《藝文志·布政盧夢陽重修城恒記》，第520頁。

更是雪上加霜了！然而，大亂之後尚能殘存已屬萬幸，許多人即使逃入深山也未能逃脫厄運。《萬曆雷州府志·貞女志》載：「鄧氏，徐聞廩生陳大賓妻，鄧邦基從女弟也。嘉靖庚申（1560）避賊匿於新倉窟。賊搜而出之。鄧氏抱樹曰：『吾得死所矣。』驅之行，不從，刃其左臂。（鄧氏）厲聲曰：『吾臂可斷，志不可奪！』賊復刺其胸而死。」為躲避「寇賊」，官員、民眾常常不得不依附軍隊以求庇護，因此而難免備受兵弁的欺凌。天順元年（1462），徐聞縣城一度由賓樸遷至海安所。其縣治遷徙的原因是，原縣治只築土城，防禦能力有限，「時西寇（即「瑤賊」）剽掠，平其城而墟之，故遷」。縣治遷至海安衛所，固然旨在求得軍隊保護，卻不料隨遷的民眾飽受將兵的欺凌侮辱，所謂「民苦軍桀驁，思故土」。知縣平鋼順從民意，申請上級批准，將縣治復遷賓樸，改築石城，加強防禦「寇賊」的能力〔註31〕。

也有部分雷州人為頻頻出現的「寇盜」所苦，認為暫時躲避終非長久之計，他們選擇遠走他鄉，以為可以找到和平的「樂土」。但現實卻是殘酷的！前述海康婦女莊氏於成化初年「瑤賊」作亂時，一家三口隨從到海康賣穀而返鄉的新會人劉銘、梁狗一起乘船逃難到新會，也沒能逃脫厄運即為一例。

「寇賊」擾亂，官軍鎮壓平亂，軍費常常轉嫁於雷州民眾。如，據方志記載，弘治十四年（1501），「瓊州黎賊……符南蛇反。都御史潘蕃、總兵毛銳討之。（潘）蕃稅於雷（州）」；嘉靖二十年（1541），「黎賊」又反，「都御史蔡經、總兵、安遠侯柳珣征之，稅於雷」；二十七年，「瓊州崖黎復反。都御史歐陽必進、總兵平江伯陳珪征之，稅於雷。」〔註32〕朝廷調兵平定雷州的「寇賊」之亂，自然亦應是「稅於雷」。

「寇賊」之亂對於雷州地區教育事業發展的摧殘也是極嚴重的。海康縣儒學頗受官府重視，一再修葺，生徒課業，絃誦之聲不絕。然而，「成化十四年（1478），憲副陶魯遷於郡學西，其年毀於猺（瑤），（縣）學併入府學」。「瑤賊」到來，搶劫縱火，學校頓成廢墟，師生流散，府、縣學不得不合二為一。徐聞縣儒學亦於明朝「天順元年（1462）避寇附於海安所。」〔註33〕

〔註31〕《古今圖書集成·方輿彙編職方典》第1368卷，《雷州府部·雷州府城池考·徐聞城池》，第20199頁。

〔註32〕《萬曆雷州府志》卷1，《輿圖志》，第167頁。

〔註33〕《古今圖書集成·方輿彙編職方典》第1368卷，《雷州府部·雷州府學校考》，第20207、20209頁。

　　史臣注意到了明代雷州地區教育事業的發展波折較大，某些時期人才輩出；某些時期又人才凋零。如徐聞縣，「徐（聞）自成化戊子（1468）後，科目缺九十年。」〔註34〕即近百年無登科第者。史家在尋找答案時，認爲可能是雷州地區經濟發展了，士人知足常樂，失去了奮鬥之志的緣故，謂：「我朝專重科目（舉），洪（武）、永（樂）間，雷郡鄉舉每科至十人九人，少亦五六人，率以爲嘗甲榜，一科至四人，何盛也；今乃鄉舉歲僅一二人，甲榜自鄧檢討（宗齡）後三十年幾絕響焉。雷（州）猶是雷（州）也，而懸殊若是，豈消息殊運乎？抑惰窳（懶惰）異習也？」又說：「雷（州）稻梁蔬菽有餘於腹，一苧一葛有餘於體，家給人足而不待於外，目無名公巨卿之可希（期望），身無飢寒困苦之相迫，欲斷齏警枕（比喻艱苦）而坐進，此道難矣！語曰：『沃土之民佚（逸），瘠土之民勞』。雷土（州）之沃也，少勞多逸，細民之幸也，士人之不幸也」；「雷士倘不以溫飽自安，異日者烏知不彬彬郁郁而抗衡宇內也！」〔註35〕似乎某段時期雷州人才少出，是因爲生產條件好了，士人「以溫飽自安」之故。這是錯誤的觀點。因爲，一來，用這種觀點無法解釋爲何明初雷州人才輩出的現象——難道這是因爲雷州土瘠民貧，因而士人皆思進取的結果？二來，此說與《萬曆雷州府志・名宦志・論曰》所說：「雷（州）在粵爲最南，地爲最瘠。三縣錢糧共以五萬餘計，諸物不產，諸貨不湊」存在前後矛盾之處。其實，造成某些時段雷州地區教育落後，人才不振的眞正原因是「寇賊」之亂。從史臣這段文字看，雷州教育在成化至萬曆年近百年間，處於衰落期。查方志「事紀」可知，此期間，雷州地區自然災害與「寇賊」之亂接踵發生。僅就「寇賊」而言，如，成化元年（1465），廣西「瑤賊」流劫至雷州，雷州人「十死六七，田野荒蕪，戶口頓減」；至十四年，仍然「地方殘破，絃誦者少」；弘治十四年（1501），瓊州「黎賊」反，官軍興兵征討；正德十一年（1516），「賊劫遂溪縣」；嘉靖二十年（1541）、二十七年（1548），「崖黎」又反，官軍再次征討，駐師徵稅於雷州；四十二年（1563），「狼兵突至，劫徐聞縣庫」；四十三年，「廣西流賊突至」；〔註36〕隆慶三年，海寇吳平流劫廣東沿海，「其遺孽曾一本復嘯聚海上，高雷諸府騷擾者數年」；五年冬十二月晦，「倭賊寇（雷州）府西南郊，擄掠男女，地方幾破」；萬曆年間在雷州採珠對地方騷擾甚烈，「寇賊」起而作亂；萬曆二十九年春三月，「倭

〔註34〕《嘉慶雷州府志》卷16，《人物志・陳素蘊傳》，第420頁。
〔註35〕《萬曆雷州府志》卷14，《選舉志》，第379頁。
〔註36〕《萬曆雷州府志》卷1，《輿圖志・事紀》，第167～168頁。

賊自淡水登岸，據龍鬱村」〔註37〕。此外，萬曆年間海南「黎賊」又頻繁反抗，朝廷一再調軍征討。所有這一切（加上各種自然災害），都使雷州地區不得安寧，人口大減，教育的衰廢實屬必然。

「寇賊」之亂對於交通的破壞也是顯而易見的。明代，雷州建設了驛站，便利了官民的行旅交通：「由遂溪至郡（城）一百八十里，其中爲城月驛；由郡至徐聞二百里，其中爲英利驛」。然而，「城月枕海，故多海寇；英利負山，故多山寇。此兩地皆畏途，過之者父子兄弟兵刃相戒也。」〔註38〕「父子兄弟兵刃相戒」，對於數十爲群，突如其來的「寇賊」，其實是起不到多少保障作用的，行旅被劫被殺者當不在少數，道路寂無行人也是可以想見的。

面對「寇賊」縱橫的局面，朝廷、地方官府的應對之策，首先當然是軍事鎮壓，堅決平亂。除依靠地方駐軍外，還採取募兵辦法。如王麟，天順二年知海康縣事，時「流賊猖獗，募勇敢協剿，有功。」〔註39〕萬曆年間，「倭奴」來犯，知府葉某「募丁壯丈夫有能生致倭奴斬獲者賞有差」，雷州得以安寧〔註40〕。地方志中具體記載了大量地方駐軍與「寇賊」作戰的事跡。在作戰中，湧現出大批忠勇之將士，其中不少人在作戰中捐軀。也有知縣在率軍對「寇賊」作戰中犧牲者，如海康知縣王麟等。地方志中的《勳烈志》記載的大多是平「寇賊」而獻身的大小將領，可視作一座「平賊紀念碑」。

除了軍事鎮壓外，爲減少損失與危害，盡快恢復發展生產，地方官府還採取了一些相應的措施。

一是加強城防建設。在「寇賊」人多勢眾，力量強大，而地方官軍力量常感不足的形勢下，防禦「寇賊」較有效的手段是入城自保。爲此，明代，地方官對於郡城、縣城的城垣建設都極重視。從《古今圖書集成·方輿彙編職方典·雷州府城池考》中，可以看到，明代，雷州地方官對於郡城的興建維修，其頻率遠高於前後各朝代。自洪武甲寅（1374）指揮張秉彝、朱末、周淵、通判李希祖「大築雷城」之後，正統庚申（1440）、成化間（1465～1487）、弘治甲子（1504）、正德丁丑（1517）、嘉靖己丑（1529）、壬辰（1532）、己亥（1539）、甲寅（1554）、癸亥（1563）、甲子（1564）、乙丑（1565）、萬曆

〔註37〕 《萬曆雷州府志》卷1，《輿圖志·事紀》，第168頁。
〔註38〕 《嘉慶雷州府志》卷18，《藝文志·布政盧夢陽重修雷州城垣記》，第521頁。
〔註39〕 《萬曆雷州府志》卷十五《名宦志》，第393頁。
〔註40〕 《嘉慶雷州府志》卷18，《藝文志·尚書王宏誨雷守葉永溪公生祠記》，第539頁。

己巳（1605）〔註41〕、丙午（1606），雷州府城都曾委任重要官員（包括指揮、知府、海北道僉事、通判、同知、分守道等）負責進行修葺，或「展其舊基，加之高大」；或「於四門上各建重樓」；或「城內環濬壕塹儲水」，力圖把雷州城建築得固若金湯。官府如此不惜人力物力一再重建重修府城，其重要動因之一就是防「寇賊」。如嘉靖癸亥（1563），「同知蕭文清重築城外樓櫓。時山海賊每突至城下。文清始於四城門百步外各建樓捍守，東曰『安東』，西曰『靖西』，北曰『鞏北』，南曰『鎮南』。」遂溪縣在明朝以前無城池。明洪武甲寅（1374），知縣元太初始築土牆，後改築石城，設瞭墩（瞭望墩臺）、窩鋪，開東、南、北三門，城樓三座，濬以壕塹。成化初，「瑤賊煽亂，民病防守」，知縣張憲「興工築濬城池」，「乃塞東門，止存南北二門」。徐聞縣在明以前亦「未有城」。明正統三年（1438），知縣李鷟始築土城，後被「寇賊」攻陷，縣治不得不遷至海安所。回遷之後，再築石城，「周圍六百餘丈」；正德庚午（1510），知縣王澤又「增築濬壕，增城高一丈四尺，廣八尺有奇。」〔註42〕有了堅固的城防，當「寇賊」來臨時，民眾入城，堅壁清野，即可化險為夷。

　　二是駐兵防守。明代對於雷州地區的海防建設很重視，一方面是設兵防守。據《大明一統志》記載：明初，洪武二十七年（1394）前，在雷州已設置一衛四所，其中，雷州衛在縣治東，洪武五年建；海康守禦千戶所在海康縣西 170 里；樂民守禦千戶所在遂溪縣西南 190 里；海安守禦千戶所在徐聞縣南 20 里；錦囊守禦千戶所在徐聞縣東 100 里。四千戶所皆隸屬於雷州衛。另據《萬曆雷州府志》卷十二《兵防志一·軍制》云：「國初，閩、浙、廣東沿海一帶俱患倭，故各設軍備之。雷（州兵）制：撥（衛）所軍七百名分上下班防守，所官領之，擇衛指揮一員提督。隆慶年間，官軍失機革不用，改水寨兵防倭。萬曆元年，軍門委本府鄭推官將原設備倭並中軍哨旗軍，除公辦料價外，餘通左、右、中、前四所，揀選六百名分左、右、前、後四哨，各哨官一員，分領軍政，推選指揮一員統領內，一哨守墩，一哨守路，二哨守城。萬曆三十二年，本府高推官詳議選鋒一哨、旗軍一百二十名，與標兵一體調用。今團操選鋒實止五百餘名，同營兵操練及防守墩路，半年一換。」〔註43〕

〔註41〕查萬曆無「己巳」紀年，疑當為「乙巳」，字形相近而誤。
〔註42〕《古今圖書集成·方輿彙編職方典》第 1368 卷，《雷州府部·雷州府城池考》，第 20198～20199 頁。
〔註43〕《萬曆雷州府志》卷 12，《兵防志一·軍制》，第 335～336 頁。

另一方面，特地從內地調派一些名將到雷州來任職。如，萬曆年間，曾任雷廉副總兵的楊應春，「起家巍第（武舉出身），負文武才，歷任兩京（北京、南京）、梁、晉、雁、代諸邊，稱名將。萬曆甲辰（1604）冬奉簡命拜雷廉總戎將軍」。楊應春到雷州後，鑒於雷州海防力量薄弱，防禦設施不足，「於是，勤簡（選拔）練，申禁令，飭戰守，其爲地方謀日兢兢焉。」〔註44〕其它奉命守雷的官員或將領也積極貫徹朝廷加強雷州防禦的精神，採取了一系列相應措施，使「寇賊」有所畏懼，地方得以安寧。如，薛夢雷，萬曆十二年（1584）任雷州守巡，於「沿海設墩臺，派軍防守禦寇。郡北空曠，建教場、營房，宿兵障蔽北關，居民賴以安堵」；趙可懷，萬曆年間任雷州守道，「水陸營寨加意清刷，兵無虛惰，海氛清息，……居雷（州）數月，釐（治）奸剔蠹，兩郡（雷、瓊）賴之」；鄭國賓，隆慶間（1567～1572）任雷州推官，兼攝縣篆，「增設沿海墩臺」，使「海警有備」；郭鋮，萬曆初知海康縣事，「重建十里鋪，築墩臺以禦寇，四境晏然」，等等，事例甚多。以上均見《萬曆雷州府志・名宦志》。

三是組織鄉兵自保。萬曆年間，朝廷委派宦官在廣西合浦及廣東雷州設「珠池」採珠，成爲擾民一大弊政，部分民眾起而反抗，騷擾採珠，被稱作「珠寇」。雷州地方官就曾「清沿海之野，輯鄉保之兵而益之，不動聲色而褫（奪）眾珠寇之魄，俯首而去。」〔註45〕

四是招集流散，竭力撫諭。「寇賊」亂後，許多人失去親人，失去財富，家室遭毀壞，失去了生活生產的信心和條件，或流落異鄉，或上山下海爲「寇賊」。因此，招集流散，竭力撫諭，就成了地方官府的當務之急。否則，生產不能恢復，社會秩序也難以重建。這方面的事跡於方志中也可列舉許多。如，黃瑜，成化二年知雷州，「時兵荒相仍，竭力撫字（養育），盜息民安。」〔註46〕此所謂「兵荒」實指「寇賊」之亂；唐汝迪任雷州知府期間，適逢「倭奴」來犯，寇亂之後，雷州「十室九空」，滿目瘡痍，唐汝迪「勸民平糶，乃有濟」；謝朝爵，隆慶間知徐聞縣事，「時海寇充斥，民多逋（逃）匿。（謝朝）爵至，首諭招撫，民皆復業」；萬曆元年任守道的諸察，「倭變之後，勞心□循，民

〔註44〕《萬曆雷州府志》卷20，《藝文志・大宗伯王弘誨雷廉副總兵楊應春紀功記》，第445頁。
〔註45〕《嘉慶雷州府志》卷18，《藝文志・吏科給事中許子偉高司理濬河記》，第534頁。
〔註46〕《廣東通志》卷56《雷州府・名宦》，第466頁。

賴以安」；陳錦，萬曆初知海康縣事，當時「流移未復，招以集之；歲戊子（1588）
蝗災、己丑（1589）潮災，（陳）錦軫民瘼，請蠲徵十之三。」以上所引數例
均見《萬曆雷州府志・名宦志》。此類事例甚多，不具述。

五、明代粵西地區的「倭患」及抗倭事跡

摘　要

　　明代中後期，倭寇多次侵擾至粵西，在粵西地區燒殺擄掠，無惡不作，充分表現了其野蠻性和殘酷性。在明代粵西地區前後歷時數十年的抗倭鬥爭中，有幾位官員及將領的事跡頗值一提：一是李材；另一抗倭功臣是盛萬年；吳國倫、徐鎰等在明代粵西抗倭鬥爭中亦有貢獻。總觀明代倭寇對粵西地區的侵擾，表現出以下幾個鮮明的特點：一是與粵西地區其它動亂勢力相結合；二是倭寇常常趁粵西地區發生內亂之機而入寇；三是倭寇的野蠻、殘酷性。為了應對倭寇的侵擾，明朝廷及地方官府均採取了一些防禦措施，以抵禦倭寇的不時來犯，如在沿海地區設置衛所，布置重兵，嚴密防守；另外，徵調瑤兵戍守要害之地。明代中後期倭寇對粵西地區侵擾劇烈，首先與粵西特殊的地理形勢，即面海而處有關；其次，明朝海防軍事力量在明朝中後期嚴重不足亦是倭寇為患的一個原因；再次，城市駐軍防禦鬆懈，援軍畏敵觀望，以及行政官員的畏倭如虎，都助長了倭寇的囂張氣焰；第四，賞罰不明，亦挫傷了軍民抗倭的積極性。

關鍵詞：明代；粵西地區；倭寇；抗倭

「元末明初，日本正處在南北朝對峙時期（1335～1392），封建諸侯為了掠奪財富，長期戰爭，造成大量落魄無賴的武士階層，他們經常在中國東南沿海一帶進行武裝掠奪和騷擾，構成了這一時期侵擾我國沿海地區的倭寇的主體。由於朱元璋採取了積極的防禦政策和外交政策以及明初國力的強盛，因而遏止了倭寇的蔓延。英宗正統以後，隨著政治的腐敗，海防的鬆弛，倭寇復起。」而隨著我國東南沿海地區社會經濟的發展，縉紳、富豪雇傭流民下海經商的現象極其普遍。「他們所從事的是走私貿易，和明朝法制相背，遭受官軍鎮壓，逃逸海上，組織武裝集團，利用日本落魄武士，並在日本和呂宋等地建立海上據點……這些海上武裝的構成雖然是『倭居十三，而中國叛逆居十七』，但卻形成一股外來的侵擾力量，破壞了東南海疆的安定。」〔註1〕

明代中後期，倭寇多次侵擾至粵西，在粵西地區燒殺擄掠，無惡不作，充分表現了其野蠻性和殘酷性。尤其是在明代海禁政策的壓制之下，「海盜」常常與倭寇相結合，其對我國東南沿海地區（包括粵西地區）的騷擾、摧殘尤為劇烈。然而，在方志欽、蔣祖緣主編的90餘萬字的《廣東通史》中，雖有專題述介「衛所與抗倭」，然而，對於粵西地區的抗倭史事卻基本未見提及；明代倭寇對於粵西地區的侵擾、摧殘及粵西軍民的抗倭鬥爭更是未見專文論及。有鑒於此，筆者依據方志的記載，對明代粵西地區的「倭患」及粵西地區軍民的抗倭事跡略作論述，似可彌補學術界在此問題的研究中存在的缺失，亦可拋磚引玉，促使學者重視並加深對此課題的研究。

一、明代倭寇侵擾粵西的歷史記錄

先看倭寇對於雷州地區的侵擾。據《萬曆雷州府志》卷2《輿圖志·事紀》的記載，「倭寇」對雷州的侵擾最早始於明朝隆慶五年（1571）。此年「冬十二月晦（夏曆每月的末一天），倭賊突掠雷（州）西南郊，擄掠男婦，地方幾破。」〔註2〕三言兩語極簡略，「倭寇」人數、擄掠男婦多少，有何暴行、持續多久均未說明。如不仔細翻閱方志其它篇章，以為這是「倭寇」的首次擾略雷州。但事實並非如此。

〔註1〕朱紹侯、齊濤、王育濟主編：《中國古代史·下冊》，第282頁，海峽出版發行集團、福建人民出版社，2010年。

〔註2〕《萬曆雷州府志》卷2《輿圖志·事紀》，第168頁。

　　事實上，倭寇對雷州的侵擾早在明初洪武年間已啓其端緒。《萬曆雷州府志》卷18《勳烈志・武烈》陶鼎傳云：「陶鼎，鳳陽人，洪武二十一年（1388）任本衛右所鎮撫，巡視陸路，兼管海道。時倭賊數十艘揚帆海上，將犯郡境，（陶）鼎肅隊伍備之。（倭）賊登武郎場岸，（陶）鼎馳擊之，一鼓合戰，手刃數人，（倭）賊潰，回帆而遁。數日，（倭）賊恥其敗，泊馬湖塘誘戰。（陶）鼎益奮烈，督軍士攻之，竟陷沒。」〔註3〕《萬曆雷州府志》卷12《兵防志一・軍制》又謂：「洪武初，平章廖永忠、參政朱亮祖取廣東，遂命亮祖鎮守，建置諸衛所，分佈要害。（洪武）二十七年甲戌（1394）又以島夷（即倭寇）爲患，設沿海各所及墩臺以防之。」又云：「國初，閩、浙、廣東沿海一帶俱患倭，故設軍備之。」由此可見，「島夷爲患」雷州，早在洪武二十七年於雷州設衛所之前已發生，設衛所的目的就在於加強海防軍事力量，以避免類似事件再發生。衛所制度：「每百戶所額設正軍百人，總旗二人，小旗一十人；十百戶所爲一千戶，每千戶所額設一千一百二十人，總攝（統領）於衛。此大凡（大概情形）也。教閱徵調，戍（戍）望屯種俱在數中。」〔註4〕

　　儘管加強了海防，然而，由於各種原因，倭寇爲害還未能完全遏止。明隆慶五年（1571）、六年（1572），倭寇都曾進犯雷州。《萬曆雷州府志》卷18《勳烈志》黃隆傳云：「隆慶五年（1571），（黃隆）掌錦囊所印，值倭寇犯城，鋒銳莫禦，眾皆潰散，（黃）隆獨挺身力戰，遇害。」卷15《名宦志》謝朝爵傳又提到：「隆慶壬申（六年，1572年）春，倭夷壓境，（謝朝）爵扶病巡視不倦，孤城獲保。」萬曆「二十九年（1601）春三月，倭賊自淡水登岸，據（雷州）龍鬱村。尋（不久）討平之。時官兵進戰，多爲賊所傷，署參將臧光國退縮不出。知府葉修募兵防禦。東山參將鄧鍾督兵討之，府以寧。」〔註5〕

　　再看倭寇對粵西其它地方的侵擾。志載：明隆慶「二年戊辰（1568），倭（賊）入寇（陽江縣），登北城。（軍民）拒卻之。」隆慶五年（1571）冬十一、十二月，倭寇犯粵西。「時倭寇分二隊，一趨電白城，一直犯石城（今廉江市）東門。有軍人姓林者銃擊一賊，（賊）退之，屯東墟。數日，移屯上縣村。一夜，（倭寇）潛登城西北角，有效勇蔡姓者覺，擊之。（倭寇）前後攻城甚急。典史徐鑒輔，知縣韋俊民多方防禦，卒保孤城。至三十日，（倭寇）

〔註3〕《萬曆雷州府志》卷18《勳烈志》，第420頁。
〔註4〕《萬曆雷州府志》卷12《兵防志一・軍制》上，第334～335頁。
〔註5〕《嘉慶雷州府志》卷3《沿革・事紀》，第125頁。

拔寨，徑抵雷州西門外張官寨村屯住。明年正月三日，破電（白）城之倭又至石城，由東門角過抵外村住紮。」〔註6〕萬曆「二年甲戌（1574）冬十有二月，倭寇陷（陽江）雙魚所城，總督、都御史殷正茂殲之。雙魚（所城）臨海孤城，兵單援絕。守者見倭薄（迫近）城下，倉皇自經（自盡）。城遂陷，為倭所據。總督殷正茂率總兵張元勳、副使趙可懷自新會進（兵），嶺南參政劉志伊、僉事石磐自肇慶進（兵）；參將梁守愚自陽江進（兵）。度（倭）賊敗無船勢必奔陸。設伏儒峒以待。既而，（倭）賊果棄城而奔儒峒。伏起，遮道夾擊，戰於藍水，再戰於施村，擒斬八百一十二級，（倭寇）竄伏林莽者擒捕無遺。」〔註7〕

在陽江縣，原有一座忠勇祠，「在太平城內，（明）萬曆三年（1575）建，以祀把總葛子明等。時倭賊攻陷雙魚所城，總兵張元勳督兵大戰於儒峒。（葛）子明與婁子和、婁安邦、葛文光、金高龍等皆力戰而死，因立祠祀之。」明電白縣令王許之撰寫過一篇《忠勇祠記》，對建祠經過及所祀人物事跡有較詳細的敘述：

> 忠勇祠者，大都督東瀛張公（元勳）祀死事諸人而立也。按：（明）隆慶辛末（1571），倭寇犯廣東，陷電白，蹂躪高（州）、雷（州）等處。（張）公至，即提兵剿之，俘斬以千計。賊遂平。麾下婁龍、麥勝等三十七人死於陣。迨萬曆甲戌（1574），倭復寇雙魚所，覬覦高（州）、化（州），擁眾而西。（張）公提兵往征，大戰於儒峒。把總葛子明衝鋒破敵，手刃三倭，被賊傷左臂欲斷，猶奮呼鼓眾，斬首九百餘級，奪回被擄男婦千餘人。哨官葛文光、金光龍等七人與（葛）子明同日戰死。倭孽殄滅，地方以寧。他如把總婁子和、千總婁安邦等凡十餘人亦皆以戰賊陣亡。（張）公以諸人前後死事，惻然憫念，欲合而祀之。謀於監軍道趙公可懷、守巡嶺西道劉公志伊，石公磐，僉（都）以（葛）子明等有功於地方者，宜有報祀，相與建白於制府。都御史殷公（正茂）可其議，乃於太平驛城之東隅卜地建祠。（張）公捐俸以倡之，參將梁公守愚繼之，守巡二道檄高（州）、肇（慶）府、縣助之，屬（委託）電白縣董其事程，（監）督則本驛驛丞何世行、千總李朝大、耆民陳文哲也。官發銀四十兩，

〔註6〕《光緒高州府志》卷48《紀述一‧事紀》，第704頁。
〔註7〕《康熙陽江縣志》卷3《事紀》，第63頁。

買居民孟佳故宅，拓其基而改作焉。鳩工集材，甓瓦畢備，缺者增

之，敝者易之，事以義舉，民爭趨役，不三月而祠成。

王許之縣令文章對抗倭烈士充滿了敬意，謂：「（葛）子明諸人特（只不過是）
荷戈之夫（武人）耳，一旦遇賊而能奮勇攖鋒，膏（塗）草野而恤，與見危
致命，捨生取義者未始有間（不同），且一戰功成，妖氛迅掃（轉危爲安），
廓嶺海於永清，安危急於衽席。此雖東瀛公（張元勳）之略，而所以賈（奮）
勇排難者，諸人（之）力也。有死之榮，無生之辱，諸人以之（因此）英氣
凜凜，垂芳無窮，視彼捧首逡巡，棄曳（戈）奔北，駢死於道路者，眞星壞
懸絕矣！」文章最後，王縣令點明了建立忠勇祠的意義所在：激勵後繼者在
抗倭鬥爭中應像逝去的英烈那樣，一往無前，視死如歸：「要亦使三軍之士油
然感發！藉令（一旦）地方有事，強敵在前，必如諸人之忠勇自許，庶幾不
愧（才不致於問心有愧），則茲祠之作（立）足以厲（激勵）世而風（影響）
來者，尙未有艾也（意義深遠啊）。」〔註8〕

萬曆「二十九年（1601）春三月，倭賊自淡水登岸，據龍鬱村。官兵進
戰，多爲賊所傷。署參將臧國光退縮不出。知府葉修募兵防禦。東山參將鄧
鍾督兵討之。雷境以安。」〔註9〕同年「夏四月，倭寇吳川，圍城甚急。分守
嶺西道盛萬年集鄉勇擒之，賊乃遁。」〔註10〕

事實上，見於方志記載的以上倭寇的暴行，只是明代倭寇爲害粵西歷史
的一部分；方志中常可見「島夷」的記載，據查，「島夷」有時指海盜，有時
指倭寇；另外，「海寇」記載於方志中處處可見，顧名思義，「海寇」即「海
盜與倭寇」的合稱，其共同特徵都是活動於海上，以寇掠爲生者，且日本人
與中國人外表上亦不易區分。由此可知，倭寇對粵西地區的擾害，比以上方
志記載歷時更漫長，爲害更劇烈。

在明代粵西地區前後歷時數十年的抗倭鬥爭中，有幾位官員及將領的事
跡頗值一提。

一是李材。明朝隆慶五年（1571），倭寇入犯粵西，嶺西道李材將軍率
駐軍英勇反擊，給予倭寇沉重打擊，使其落荒而逃。《光緒高州府志》卷25
《職官八·宦績》李材傳云：「倭寇五千攻陷電白，大掠而去。」廣東僉事

〔註8〕 《民國陽江縣志》卷9《建置二·壇廟》，第258～259頁。
〔註9〕 《道光遂溪縣志》卷2《紀事》，第512頁。
〔註10〕 《光緒高州府志》卷48《紀述一·事紀》，第707頁。

李材率軍追破之石城（今廉江市），設伏海口，伺其遁而殲之，奪還婦女三千餘。會姦人引倭自黃山間道潰而東，（李）材聲言大軍數萬，半以疑賊，而返故道迎擊，盡殺之，又追襲雷州倭至英利，皆遁去，降賊渠（首領）許恩於陽江。〔註11〕這段記載較簡略；《平倭亭碑記》則敘述了此事的具體經歷：

> 石城治鄰西粵，介於雷（州）、廉（州），邑小城痺（通「卑」，低下），山半於內而民居稀鮮，素不習兵，有警鮮克（很少能）為王敵憚者（遇戰事不能組織有效抵抗）。辛未（1571）冬，倭奴煽熾，陷電白，攻化州，而石城（今廉江市）孤危之區，莫不累卵視之。中外懍懍，莫必其命（處處充滿恐慌，人人朝不保夕）。城之攜稚扶老者累累去矣（倭寇未至，城中之人已恐懼不已，四處逃走）。僉憲李公（材）亟移憲旌，會總戎張公元勳，參戎陳公豪兼程而驅，灼（激發）文武之勇而謀者，拔之精卒，命下士卒：先登有功者賞，不（否）則罰之。戈矛戾止，民罔繹騷（軍隊所至，民不受擾）。檄所屬先守後戰，敕堅銳之士從間道（近便之道）以援石城。倭（寇）果攻犯城下，亦不知（城中）有兵之先入也。（守軍）闢門縱兵擊之，俘馘頗多，賊（倭寇）遂奔潰。城賴以全。公（李材）又親督戎兵直搗於雷（州），旌幟（旗）所向，倭奴望風披靡。一鼓（戰）而捷於外村；再鼓（戰）而捷於調排村；三鼓（戰）而捷於那里社。復追至於廉（州）之息安（息安堡，今廉江市西息安村），草薙而禽搜之（斬除草木而搜捕逃散倭寇），靡子遺矣（一網打盡，無脫逃者）。且嚴諭所部：毋收俘獲，毋擾民財，料敵合變（根據敵情採取靈活戰術），制勝安民。蓋將有神武而兵無血威，仁義兼濟，公（李材）之所以奮長策而奏凱勳者類如此！夫以倭奴縱橫於浙閩數十餘年，自督戎以至長吏（地方軍政大小官員）罔不勤蕩平之策，甚至借力他省，方以咸定而功成。今公舉（將）數千之虜（倭寇）而殲除之（於）一旦，巍功峻績豈不異而神哉！循嶺之西，暨海之北，頌公更生之賜者永與銅柱而銘矣……〔註12〕

〔註11〕《光緒高州府志》卷25《職官八‧宦績》，第357頁。
〔註12〕《民國石城縣志》卷9《紀述志上‧金石‧平倭序碑記》，第570頁。

　　另一抗倭功臣是盛萬年。盛萬年，浙江秀水人，明萬曆年間以名進士官嶺西參政，在粵西抗倭鬥爭中亦作出了重要貢獻。清朝廣東布政使王士俊在《盛公祠堂記》中寫道：

　　　　……粵東之慮（重要事項）莫大於海防，而海患之烈莫甚於明季。非守土君子（地方官）為之悉心籌畫不可也。方（正值）公（盛萬年）官粵時，倭寇吳川，焚燒賈船，日本之旗遍植城下。公以守城兵單弱，招狼兵策應，先斬其内應，倭遂宵遁。是公之大有功於高（州）也。未幾（不久），倭復訌於雷（侵擾雷州），踞錦囊所。制府檄公攝嶺北道禦之。公募舟由間道從天而下（發動突然襲擊），出賊不意，多鼓鈞聲，搗其巢。賊窮蹙，計無所出，殺所掠婦女首擲於外。公乘高以長矛刺之。賊盡殲焉。是公之大有功於雷（州）也。又有海外之倭復劫廉郡（州），公調兵追斬五十餘級，沉其船，溺死無算（數）。是公之大有功於廉（州）也。〔註13〕

　　吳國倫、徐鎰等在明代粵西抗倭鬥爭中亦有貢獻。《光緒高州府志》卷48《紀述一・事紀》載：隆慶五年（1571）「十二月，倭寇攻高州，知府吳國倫、參將陳濠擊走之。」志載，吳國倫，興國（今江西興國縣）人，嘉靖年間進士，原在朝做官，因官場鬥爭被貶至粵西，「適（恰）逢島夷（倭寇）侵境，民無固志，國倫謹斥堠（嚴密偵察、設防），勤訓練，間出奇兵搗其營，賊始遁去。國倫率大兵追至里麻，俘馘封京觀（古代，軍隊戰勝，將被殺敵屍堆積起來，以炫耀戰功，稱「京觀」）焉。後倭圍化州，國倫諭陳（濠）參將星夜奔救之，並陳利害於黑（孟陽）參將，以水兵相援；又親往雷陽（州），合二郡（之兵）夾攻，盡擒倭眾。」〔註14〕戰後，吳國倫懷著喜悅之情寫了一首《戰城南》詩，贈陳濠將軍，詩云：

　　　　鼓振振，風翹翹，高涼（州）城南殺氣驕，太守行營面滄海，將軍擁纛（軍中大旗）干青霄。援兵不向秦庭乞，死士先從越巂（今四川越巂縣）招。白羽初□魚麗陣，全軍赴敵如爭梟。裸夷（倭寇，常赤裸上身）豕突鋒正銳，重圍已合前山腰。登壇目中無片甲，大呼一戰收群妖。前旌竟獻番王首，餘醜雜沓成穿雕。千家拭淚聽鳴凱，三山瞬息陰氣消。將軍鐵面萬人敵。臨戎叱吒回長飆，回長飆！

〔註13〕《光緒吳川縣志》卷5《職官・傳》，第201頁。
〔註14〕《光緒高州府志》卷25《職官八・宦績》，第359頁。

激洪潮，金虎爲符冠紫貂。呼醪（美酒）滿引車渠碗，與君萬里看
銅標（東漢初年伏波將軍馬援率軍打敗據今越南北部而叛的徵側、
徵貳姐妹發動的叛亂，曾豎立銅柱以紀功）！〔註15〕

徐鎰，「豐城（今陝西山陽縣）人，隆慶間任石城縣典史。五年（1571），
倭寇攻城，知縣韋俊民皇皇有去志。（徐）鎰以死誓率眾，堅壁以待應援。數
日，兵巡李材間道趨救，全城無恙，鎰之功也。」〔註16〕

二、明代倭寇侵擾粵西之特點

總觀明代倭寇對粵西地區的侵擾，表現出以下幾個鮮明的特點：

一是與粵西地區其它動亂勢力相結合。

明朝大臣王鳴鶴曾指出：「往（者）嘉靖季年之倭，我內地姦人引而至也；
其遼陽、山東不被禍者，無通倭接濟之人也。」〔註17〕在粵西地區，倭寇被
引誘、利用，與反叛勢力相結合而逞兇作惡也是常見現象。如明朝隆慶「庚
午四年（1570）秋八月，倭合山寇大掠鄉村。都指揮白翰紀禦之，不克。先
是，倭四十餘人自蓮頭登岸，東奔至佛子屯。通判夏宗龍領募兵三百餘人追
之，敗績而還。將軍馬良彙領兵自陽江（來），遇（倭寇）於漂竹，與敵，不
克。又有倭百餘自白津來合。山賊黎汝誠亦率其黨千餘與（倭）合於高崗，
引入山，勢遂大熾。於是，分巡羅向辰調向五兵二千，領以指揮白翰紀剿之，
遇於那臺，不利；次（駐軍）題字嶺。城中戒嚴。（黎）汝誠旋送倭趨直隴船
而去，兵乃解。」〔註18〕由資料看，倭寇數十人可以打敗三百餘人之官兵，
百餘倭寇可以打敗二千餘人的官兵，可見倭寇戰鬥力之強及官軍的腐敗無
能；倭寇與地方叛亂勢力勾結之後，其危害就更大，欲平亂則更難。這是倭
寇與粵西地區叛亂勢力的結合。

隆慶五年（1571），電白縣發生兵亂。適在此時，有倭寇來犯，這大約並
非出於偶然。倭寇與亂兵裏應外合，攻陷電白縣城，造成極大危害。方志記
載道：隆慶「辛末五年春二月，參將陳濠領兵至自浙（江）。初，陳濠之至也，
適（恰逢）有海寇自北額港登岸，行劫莊洞。（陳）濠發兵禦之。兵至而賊（海
寇）已退。兵即縛鄉民二十人以爲生擒（海寇）；又有一人騎馬自北嶺避賊奔

〔註15〕《光緒高州府志》卷48《紀述一·事紀》，第704頁。
〔註16〕《光緒高州府志》卷25《職官八·宦跡傳》，第364頁。
〔註17〕張萱、孟奇甫：《西園聞見錄下》卷56《兵部五·防倭》，第1130頁。
〔註18〕《光緒重修電白縣志》卷29《紀述五·前事紀》，第298頁。

城中，（兵）遂於馬上殺之，斬首報功。鄉民群噪，白（告發）於（陳）濠。
（陳濠）始釋其（被縛鄉民）縛而正殺人之罪。知府吳國倫以參兵（參將所
統之兵）不可用，臨縣選汰（在縣城中對參兵進行揀選、淘汰），去二百人。
雖逐出城，未能遠去。後倭（寇）來，（被汰之兵）多投之，與（倭）偕入城。
是日，先令五十人叩城西門曰：『我參兵也，參將自吳川遣回。』指揮張大成
信之，開門納焉。是夜，倭登（攻）城，（內應之）兵先殺人城上。（城陷）
後居城中分三營，有倭營、福（建）營、浙（江）營。」〔註19〕這是倭寇與
叛軍的結合。

　　二是倭寇常常趁粵西地區發生內亂之機而入寇。

　　明前期，封建統治牢固，地方動亂較少；明代中期以後，隨著封建政治
漸趨敗壞，社會矛盾激化，動亂此起彼伏。在粵西地區，少數民族（主要是
瑤族、壯族、黎族）的反叛事件接踵而起。海上「海盜」勢力亦漸趨猖獗。
粵西地區處處有「賊」作亂。僅以陽江縣為例。據《民國陽江縣志》卷20《兵
防志二·兵事》載：明正統十四年（1449），「新會賊」黃汝通、岑子華、譚
保、黃三、白大蠻等率眾剽掠陽江；同時，廣東「賊」黃蕭養作亂，九月，
總兵官安鄉伯張安討之，敗死。景泰二年（1451），「新會賊」復剽掠陽江。
天順七年（1463），「猺（瑤）賊陷（陽江縣）城」；「八年（1464）正月，右
布政使張瑄率兵討黃江屯賊」；正德七年（1512），「賊襲（陽江）城，焚縣治，
劫庫而去」；十四年（1519）正月，「土賊襲（陽江）城，殺教諭陳策於學宮」；
嘉靖三十一年（1542），「新會賊流劫陽江」；三十三年（1554），「（新）會、（新）
寧二縣群盜數千與恩平、新興、陽江等縣巢穴相聯，盤踞流劫；四十四年
（1565），海寇攻城，卻之；隆慶元年（1567）五月，猺、狼（廣西少數民族）
流劫；十二月，倭賊寇海陵」；二年（1568），「倭賊入寇，登北城，拒卻之！」
五年（1571），「閩賊林道乾、米良寶、鄭大漢等相繼劫掠」；十二年（按，隆
慶只有六年），倭賊陷電白城。……由此可見，倭寇正是在粵西地區動亂不止，
地方官軍顧此失彼，而倭寇入侵又有叛亂勢力的勾結支持的特殊背景之下乘
亂入犯粵西的。

　　三是倭寇的野蠻、殘酷性。

　　曾有明朝大臣揭露了倭寇來犯時所表現出來的極端野蠻性與殘酷性，
謂：倭寇「劫倉庾，焚室廬，賊殺蒸庶（平民百姓），積骸流血如陵谷，縛嬰

〔註19〕《光緒重修電白縣志》卷29《紀述五·前事紀》，第298頁。

兒於柱，沃之沸湯，視其啼號以爲笑樂。捕得孕婦，不知（所懷）女男，剔（剖腹）視之以賭酒。荒淫穢惡至有不可言者。舉（擄）民之少壯與其粟帛席捲而歸巢穴，城野蕭條，過者流涕……」〔註20〕倭寇進犯粵西地區，所至之處均表現出其野蠻性與殘酷性，姦淫、擄掠、縱火、殘殺，可謂無惡不作！如志載：隆慶「五年（1571）冬十二月晦，倭賊寇（雷州）府西南郊，擄掠男婦，地方幾破。」〔註21〕隆慶「六年（1572），倭（寇）復逼（雷州）城，屠戮甚眾。」〔註22〕隆慶辛末五年（1571）冬十二月倭寇攻陷電白縣城，「大肆屠戮。軍民死者三千八百有奇。」這場倭寇之亂幾乎使電白縣成爲廢墟。次年，「壬申六年（1572）春正月，兵巡李材督兵至自肇慶，撫殘民，瘞遺骸。李材至電（白），見殘民寥落，遺骸被地，室廬煨燼，流涕大慟，捐俸二十金命典史王策收斂（遺骸），爲大冢瘞之，名曰『義冢』，勒銘垂戒。銘曰：『惟茲電白城高池深，典守弛備，殃及斯民，遺骸滿街，是誰之咎！瘞埋插石，用懲厥後！』對眾泣曰：『誓不與此賊俱生，不泄汝輩之恨不已！』時人心洶懼，日向數驚，復互相凌奪。（李）材慰撫百方，復懼以法（又重申將嚴懲不法者），人始大安。」〔註23〕

三、明朝廷及地方官府採取的防倭舉措及倭寇侵擾粵西之原因

爲了應對倭寇的侵擾，明朝廷及地方官府均採取了一些防禦措施，以抵禦倭寇的不時來犯。早在明初洪武年間，明朝廷已將防倭提到了議事日程：洪武「十七年（1384）命安陸侯吳傑、都督馬鑒視雷（州）要地立海康、海安、樂民、錦囊四千戶所。廣東指揮使花茂奏沿海宜立（衛）所以備盜，故始命備倭。命安陸侯吳傑、永定侯張全等巡廣東，訓練沿海衛所官軍以備倭寇。」〔註24〕另據《民國陽江縣志》載，洪武年間，在陽江縣設陽江、海朗、雙魚三所官，領旗兵防守。三所各設備倭官一員，每年汛期帶本所旗軍駕船泛海，泊青洲峒船澳等處，自清明前三日起至大暑前一日止，謂之「春汛」；自霜降前一日起至小寒前一日止，謂之「冬汛」。又每年調東莞烏艚船十隻赴

〔註20〕張萱、孟奇甫：《西園聞見錄下》卷56《兵部五・防倭》，第1130頁。

〔註21〕《嘉慶雷州府志》卷3《沿革・紀事》，第125頁。

〔註22〕《萬曆雷州府志》卷18《勳烈志》，第422頁。

〔註23〕《光緒重修電白縣志》卷29《紀述・前事紀》，第299頁。

〔註24〕《嘉慶雷州府志》卷3《沿革・事紀》，第123～124頁。

馘船澳，載雷州、神電、寧川、錦囊等衛所官軍協守。〔註25〕由於防守嚴密，
倭寇未敢輕易來犯。

萬曆年間任嶺西參政的盛萬年，先後指揮明地方軍在高州、雷州、廉州
打敗來犯的倭寇後，「復以廉（州）西沿海七百餘里兵少汛遠（軍隊駐防地相
距遙遠），城池無備，因添設吳川營限門寨，分守水陸要害，增築高州、電白、
吳川城，濬其壕。旋刻（不久又刻印）《嶺西水陸兵紀》一篇，自雙魚（寨）
至白鴿（寨），兵船紮守遊巡，陸設塘訊，如棋之有罫（棋盤上的方格），布之
有幅，紀載井井（整整有條），公（盛萬年）悉心籌畫，不但盡瘁於居官之時，
而且慮周（考慮周全）於去官之後。其爲嶺西福曜（造福）何如哉！」〔註26〕

另外，徵調瑤兵戍守要害之地。瑤族是明代粤西地區一支勢力較強盛的
少數民族。在明代封建統治腐朽，對邊疆少數民族壓迫加深的背景之下，瑤
族曾多次興兵抗爭，且多次打敗官軍。在平定瑤族叛亂之後，一些歸順的瑤
族力量被官府用於抗倭鬥爭中。如萬曆三十七年（1609），倭犯吳川。（吳川）
告急。海防同知徐璘調猺（瑤）丁戍守。〔註27〕

明代中後期倭寇對粤西侵擾劇烈，首先與粤西特殊的地理形勢，即面海
而處有關。《萬曆雷州府志》卷七《分鎮志》「論曰」云：

> 全粤皆邊，雷（州）、廉（州）、瓊（州）尤邊之盡。瓊（州）
> 內抱黎蠱（黎族），外構海寇（內有黎族作亂，外有海寇騷擾）；廉
> （州）則交夷（今越南）錯壤，鋒鏑時鳴（寇亂不時發生）；雷（州）
> 則兼二郡之害，東支西應，而占城（今越南）、日本飛艎叵測。此其
> 控制之難豈減於西北也者？〔註28〕

又云：

> 雷（州）三面阻海，倭奴東伺，交夷西窺，而盜珠之雄高檣巨
> 舶，連艐銜尾，公然出沒於鮫宮蜂室之內，少有不戒，（則）肆行剽
> 劫。（雷州）北接吳川、石城、橫山、息安諸境，萑苻、綠林時時見
> 告⋯⋯往者新城未築，倭奴突至，南亭居民盡爲蹂躪，利害不較然
> 耶！〔註29〕

〔註25〕《民國陽江縣志》卷19《兵防志一・兵制》，第366頁。
〔註26〕《光緒吳川縣志》卷5《職官・傳》，第201頁。
〔註27〕《民國陽江縣志》卷20《兵防志二・兵事》，第372頁。
〔註28〕《萬曆雷州府志》卷7《分鎮志》，第232頁。
〔註29〕《萬曆雷州府志》卷8《建置志》，第236頁。

　　其次，明朝海防軍事力量嚴重不足、防備鬆懈，亦是倭寇爲患的一個原因。前已述及，明初，鑒於「島夷」（倭寇）的來犯，在包括雷州在內的沿海地區加強了海防建設。但不久之後，衛所制度的弊端就暴露出來，衛所士卒「嗣後逃亡、隱占日減日縮，至於合（今）則耗甚矣！其數可紀，其弊不可按（考察、審查）歟！」〔註30〕明朝大臣李承勳亦曾說：「當開國之初，八方向風，四夷賓服，雖西北勁虜亦皆款塞，惟是倭奴時或犯我海道，是以山東、淮浙、閩廣沿海去處多設衛所以爲備禦。後復委都指揮一員統其屬衛，摘撥官軍以備倭爲名，操習戰船，時出海道，嚴加防備；近年又增設海道兵備副使一員專管，可謂防範周且密矣。是以數十年來，彼知我有備，不復犯邊。奈何邇來事久而弊，法玩而弛，前項備倭衙門、官員徒擁虛名，略無實效。寧波係倭夷常年入貢之路，法制尚存，猶且敗事，其諸沿海去處因襲日久，廢弛尤甚。」〔註31〕僅以雷州一地海防設置爲例即可管中窺豹。據方志記載：雷州設置衛所之後不久，士卒就紛紛逃亡。方志還具體開列了逃亡士卒的人數：「左千戶所原額旗軍一千一百二十名，續添充發軍六名……今遁亡七百六十二名，見在旗軍三百六十四名」；「右千戶所原額旗軍一千一百二十名，續添充發軍一十六名……今逃亡八百一十五名，見在旗軍三百二十一名」；「中千戶所原額旗軍一千一百二十名，續添充發軍一十八名……今逃亡七百六十三名，見在三百七十五名。」……其餘石城後千戶所、錦囊所、海安所、海康所、樂民所等粵西衛所亦存在類似情況：原額旗軍一千一百二十名，逃亡者常在八百、九百之數，少亦達七百餘，每所只剩下二百餘人甚至只一百餘人。〔註32〕

　　至於衛所士卒何以大量逃亡，方志的「論曰」亦有所揭露，直指衛所軍政不飭，軍官腐敗所致：國初，「軍伍每所各一千一百有奇，乃今（如今，即萬曆年間）僅以二三百計，果（眞的是）盡遁亡哉？大都（大部分都是）衛所役占朘削（士卒），總（旗）、小旗侵奪包冒而軍（人）不堪命，於是投匿（投身藏匿）於勢要（之家），隱漏於里甲（之中）……」這樣，士卒逃離了衛所，免了軍官的刻剝奴役；而軍官又樂得冒領逃亡士卒的糧餉以肥私，而不將士卒逃亡事實上報，即所謂「偷逸之軍利在離伍，貪饕之弁（將領）利在得糧，眞遁不勾（銷），眞亡不削（名），造報文冊，半屬鬼名，按月支

〔註30〕《萬曆雷州府志》卷12《兵防志一‧軍制》，第334頁。

〔註31〕張萱、孟奇甫：《西園聞見錄下）》卷56《兵部五‧防倭》，第1134頁。

〔註32〕《萬曆雷州府志》卷12《兵防志一‧軍制》，第334頁。

糧，盡皆乾沒。」逃亡之餘剩下的士卒又是或老或少，實不堪一戰者：「待次階下（者）非窮酸餓影即奄息病夫，非白髮衰翁即黃口稚子，間有一二壯丁，詰之又皆旋顧市傭、應點片晌者（即臨時由軍官雇請來應付長官檢查者）。以如此軍實而脫有不虞（軍隊狀況如此，萬一遭遇不測），能得其半劈（臂）之力哉！百姓竭脂膏以奉之，有司勒徵課以給之，皆委諸無用之壑，誠爲寒心切齒者此也！」歐陽保在任雷州府推官期間，曾對此進行整飭，但雖「極力懲刷，然查過之後，各所爲政凤轍仍踵（沿襲不變），痼疾難療，奈之何哉！」〔註33〕可見衛所制度隨著弊端的日益嚴重，已難整治，就像病入膏肓一般。地方官兼志家的歐陽保在明萬曆年間編纂《萬曆雷州府志》時，對此就曾憂心忡忡，說：「……重金襲湯以固吾圉（邊防），窒隙蹈瑕（彌補缺失），綢繆桑土（守禦鄉梓），待其有事而後圖之，晚矣！欽州覆轍可不寒心！乃（至於）巡城守陴（城堞），惟軍（隊）是賴。邇者（近來）官旗（軍）沿習剝噬，軍不堪命，逃亡轉徙，門卒（城中守兵）僅奄奄氣息數人而已。以此扞禦城，可恃乎？空柯無刃，公輸不能以斷（沒有銳利工具，能工巧匠的魯班亦製造不出精美的器具）。吾爲雷城隱慮之矣！」〔註34〕到後來，面對日益嚴竣的邊防危機，明朝廷不得不實行新的軍事制度。志載：「國初，閩、浙、廣東沿海一帶俱患倭，故各設軍（衛所）備之。雷（州軍）制：撥所軍七百名分上下班防守，所官領之，擇衛指揮一員提督。隆慶間（1567～1572），官軍失機（敗於倭寇），革（而）不用，改（設）水寨兵防倭……」〔註35〕但是，臨急抱佛腳，新組織起來的水寨軍在抗擊慣於海戰的倭寇中能起多大作用，可想而知。

以上所述爲雷州一處狀況。事實上，類似情況在整個粵西地區亦應大同小異。

再次，城市駐軍防禦鬆懈，援軍畏敵觀望，以及行政官員的畏倭如虎，都助長了倭寇的囂張氣焰。倭寇對廣東的侵擾始於粵東；因粵東及時爲備，擄掠難以得逞，故轉而將擄掠矛頭指向粵西。「往年倭患惠（州）、潮（州）爲甚，（惠、潮）遂嚴備之，而有司防守加密，故倭遂西向，神電、錦囊相繼陷沒，遐邇大震。」〔註36〕如方志記載：明隆慶辛末五年（1571）「冬十有二月，倭襲（電白）縣，陷之。知縣張曉（查「職官志」應爲蔣曉）、指揮范震、

〔註33〕《萬曆雷州府志》卷12《兵防志一·軍制》，第704頁。
〔註34〕《萬曆雷州府志》卷8《建置志·論曰》，第236頁。
〔註35〕《萬曆雷州府志》卷12《兵防志一·軍制》，第335頁。
〔註36〕《光緒高州府志》卷48《紀述一·事紀》，第705頁。

李日喬、千戶王朝相棄城走。指揮張韜死之。倭二百餘自雙魚（港）登岸，直趨電白莊峒，偃伏不動。城中疑之。知縣蔣曉稱疾不出。（指揮）范震等亦不爲備。有報倭縛長梯將登城者，皆不信。俄（不久，倭寇）由城東、北、西夜入，殺人於城，人始知之。（范）震等棄城走。指揮張韜力戰而死，尋（不久）又有倭三百餘自太平至電（白），與之合，大肆屠戮。軍民死者三千八百有奇。婦女不受污者投井、縊樹不可勝計。」〔註37〕

在這場嚴重的「倭患」中，電白城官員及守軍的麻痺輕敵，無備而致患只是造成慘禍的一方面原因；另一方面則是援軍的畏敵不進，弄虛作假。志載：

> 時土人（本地人）參將黑孟陽統兵船紮白蕉港，坐視倭（寇）陷城，按兵不舉。乘倭去，率衆兵擄掠。知府吳國倫揭之（督）撫，按罪遣戍，後嗣亦絕。又，肇慶同知郭文通帥師來援，屯（駐紮）陽江不進。後督撫殷公（正茂）、分巡李公（材）聞電（白）城陷，摧（軍）進援。（軍）抵陽江，聞賊（倭寇）尚在電白城中，仍觀望不進。及聞賊退，即馳報與賊大戰，恢復城池。初，（郭）文通遇賊於陽江紅花根，大敗。至是，取兵頭數十顆報功。督撫知其詐，召回斥罷，兵衆稱快。〔註38〕

第四，賞罰不明，亦挫傷了軍民抗倭的積極性。有功者重獎，有罪者必懲，是戰爭年代激勵士氣的有效途徑之一。明初，朝廷爲激勵將士抗倭積極性，亦制定了抗倭獎勵條例，如洪武二十九年（1396），「命沿海衛所指揮、千百戶獲倭一船及賊者，升一級，賞銀五十兩，鈔五十錠；軍士水陸擒殺（倭）賊，賞有差。」〔註39〕永樂初，依洪武年間升賞條例，參酌施行，乃分奇功、首功、次功三等。永樂十二年（1414），又作出更具體詳細的獎賞條例。然而，在粵西抗倭戰爭中，卻出現了有功不僅不賞反遭懲罰之荒唐事。如志載：明萬曆「甲戌二年（1574）冬十二月，倭攻（陽江縣）雙魚千戶所，陷之，遂趨電白。總兵張元勳、參將梁守愚破之於五藍，斬首五百級，隨追入山，悉擒之。是役也，梁守愚之功居多，當道以他故置之重罪，棄功不錄，惜哉！」〔註40〕此種上官偏懦而又嫉妒賢能及有功的情況並非只在粵西抗倭鬥爭中所僅見，在其它沿海地區的抗倭鬥爭中亦時或可見。如黃信，明代粵西石城縣

〔註37〕 《光緒重修電白縣志》卷29《紀述五・前事紀》，第298～299頁。
〔註38〕 《光緒重修電白縣志》卷29《紀述五・前事紀》，第298～299頁。
〔註39〕 《明史》卷92《兵志》。
〔註40〕 《光緒重修電白縣志》卷29《紀述・前事紀》，第299頁。

上縣村人，「少被倭擄，甚艱險。既脫歸，憤無以報，爰（於是）攻武藝、習兵書，意將請纓爲係倭計。年十八肄業，舉茂才。景泰庚午（1450）登賢書，授全州同知，旋擢福建泉州郡守。時閩中倭寇甚熾，勢欲犯城，城中文武皆股栗。（黃）信獨奮長策爲堅守具，拔健卒數十從間道趨擊。倭潰，俘馘甚多。既奏功，爲當途所妒，竟沉抑，解組歸里。」〔註41〕有功不錄不獎反而「以他故置之重罰」，或「爲當途所妒」，如此「當途」，腐敗已極；難怪有時候在抗倭鬥爭中，士氣不高，畏敵如虎！

〔註41〕《民國石城縣志》卷7《人物下‧列傳》，第519頁。

六、清前期雷州地區官民捐資辦學及重學之風

摘　要

　　清前期，雷州地區的官學教育是在「爛攤子」的基礎上重新振興起來的。在官府缺乏資金支持興學的背景下，雷州地區的官民踴躍捐資辦學，民間重學成風。官學教育的持續發展，不僅為國家、社會培養了大批的政治、文教人才，同時也實現了移風易俗，還推動了雷州地方文教事業的發展。

關鍵詞：清前期；雷州地區；官學教育

清代雷州籍名臣陳瑸曾說：「國家之治莫先於教化。教化之行要本於學宮。學宮者，所以培植人才以待國家之用者也。」〔註1〕學校教育不僅是人才培養的重要途徑，同時也是傳播統治階級所需要的意識形態的主要場所，是移風易俗，維持社會穩定的重要依靠。因此，歷代有見識的各級統治者都重視教育事業的發展，大力興辦學校，聘用師儒，招徒講學，並將地方教育事業的發展狀況與地方官員的政績、仕途相掛鉤。雷州地處祖國大陸的最南端，在歷史上是文化、教育落後之區。但從宋代開始，朝廷為加強對邊疆的封建統治，除了在政治上、軍事上付諸努力外，還在教育上下了工夫，府學、縣學、書院甚至啟蒙教育同時並起。教育事業的發展，對於改變雷州地區的落後面貌，起了重要的作用。元、明、清幾代，雷州地區的教育事業都得到了較大的發展。本文擬以《嘉慶雷州府志》為主要依據，同時參考其它相關檔案資料，對清前期雷州地區官民捐資辦學、助學現象進行考察，對於此時期官學教育的興起及其影響等問題作一初步探討。

一、清前期雷州地區官民捐資辦學及重學之風

清代，雷州地區的官學教育是在「爛攤子」的基礎上重新振興起來的。

明、清易代之際，雷州與全國各地一樣，經歷了一個長期的動蕩時期：先是民眾的抗清鬥爭，後是地方不法之徒的作亂。社會動蕩不僅使封建統治難以確立，民眾生產、生活無法正常進行，士人成為社會動亂的犧牲品，學校教育也處於停廢狀態。據《嘉慶雷州府志》卷十《名宦志·趙永祚傳》載，清初，迭經多次動亂之後，雷州地區教育幾近一蹶不振：「時雷郡連年兵荒，自順治丁亥（1647）迄丁酉（1657），民匿山谷，弦誦者少，四學（按：指雷州府學及所屬遂溪、海康、徐聞三縣儒學）諸生合計僅百人。巡按張純熙至，（趙）永祚繪流亡圖以進。張（純熙）出示招徠，士童畢集。三邑（縣）共得文藝稍通者二百人，收錄送學。雷（州）自是始有弟子員。」雷州官學教育從此起步。

但總觀清前期雷州官學教育的發展，可以發現，其間充滿了波折，府學、縣學、書院教育，屢興屢廢。造成這種狀況，既有自然方面的原因，因為雷州近海，地處熱帶，高溫多雨，颶風頻發，校舍學堂易受摧毀；也有社會方面的原因，如此起彼伏的叛亂等。然而，無論道路多麼坎坷，多麼艱難，清

〔註1〕《嘉慶海康縣志》卷8，《藝文志·邑人陳瑸重修學宮記》。

代雷州的官辦學校教育還是迎難而進，並取得了可喜的成效。究其原因，筆者認爲主要有以下兩個方面。

（一）在百廢待興，地方財政艱難的時刻，地方官紳士民踊躍捐資助學

雷州受地理環境的影響，颶風暴雨多，校舍易受摧毀損壞，故需屢壞屢修；每次修葺或興建，又費用巨大，而府、縣又由於財政拮据，無（或缺少）公帑可撥付支用。因此，府學、縣儒學的多次維修興建，都是依靠官員捐俸，尤其是地方紳商士民捐資、出力。沒有地方紳民的慷慨捐資捐田助學，雷州地區學校教育的發展是難以想像的。披覽《嘉慶雷州府志》，可見清前期雷州紳民捐資助學的記錄俯拾即是。以下輒舉數例以見之。

雷州府學始建於宋慶曆四年（1044），爲彙聚一府三縣彥俊培育造就之所，受到地方官府的重視。但府學的興建和維修，除依靠官帑支持外，官紳士民的捐資也常常成爲府學教育得以維持的條件之一。如，雍正九年（1731），重建府學魁星閣：「閣久圮，教授周鳳來倡諸生捐銀，知府葉思華詳（舊時的一種公文，下級官員對上級的報告）於學使重建」〔註2〕。

清康熙二十五年（1686），海康縣儒學學宮連年遭颶風摧毀，知縣鄭俊「倡捐重修」；四十三年（1704），「知縣南君璋、教諭黎之綱、訓導潘珪合紳士捐修，凡殿廡、橋門、泮澤以次修葺」；乾隆十五年（1750）重修縣學學宮，「附貢生淩光彬撤（舊）而修之，費銀八千餘兩，其弟光□督其成」，此次重修學宮由附貢生淩光彬兄弟主持，費用八千餘兩大約亦由其兄弟捐獻〔註3〕。

康熙二十二年（1683），遂溪知縣宋國用見縣儒學破敗，決定修葺。鑒於無公帑可撥，他只得倡議大小官員捐助。倡議發出後，雷州紳商士民踊躍捐輸，「諸如鱣堂（講學之所）宿儒、尉巡屬員以暨紳士，莫不相助以從」。這次縣儒學的修治，經始於1684年冬，落成於1685年夏，歷時半年。儀戟門、欞星門是在原構基礎上重葺；而啓聖祠兩廡、名宦祠、鄉賢祠、齋舍則爲新創。「是役也，無糜公帑，無傷民財」〔註4〕。一些有較雄厚經濟實力者，還慷慨地向學校捐田，以田租收入充師生教學、科舉之資。志載「遂溪文昌閣，原有邑紳士捐置下橋之田，載租二百九十八石，永爲通邑科舉之資」。由於有

〔註2〕《嘉慶雷州府志》卷6，《學校志》。
〔註3〕《嘉慶雷州府志》卷6，《學校志》。
〔註4〕《嘉慶雷州府志》卷18，《藝文志·知縣宋國用重修遂溪學宮記》。

「將田所出，以助行囊」的經濟支持，一些貧窮士人再也無須爲科舉考試時須千里迢迢赴省趕考資糧難籌而犯愁。因此，「賓興（鄉試）之年，人人踴躍」。難怪章廷樺縣令會發出「行看遂邑（溪）科名日顯日盛，洵美舉也」的慨歎了〔註5〕。

徐聞縣儒學的復興也是地方紳民捐資而完成的。徐聞縣儒學始建於宋，有悠久的歷史。乾隆年間縣儒學「歲久將圮」。縣學學諭鍾懋亭「懼鼓篋之道（按：指教學）寢」，乃與同僚羅峭岩等「集紳耆謀重建之。申諸守土之吏，守土之吏達之諸大吏，得報可。遂籌百費，召匠而經營之。因其故址而或前焉，或卻焉，或左焉，或右焉。卑者欲其崇也，狹者欲其廣也，規模欲其宏廠，體貌欲其尊嚴也，材欲其美，而工欲其良也」。這次縣儒學的重修，始自乾隆五十四年（1789年）五月，次年竣工。重建工程所需資金，全爲地方紳耆捐資，「首倡者爲何起、韓君暨闔邑紳士、耆老」，共費白金五千餘兩〔註6〕。

雷陽書院是明末崇禎九年（1636）知府朱敬衡建於城西門外天寧寺懷蘇堂北；雍正年間移建至城內南隅之高樹嶺；乾隆十一年（1746），知府黃錚倡捐重建，「增廣舊制」；後又「捐俸購經、史、子、集各書共五千餘卷貯於博文齋」以供生徒習學；嘉慶五年（1800），知府五泰又「合紳士捐修」，經修葺，「楹棟材新，門牆基固，房舍六十餘間，几席畢具，亦壯觀也」；嘉慶九年（1804），府同知永僑寓不知何故，縱容家人毀壞書院設施，「至十一年，吳承紹捐金市材」重新修復〔註7〕。

當然，在清前期雷州學校的修復過程中，有時候也會遭遇到無人願意捐資，維修之費無法籌集的尷尬局面。但這並非雷州紳民對教育不重視，吝嗇財物，而是另有原因。例如，乾隆末年，徐錫智蒞任海康知縣，見縣學文廟破落不修，問地方紳士何以致此？答曰：「廟之圮也有年矣。邑（縣）地褊小，官既無力爲此，而邑人士亦無肯襄（助）其事者，是以屢行捐修，迄無成效，遷延棄廢以至於今。」徐錫智認爲這不合理。他說，民間對祭祀之事尚且熱心，不惜鬻田產質簪珥，豈有對造就人才的學校教育反而不予支持的？紳民不願意捐資，一定另有原因。經調查，他終於找到了問題的癥結：原來，過去紳民捐資修建學宮，從程序上說，是地方紳士將籌集到的資金交給地方官

〔註5〕《嘉慶雷州府志》卷18，《藝文志·遂溪縣知縣章廷樺立文昌閣科舉資田租記》。
〔註6〕《嘉慶雷州府志》卷18，《藝文志·郡人陳昌齊徐聞儒學碑記》。
〔註7〕《嘉慶雷州府志》卷6，《學校志》。

府，官府計算工程將資金交付胥吏，胥吏再將資金交付工匠。如此層層轉交，中間難免會出現貪污捐款現象，以至「一石之貲，僅購一磚矣」，因此，「誰復肯以勤苦之財供無益之費哉！」有鑒於此，徐錫智改變了辦法，從諸生中選擇廉潔、信得過者數人，「分派職守，銀不許入（官）署，吏不許與事」，並且帶頭「捐廉俸以充」。結果，「都人士皆梃（捐助）焉」。書院並有義田七百餘畝，歲納租近千石，爲書院膏火之資。所謂「義田」，即地方紳民捐獻給書院之田。

（二）雷州地區敬教重學之風，對清前期雷州官學的發展也起到了重要的推動作用

雷州自宋代開始，學校教育興起，歷元、明，幾百年的學校教育不僅使許多雷州人掌握了文化知識，還使許多雷州人士通過科舉考試晉身仕途，提高了社會地位。因此，早在明代，雷州已形成重視教育的社會氛圍。萬曆《雷州府志》卷五《風俗志》謂：「國（明）初，風教遠迄雷（州）。是時，人物最盛，蟬聯纓組（官宦），軼（超越）於他郡。……科第亦起，不絕庠序（學校），（民）知向學，秉禮義。」即使是雷州三縣中經濟文化相對落後的徐聞縣，也是「子弟競於學，有鄒魯風」。清朝建立後，不僅推行「興文教，崇經術」的文教政策，而且「以科舉爲掄才大典」，建立起了完備的科舉考試制度，其中包括舉人「大挑」制度，即只要通過鄉試（省試），即使在會試不能及第，考取不了進士，亦可入仕，任縣令等品級相對低一些的官職或任府、縣學教官。「清初定：舉人會試下第後，願就選者，考授推官、知縣、通判等官」；「其下第舉子中，有年力才具可以及時錄用者，特予格外加恩，揀選引見，分別以知縣試用，教職銓選，俾得早列仕版。」〔註8〕科舉制度使一大批原處社會底層，家境貧寒的布衣子弟通過讀書、科舉而釋褐入仕，在朝廷或地方任官職，光宗耀祖，鄉里刮目。因此，明、清時期，在雷州，敬教重學已成爲一種社會風氣，「萬般皆下品，唯有讀書高」思想已銘刻於眾多雷州人士心中。這種敬教重學之風表現在許多方面：

一是許多貧困人家也克服重重困難，將其子弟送入學校接受教育。

如，清代雷州籍名臣陳瑸通籍前也是家貧，「（陳）瑸故貧，（吳）馬期教而兼養，迄于大成」；吳廷魁，海康人，府學增生，「家貧，惟以筆耕餬口」；

〔註8〕馬鏞：《清代的舉人大挑制度》，載《歷史檔案》，2011年第1期。

海康廩生鄧可選，「少孤，母石氏守節撫之。家什蕭然，忍饑誦讀，朝夕往來鄉塾。……應鄉試，攜魚鮺（乾）一具以供膳。食之美，因留一半歸以遺母，時號『魚鮺生』」；李林恢，遂溪人，乾隆辛酉舉人，「家故貧，然有饋遺輒辭不受」；彭翰魁，遂溪人，海康籍，歲貢生，「家貧不具饘粥，欣如也。」〔註9〕再如李實發，遂溪人，應乾隆癸酉科鄉薦，「自少家貧力學」〔註10〕。

　　二是雷州人敬重有讀書志向或有教育潛質的年青人，即使非親非故，若遇困難，亦願意資助他們讀書成才。

　　上述吳馬期「教而兼養」貧困學子陳瑛，使其「迄于大成」即為一例。陳瑛還得到了譚宏略的資助。志載：譚宏略，海康人、貢生，「生平輕財樂施」。陳瑛的「一切讀書應試之資皆其佽助（幫助）」。又如吳世璉，徐聞人，監生，「性敦篤，仗義疏財，尤好引獎士類。邑有蔡如璧、程書成，少穎悟，力不能讀。世璉延師教子，招之同學，仍時時周恤其家。二人卒成歲貢。」〔註11〕再如徐聞人吳昭寰，志載：「國初，徐（聞）地未靖，知學者少，（吳昭寰）乃建校延師，招徠多士。凡有艱（於）膏火者皆力為任。其猶德之者如歲貢黃方中、廩生吳國棟、庠士王國宗，少好學，貧無資，因供膏火，給衣食，且為營娶完室，各給田十畝贍之。三子（人）卒以文學顯，皆（吳昭）寰栽培力也。」〔註12〕如前所述，一些家境較殷實者向學校捐資、捐田，以作為學校維修之資及生徒膏火、科舉之資，也是雷州人對教育重視的體現。

　　三是讀書被不少雷州人視為擺脫困境的捷經，這成了他們矢志求學的潛在而強勁的內推力。一個典型的事例是徐聞海安北關人李志浩的發奮讀書成才。志載，李志浩十八歲時，其父被奸吏誣陷，以偷漏賦稅為名拘赴海安所。李志浩以身代父受刑。此事刺激了他，讓他認識到，要改變受屈辱受欺凌的地位，唯有通過讀書，奮發有為。他「遂矢志讀書。海安營守備張安邦憫其困，給予月米，又喜其相貌魁梧有力，令文武兼習。是科果冠武童子軍。（李志）浩志益勵，手不釋卷，往瓊（海南），與張日旼同遊進士謝寶之門。（謝）寶嘗極稱之。以康熙丁酉武舉中雍正癸卯恩科進士。」〔註13〕正所謂「有志者，事竟成」。清代，雷州這樣的有志者還有很多。

〔註9〕　《嘉慶雷州府志》卷16，《人物志》。
〔註10〕　《道光遂溪縣志》卷9，《列傳》。
〔註11〕　《嘉慶雷州府志》卷16，《人物志》。
〔註12〕　《道光遂溪縣志》卷13，《人物志》。
〔註13〕　《宣統徐聞縣志》卷16，《人物志》。

雷州人對教育的重視，從他們為子弟取名上也可看出一斑。他們多愛為子弟取一些蘊含著教育意味之字、詞為名，換言之，希望其子弟通過接受教育而養成良好品德或傑出才能，或取得仕途，如「士奇」、「國相」、「德佳」、「名儒」、「官傑」、「世則」等；「魁」是「為首」、「第一」之意，又指魁星，北斗星中第一星，因而，雷州學人中多有以「魁」為名者，如彭翰魁、吳廷魁、林魁春等，表明其父母期望子弟通過讀書受教育而成為人中豪傑。

二、清前期雷州官學教育發展之意義

清前期，雷州官學教育的持續發展，其意義是顯而易見的，不僅為國家為社會培養了大批政治、文教人才，同時也實現了移風易俗，還推動了雷州地方文教事業的發展。

第一，為國家為社會培養了大批政治、文教人才，尤其是造就了一批雷州籍清官。

通過府、縣儒學及書院的教學，一批雷州籍士子得以造就成才。這一點，只要翻翻府志、縣志的「選舉志」即可概見。正如《嘉慶雷州府志》卷十五《選舉志》所云：「雷（州）雖偏在天末，然列薦牘、登賢版者，代固多人」。他們或通過科舉考試，晉身仕途，成為朝廷或地方官；或通過各種形式的薦辟，任教於異地他鄉，為國家的治理，為社會的教化，作出了重要的貢獻。

第二，通過官學教育，生員的率先示範，推動雷州地區形成了重倫理、興義舉的社會風氣。

明代，雷州還是一個「俗尚樸野」、風俗較落後的地區，以「愚」、「粗」、「戾」和「野」而著稱。《萬曆雷州府志·民俗志》載：「若夫一種椎魯之人，硜執己性，化導不得，其失也愚；胸眼窄小，微利即沾沾喜，微害即嘈嘈怨，官府小不當，街譚（談）巷說而無所諱，其失也粗；鄉曲細民一言詬誶（責罵），輒至捐生，其失也戾（乖張、猛烈）；婺婦育女，並肩市衢，鬻飯鬻榔，媒淫啟奸，其失也野。」可見其時雷州人封建倫理觀念還較薄弱，人們多見利忘義，人際關係較緊張。為改變這種狀況，緩和社會矛盾，清代統治者極力鼓吹「五倫」，倡導義舉。所謂「五倫」，即各種人際之間的關係，為人應遵守的原則，包括君臣、父子、夫婦、兄弟、朋友等。忠、孝、貞、悌、信等便成為「五倫」的重要行為準則。「五倫」成為清代各級官學教學的主要內容。明倫堂是官學中的主要建築，已鮮明地揭示了官學教育的宗旨就是「明

倫」。康熙三十九年（1700），朝廷向直省學校頒佈《聖諭十六條》，其中第一條就是「敦孝弟（悌）以重人倫」，將倫理道德的教育放在官學教育的頭等重要地位〔註14〕。清代雷州籍官員、學者陳昌齊在《與雷陽書院諸生論實學書》中，開宗明義就說：「學以道爲歸，學道以聖人爲則。道惡乎在？五倫是已。聖人惡乎長？人倫之至是已」；又說：「試思天壤間，君臣、父子、夫婦、兄弟、朋友而外更有何？人類親、義、序、別、信而外更有何理境乎？聖人而在上位莫盛於堯舜，堯舜之道捨孝、弟（悌）又將何屬乎？聖人而在下位莫盛於孔子，孔子之道捨子、臣、弟、友又將何求乎？」〔註15〕孝、廉不僅是清代官學教育的宗旨，而且成爲衡量教官賢否的重要條件。雷陽書院就規定「必孝廉以上方可主講」。通過官學教育，生徒思想意識深受倫常觀念浸染，並表現於行動中，成了踐行「五倫」的典範。

受官學生徒重倫理觀念及風範的影響，雷州社會中，無論是軍隊兵弁，還是普通平民，都不免「見賢思齊」。

第三，推動了雷州地區文教事業的發展。

在官學中學成的雷州士人，他們或在學習期間，或在致仕之後，積極熱情地投身於招徒講學的神聖事業中，使許多無緣進入府、縣之學或書院接受教育的年青人獲得了受教育的機會。

此外，官學教育使用「中土正音」，對於雷州人學習「正音」，便利與內地人士的交往也創造了條件。《道光遂溪縣志·流寓志》載：「遂溪話語皆習鄉談，惟讀書則與中土正音相近，聽之曬曬可晰，與說話迥殊，詢厥所由，僉（全，都）稱昔寇萊公（寇準）寓此，親爲口授，後來教者循習，遞傳至今不改。」其實，不僅是遂溪一邑，整個雷州地區，情況亦然。

綜上所述，明末清初長期的戰亂及寇盜作亂，使宋、元、明以來較爲發達的雷州的教育事業幾乎遭遇滅頂之災。學校斷垣敗瓦，師儒、生徒逃散。蒞雷（州）的地方官，從知府、同知，到縣令、教諭，無不以復興地方學校教育爲己任。儘管社會未得安寧，儘管百廢待興，地方政府財政困難，然而，通過官員的慷慨捐俸，帶動雷州廣大紳民踴躍捐資，使破敗的府、縣儒學及書院一次次得以修復，使逃散的生徒得以重新聚集，使官學教育得以如風浪

〔註14〕（清）張廷玉等：《清朝文獻通考》卷69，《學校考七》。杭州：浙江古籍出版社，2000年。
〔註15〕《嘉慶雷州府志》卷18，《藝文志·郡人陳昌齊與雷陽書院諸生論實學書》。

上之舟，雖顛簸，卻畢竟持續向前邁進。官學的發展，不僅爲國家爲社會培養造就了一批雷州籍的政治、文教人才，而且通過官學生徒的模範作用，推動了清代雷州社會形成重倫理、興義舉的社會風尚，還促進了雷州文化教育事業的發展，改變了雷州自古以來的落後、蠻荒的面貌。清代，雷州已成爲文化昌明之區。《道光遂溪縣志》卷三《學校志》云：「遂（溪）雖邊隅，而士皆向學，與鄒魯同風矣」。即使是雷州三縣中文教相對最爲落後的徐聞一邑，社會面貌也已大爲改觀，正如《宣統徐聞縣志》卷二《沿革志》序言所云：「禮樂炳麟，蠻花犵鳥之區，悉成人物衣冠之藪……風俗醇懿，幾與中州肩袂矣」。可以說，清代雷州社會歷史的變遷，官學教育的發展是其中重要的推動力之一。

七、明清時期粵西地區列女群體的考察研究

摘　要

　　明清時期，粵西地區湧現出了大量的「列女」，其來源主要有以下途徑：遭遇動亂或強暴，堅貞不屈，視死如歸；夫死而殉，夫死守寡等。「列女」除了要面對生活壓力，還得面對各種挑戰，如面對與族人的利益爭奪；肩負埋葬先人的重負等。在「男主外，女主內」的封建時代，女性一旦遭遇夫逝守寡，又局限於家庭小天地範圍之內，謀生的手段就極有限，主要有以下幾種：紡織、典賣衣物、採樵、採桑、取給外家、宗族或親人饋贈、受雇傭作、官紳資助及其它收入。明清時期，粵西地區「列女」大量湧現，是由主、客觀方面原因造成的。客觀原因是明清時期粵西地區社會治安不寧，動亂頻發；主觀方面的因素包括：（一）統治者的極力鼓吹宣揚；（二）官員、文人士大夫對於地方列女的表彰、頌揚；（三）法官判案明顯向列女「傾斜」，以此激勵女性「見賢思齊」；（四）地方鄉紳倡建貞節牌坊及節孝祠的激勵；（五）報應思想的灌輸；（六）親人的影響。封建王朝對於「貞節」的極力倡導，使貞節觀念深入女性人心。這雖有維持家庭、社會安定的作用，但其消極影響也是很顯然的。

關鍵詞：明清時期；粵西地區；烈女；節婦

封建時代，男尊女卑。在正史中，女性常常成為被遺忘的角落。然而，在方志中，志家卻專關了「列女傳」，騰出大量篇幅記錄地方女性的「貞」、「烈」事跡，形成了一道獨特的「風景」。明清時期，粵西地區就湧現出了大量的「列女」。這些「列女」是如何出現的？她們在「守節」過程中依靠什麼維持生計？何以明清時期粵西地區「列女」大量湧現？這些都是值得思考，然而卻迄今未見學者專題探研的問題。筆者不揣淺陋，試對此問題作初步的探究。

一、明清時期粵西地區列女群體的來源

總觀明清時期粵西地區列女群體，其來源主要有以下幾種途徑：

（一）遭遇動亂或強暴，堅貞不屈，視死如歸

動亂發生，社會失去秩序，人便生命難保，更無論女性貞操。而在封建時代，受統治階級貞節道德的教育，眾多婦女把貞節看得比生命更重要。因此，當動亂發生，貞節難保之時，不少婦女選擇自盡，以此保持自己的節操。

如明代陽江縣「鄭女，平地（村）鄭念雲之女也。嘉靖中，女年及笄，遭賊破寨，乘之以馬，投地幾斃。賊負之而走。女痛詈其背，義不受辱，罵賊而死。」〔註1〕「參將范德榮妾陳氏，隆慶元年（1572），倭寇破（電白縣）城，舉家逃避。陳（氏）獨懷刀抱幼子藏夾牆中。倭破牆逼之出，即引刀自刎死。」「庠生鄭吾喬妻任氏，萬州學正任家正女，年二十四而寡，苦節撫孤，一子作霖，甫四齡，任（氏）性端敏，訓子義方，有軻、陵二母之風。作霖遵母訓，以孝聞，長登鄉薦。後任（氏）年五旬，遇（亂）兵被執，伏劍而死，蓋節而烈者也。」明代電白縣「崔廷輔聘妻（未婚妻）王氏，名世貞，王祖孫女，未歸（嫁）。正德十二年（1517），西山瑤賊流劫，世貞被執。（瑤）賊豔其色，欲污之。世貞呼天大慟，以頭觸地，流血被面，不從。眾皆泣下。至晚渡江，投水而死。」〔註2〕

清初，粵西地區亦是動亂頻生，亦湧現出不少「列女」。如「陳女阿醜，乃生員宗大之女，年十七受胡（氏）聘而夫死。阿帶，其從妹也，年十六，未聘，俱有志操。順治十三年（1656）冬，李常榮劫磨柞村。兩女被掠舟中，義不受辱，潛解足帛聯繫赴水死，越數日浮出，面色如生。父母葬於雙貴沙

〔註1〕《康熙陽江縣志》卷3《人物‧列女》，第94頁。
〔註2〕《光緒重修電白縣志》卷20《人物‧列女》，第202頁。

岸。」〔註3〕余麟正妻黃氏，信宜籍，恩貢黃裳女。清初順治庚寅（1650），李明忠起兵。「亂兵擄（黃氏）並其二子，欲（奸）污（黃）氏。（黃氏）以死誓，願乞一刀。賊示威脅之，殺其仲子阿林，曰：『若不從，視此！』（黃氏）堅拒。又奪其幼子阿四殺之。（黃）氏罵不絕口，遂遇害於周村坡。」〔註4〕清初茂名列女「鄧象升妻康氏，康熙庚申（1680），海寇洗大鼻劫（吳川）梅菉，（康）氏恐被（姦）污，負幼女投河，時年二十五」；茂名「楊珮妻陳氏，年二十五守節，一子捷文，再撫夫兄子（楊）之翰，教之成立，俱爲邑（縣學）諸生。五十七歲遇賊劫，被傷殞」。陳氏大約是在動亂中，因爲不屈於「賊」的淫威而被「傷殞」的。〔註5〕清代烈婦陳佳韻妻黃氏，「幼機警，以禮律身。夫抵廉（州），命（黃）氏旋（回）石（城）。舟遇海寇，（海寇）將逼（奸黃）氏。（黃）氏抱幼子囑婢曰：『吾累世書香，不可辱。汝善視此子以報吾夫，吾無憾矣！』婢方勸解，瞬息間已赴水死。越數日，屍逐潮上，迴旋不去。廉（州）人異之。其子求得之，顏色如生。」〔註6〕

　　尤其是近代鴉片戰爭爆發後，中國社會性質發生巨變。外國帝國主義侵略勢力接踵而來，國內反抗鬥爭亦乘機而起，清朝封建統治已陷於危機之中。在此起彼伏的動亂中，女性尤其成爲受害者，不甘忍辱者常常一死了之。《民國陽江縣志》卷33《人物志四・列傳・列女・清》就多有這方面的記載。如，「雷氏，沙岡陳髮妻，年二十九而寡，貞靜自守，咸豐七年（1857）爲賊所掠，欲（姦）污之。（雷氏）力抗不辱而死」；「劉氏，鳳山高英華妻，年十九于歸（出嫁），咸豐十一年（1861）猝與賊遇，不辱而死」；「劉氏，沙朗楊乾妻，年十八于歸，二十九而寡。同治二年（1863），賊至，劉不及避，義不受辱而死。同時何氏，上洋姚觀程妻，痛其夫見殺於賊，哭罵，不屈而死。又蔡氏，儒垌陳文炳妻，早時孀守，見賊追近，恐被掠辱，負其幼子曾元投水死。又劉氏，倉面駱開谷妻，爲賊窮追，堅拒不辱而死。」〔註7〕

　　在「殉節」、「殉夫」的節婦中，明代電白縣人張寅之妻范宜人及清代茂名人江濤之妻陳氏的事跡最感人，其死最壯烈。方志記載：「范宜人，指揮張寅妻也。永樂間（1403～1435），交趾（今廣西南部、越南北部）亂，（張）

〔註3〕《光緒重修電白縣志》卷20《人物・列女》，第202頁。
〔註4〕《光緒茂名縣志》卷74《人物志第五之下・列女・國朝》，第262頁。
〔註5〕《光緒茂名縣志》卷7《人物志第五之下・列女・國朝》，第264頁。
〔註6〕《民國石城縣志》卷7《人物志・列女》，第528頁。
〔註7〕《民國陽江縣志》卷33《人物志四・列傳・列女・清》，第543頁。

寅奉命守石康城（今廣西合浦縣東北石康）。寇至禦之，敗績。訛傳（張）寅死。妾（范宜人）聞之，率家眾赴賊陣，奮擊，勢不支，奔入幽林而死。後賊平，（張）寅尋之彌月始得見。（范）氏坐斃於大樹下，面色如生，歸葬於馬場洞。」〔註8〕「江濤妻陳氏，（陳）緯文女。（江）濤爲貴州長壩營守備，駐冊亨，攝游擊永豐。（清）嘉慶二年（1797），南籠府（治所即今貴州安龍縣）狆（又作「仲」，西南少數民族之一，今布依族之舊稱）苗亂，攻圍冊亨。（陳）氏年四十八，與其六子一女一婢皆在。長子（名）其伯、次子其紹俱未弱冠，戮力守禦，與賊相持四十餘日，城陷死。或勸（陳）氏與諸子出奔。（陳）氏曰：『吾夫有祿於國，我當以死守此！』遂與子其明、其裕、其傑、其立、女閨成、婢蕭氏，俱遇害。」〔註9〕

當然，亦有堅守貞節而得以死裏逃生者。如：「盧氏女，通判（盧）鉞妹也。年十四，遇賊被執。聞賊有戲言即觸石流血，絕口不食。賊憐而捨之。後適（嫁）生員張寧，年三十三孀居無玷，壽逾八十。」〔註10〕這是動亂時世，婦女遇上還有點「仁慈」心腸的「賊」而得以死裏逃生的一例。這樣的事例當然僅是個案，極罕見。即使是「太平」時世，姦淫之事亦難以避免。弱質女子當遭遇強暴，無力抵抗，選擇死亡，是部分貞節觀念強烈的女性的通常選擇。如清代茂名縣人「梁輝祖妻程氏，遇強暴逼姦，弗爲所污，羞忿自縊。」〔註11〕茂名「林仕富妻梁氏、曾清從妻黃氏，皆猝遭姦暴，不辱其身。梁（氏）投繯死；黃（氏）投河死。」〔註12〕

在男尊女卑的封建時代，女性備受歧視，因而受欺侮受凌辱之事難免發生。令人唏噓的是，一些女性不能忍辱，一遇男性調戲即以死了之。這在今天看來愚昧至極，而在明清時期則被作爲「榜樣」而記載於方志中。如「曾氏，潮表（村）余康成妻，年二十九，道光四年（1824）爲人調戲，不辱自盡。又，周氏，瀕岸（村）黃啓光妻，年二十二，道光六年（1826）爲人調戲，羞憤自盡。」又，「莊氏，外田寮岑阿辛妻，年十八，貧爲人傭。道光十一年（1831）被工人調戲，不（甘受）辱，憤而自盡。」還有「陳氏，高地（村）利啓文妻，道光二十四年（1844），年二十五被狂（通「誑」，欺騙）

〔註8〕 《光緒電白縣志》卷30《紀述六・雜錄》，第314頁。
〔註9〕 《光緒茂名縣志》卷7《人物志第五之下・列女・國朝》，第266頁。
〔註10〕 《光緒茂名縣志》卷7《人物志第五之下・列女・明》，第262頁。
〔註11〕 《光緒茂名縣志》卷7《人物志第五之下・列女・清》，第264頁。
〔註12〕 《光緒茂名縣志》卷7《人物志第五之下・列女・清》，第271頁。

且調戲，不（甘受）辱，亦羞憤自盡。」〔註13〕

一些女性即使並非遭遇無法抗拒的強暴（姦），只是遭遇諸如逼嫁之類的壓力，亦輕易以死「明志」。如清代電白縣「盧文臣妻鄭氏，鄭成女，年十四于歸（出嫁）。文臣貌短（矮）醜，家徒四壁。鄭（氏）美而賢，與夫琴瑟甚敦，日勤女工，備饔（早飯）飱（晚飯），與姑（婆婆）拾遺穗以度活，晏如也。有族惡（同族中品德惡劣者）某勸其姑（改）嫁鄭（氏），冀得貲分。姑不允。某使（人）諷（說服）鄭（氏）。鄭勃然曰：『烈女不事二夫，有矢死靡他耳！』某恃強欺（盧）文臣孤弱，竟陰主婚，將鄭（氏）嫁近村林氏，昏夜肩輿登門奪鄭（氏）去。鄭至林家，披髮哀號，三日不食，遂縊而死，年二十有二。」〔註14〕

當動亂發生，厄運降臨，女性無力保持自身「清白」，以死明志，尚情有可原；然而，在明清時期，有部分女性，視「從一而終」為天經地義，視再嫁為奇恥大辱，寧死而不願改嫁，亦被封建統治階級稱作「烈女」，大加贊許，並詳記其事跡於方志中。這典型地體現了封建禮教的「吃人」本質。如清代吳川縣「林福昭聘妻陳騫姊，乾塘監生陳熙謨女，年十九，將于歸（出嫁）而夫故，陳（騫姊）遂絕粒。父母允其歸林（出嫁至林家），乃進食。久之，有議婚者至，女（陳騫姊）聞，自經（上弔）死。」〔註15〕

（二）夫死而殉，夫死守寡

在封建時代，男人（丈夫）是婦女倚靠的支柱；一旦丈夫遭遇不幸，妻子常常選擇自盡，以訣別人世。這其中，亦有因為獲得錯誤信息或誤會而毅然赴死者。這是封建時代「烈女」的主要來源。

其中，有不少是因為丈夫（或未婚夫）病逝而「殉夫」的。這樣的女性在封建時代被稱作「烈女」。如：「周耀庚聘（未婚）妻杜氏，赤坎（村）杜邦美女，幼字（訂婚）麻水（村）生員周應熊之子（周）耀庚。（周耀庚）病故，杜（氏）悲慟絕粒，跪求父母以衰絰奔喪，不獲命，餌石綠（服毒），氣未絕，咬舌而卒，年十九。時光緒十三年（1887）十月二十日也。周家聞知，迎柩歸葬。」〔註16〕清代石城縣（今廉江市）黃廷昌妻陳氏，「年十九夫故。

〔註13〕《民國陽江縣志》卷33《人物志四・列傳・列女・清》，第533頁。
〔註14〕《光緒電白縣志》卷20《人物志五・列女》，第205頁。
〔註15〕《光緒吳川縣志》卷8《人物下・列女・國朝》，第327頁。
〔註16〕《光緒吳川縣志》卷8《人物下・列女・國朝》，第339頁。

夫病，（陳氏）謹奉湯藥；及夫卒，悲痛成服，親就殯殮，移時自縊以殉」；朱蕃妻楊氏，「監生（朱）啓韓媳，年二十五夫故，無子，慟哭。越數日，自盡。」〔註17〕此類因夫死而隨殉的記載在方志中俯拾即是。

這些「烈婦」殉夫的意志許多是很堅定，無法阻攔的，即使家人防備嚴密而屢屢未能如願，一旦時日推移，親人防備稍有鬆懈，即毅然奔向死亡。彷彿除了死亡，再沒有更好的選擇了。如明代電白縣「楊國柱妻蔡氏，于歸（出嫁）兩月而國柱死。蔡（氏）日夜哭不絕聲，自經者數（多次），咸（都因爲）母救而蘇。乃陽（假裝）爲不死，密製殮服。及父母歸，防者稍懈，竟縊而死。」同爲明代電白縣人的「吳士儀妻李氏，教授李一鼇女，年十九。（吳）士儀病且死，目視李（氏），屬（囑）令善事後人。李（氏）哭曰：『此身誓不歷二庭。君倘不諱（病死），惟以死殉耳！』士儀卒，李（氏）即閉戶自縊。家人覺之，升（爬）屋下救，復蘇。不食數日，日齧舌，血流滿面而死。部使者旌其墓，知府吳國倫以詩弔之。」〔註18〕

由於官方的倡揚，殉夫成爲「貞烈」的表現，受到表彰、頌揚，以致一些女性將殉夫視爲無尙「榮光」之事，以致有丈夫尙在彌留之際，而妻子就搶先一步，先夫而死者。如志載：「儒士邵榜妻楊氏，監生楊英苑女，年二十歸（嫁邵）榜，事嫡姑及所生姑克盡婦職，甚得歡心。（邵）榜病，日夜扶持。知不可爲，陰市毒藥服之，奔告家人，託以養姑及幼子。女家人見其色異，急救之不得。楊（氏）轉（反而）先夫數刻而殞，雙棺並列，聞者哀之。」〔註19〕

封建時代，男女婚姻缺乏感情基礎，多是奉「父母之命，媒妁之言」而結合，出現牴觸情緒自然難免。然而，在某些女性看來，得不到「丈夫」的接納無異於奇恥大辱，與夫死同，悲觀絕望，竟然選擇一死了之。明代陽江縣馬恭姐即爲典型一例。

據方志記載：馬恭姐，三歲時祖父爲她「締盟」於鄰居林凝之之子林昂。爲了資助林昂讀書仕進，馬家「至割屋館之，甚相得也」。馬恭姐自幼聰明，祖父教授其兄讀書，馬恭姐在旁傾聽，耳熟能詳。不久，祖父去世，馬恭姐之兄又遇覆舟溺水身亡，家道遂至中落。姑嫂相依爲命，晨昏悲泣，境況悽

〔註17〕《民國石城縣志》卷74《人物志下‧列女》，第530頁。
〔註18〕《光緒重修電白縣志》卷20《人物五‧列女》，第202頁。
〔註19〕《光緒重修電白縣志》卷20《人物五‧列女》，第204頁。

－143－

楚。馬恭姐十有七歲時，未婚夫林昂遊泮（縣學）攻讀。馬恭姐以為一旦林昂學有所成，科舉及第，得一官半職，衰落的家境又可望得以振興。不料林昂父子都是見利忘義、嫌貧愛富之人。林昂之父一方面散佈馬恭姐的流言蜚語以中傷之，另一方面為其子林昂另聘富有人家之女而將馬恭姐逐出家門。馬恭姐悲泣欲絕，感動路人；而林昂卻不為所動。正當此時，郡司馬黃一中到縣儒學視察教育，縣學生徒向黃一中反映林昂拋棄結髮之妻的情況，並唾棄林昂見利忘義之行為，使真相得以大白。馬恭姐知道林昂不願迴心轉意，一意孤行要拋棄之，乃「慨然曰：『吾得死所矣！』遂沐浴更衣，自縊死。時萬曆戊午（1618）仲秋日也。死之日舉國稱冤，哭者輓者相望於道，旬日成帙詩歌……」〔註20〕

亦有相當一部分婦女，在丈夫亡故後，出於奉養「舅姑」（公婆），撫育子女之需，而忍隱苟活，歷盡艱辛與磨難，盡職盡責，受到鄉人的頌揚及官府的表彰。這樣的事例在方志中甚多，不勝枚舉。一些女子尚未正式出嫁，屬於「聘妻」，「丈夫」（未婚夫）就因故去世，令這些女性處於兩難境地：是到「丈夫」家去服侍「翁姑」，還是留在家中服侍父母？有人選擇前者；亦有人選擇後者。選擇前者如清代電白縣「潘廷球聘妻田氏，游擊田國金女，隨父官陽江，婚有期矣。（潘）廷球卒，（田氏）聞訃，欲以身殉者屢（多次）。家人勸阻，（田氏）矢死靡他（立志殉夫）。母欲奪其志，終不可。父察其誠，乃命過門守貞，奉舅姑（公婆）以終。」選擇後者如清代電白縣「陳士祐聘妻梁氏，幼失怙，許字（定婚）陽江陳尚友子（陳）士佐。（梁氏）年十六，士佐溺死，（梁氏）望門守貞，女紅（從事紡織等女性工作）以養其母。其姑（家婆）來省視，慰藉甚殷。（梁氏）欲歸（到未婚夫家）奉姑，但念母老，奉養無人，猶豫不忍去。年三十七卒，夫家迎柩歸合葬。」〔註21〕

丈夫是一個家庭頂天立地之柱；一旦這根支柱崩折，妻子便感到無力支撐家庭。改嫁本來是遭遇丈夫去世厄運的婦女改善生活條件及命運的一種合理而正當的選擇。然而在封建時代，統治者對民眾尤其是女性進行「從一而終」的「禮教」，使許多深受封建禮教薰陶的女性，堅決摒棄了這一選擇。她們矢志守寡，撫孤養老，歷盡百般苦楚而不辭。如，茂名縣「庠生（在校生

〔註20〕《康熙陽江縣志》卷3《人物‧列女》，第94頁。
〔註21〕《光緒重修電白縣志》卷21，《人物六‧列女》，第210頁。

員）楊中訥妻程氏，年二十五孀守，孝事鰲姑（守寡的婆婆）。有勸改適（改嫁）者唾其面，撫子為夫後。」茂名縣「梁翼貴妻陳氏，以孝舅姑（公婆）聞，年二十二寡，孤（兒子）才二歲。母欲奪其志（母親勸其改嫁），陳（氏）截髮自誓，以（守）節終。」更有甚者，有些節婦竟以自殘的方式表示自己決不改嫁的決心。如茂名縣「李聖體妻柯氏，年二十生子（李）彬，九日而夫亡。（柯氏）矢志守貞。或勸改適（改嫁）。（柯）氏引刀斷一指自誓。姑（婆婆）泣而慰之。於是屏膏飾（絕不打扮），親操作，鞠子成立（撫養兒子成人），入太學。」〔註22〕

（三）其它列女

除了以上兩方面外，還有一些婦女以其它方面的特殊表現而被列入方志「列女傳」的，如，以生命為代價，規勸丈夫棄惡從良。一些女性既嫁之後，對於丈夫的不道德行為（儘管是為生活困難所迫）一再進行規勸，望其能棄惡從良；當屢屢規勸而無效後，她們可能孤注一擲，以死亡的方式進行最終的規勸。如清代茂名縣「蔣某妻白氏，夫陰為盜，凡所得，（白）氏不一染，屢勸夫不改，泣對其夫曰：『汝如此，我與汝永訣矣！』乃衣其上下服，密縫不露寸膚，赴水死，夫卒為所化。」〔註23〕

二、明清時期粵西地區列女面臨的困境、謀生方式及其對社會的奉獻

失去丈夫這根「頂梁柱」的女性，需代替丈夫肩負起養家活口的重擔。這對於封建時代足不出戶，僅「主內」而不「主外」的婦女來說，無疑困難重重，壓力如山。部分女性失去信心，選擇「殉夫」，一死了之；更多的女性則選擇守寡，獨力支撐家庭重任，養老育幼，備嘗艱辛。她們除了要面對生活的壓力，還得面對各種挑戰。

面對與族人的利益爭奪。丈夫去世，妻子被視為「外人」，其家庭財產、利益常常成為丈夫兄弟或親族覬覦的目標，各種為爭奪利益的陰謀詭計便隨之萌生。如清代陽江縣「張氏，井岡坪捐職梁國健簉室（妾）也。國健歿，張（氏）年甫十七，嫡室（正妻）鍾氏為國健立嗣，既而鍾氏繼逝。嗣子未幾復卒。遺孤尚幼。張（氏）艱難撫育以至成立。時族眾覬覦遺產，爭思入嗣。

〔註22〕《光緒茂名縣志》卷7《人物下‧列女》，第264～266頁。
〔註23〕《光緒茂名縣志》卷7，《人物志‧第五之下》，第265頁。

張（氏）訴諸田（縣）丞明耀，判以鍾氏所立繼嗣爲定，事遂寢。」〔註24〕有時候，丈夫去世後，寡妻竟被家公家婆視爲利益瓜分者，視爲「負累」；必欲逐而出之。如清代石城縣房文妻陳氏，「年二十八夫故，子幼，家貧，姑（婆婆）逼改適（嫁）。（陳）氏矢志撫孤，後姑病，（陳）氏朝夕奉事，姑亦感泣。苦節清操，里黨憐之。」〔註25〕清代陽江縣「周氏，北甘（村）張啓蓮妻，年二十一啓蓮歿。族叔欲奪其志，虐待之。周（氏）涕泣誓曰：『腹中一塊肉（有孕在身），內亡人（周氏自稱）當與爲存亡。必欲改嫁者，死而已！』族叔氣懾，不敢迫。數月，子（張）成基始生，守節四十八年。」〔註26〕族叔之所以「欲奪其志，虐待之」，是因爲將周氏視爲家族的利益瓜分者，故急欲逐出之。又，同爲清代陽江縣的「姚氏，白水（村）馮時可妻，年十八于歸（出嫁），事嬸姑卓氏以孝。越年舉一子，又三年，時可病故。姚（氏）年二十有二，既而姑（婆婆）卒子殤，將以身殉，念繼嗣未立而止。族人覬覦其產，多加陵侮。夫胞伯武生（馮）某尤螫（惡毒）。先是，姚（氏）舅（公公）在時，（馮）某已析產，另闢新村以居。至是，以姚（氏）嫠（守寡）而無依，逼令同住。姚（氏）訴諸父老，無如（之）何，乃奉大栗主歸母家，將鳴諸官（向官府告狀）。（馮）某懼，遣健婦追之，許以不再逼迫。於是，親族奪產之心稍戢。」〔註27〕

　　肩負埋葬先人的重負。明清時期粵西地區列女許多人都要肩挑兩副重擔：一是生者的養老撫孤，二是逝者的體面營葬。對逝去先人的體面營葬正是「孝親」的具體表現之一。因此，在方志中，可以常常看到這樣的情形：先人逝去，停柩多年，待有了豐厚積蓄才讓逝者入土爲安。而對眾多的失去丈夫這根「頂梁柱」支撐的「列女」而言，生活的重負已難以支持，若再加上先人的營葬，則更是「壓力山大」。因此，在方志中，記錄了一則古代流傳於粵西的神話傳說：

　　　　歐太宜人（李）同卿、李邦直母也，少失贈君（丈夫），家貧，子在襁褓。上有高、曾祖考四代七柩（棺材）未葬。宜人旦夕抱孤哀號其旁。一夕，風雨大作，忽失柩所在。詰朝奔索（次日早上四

〔註24〕《光緒陽江縣志》卷31，《人物志四・列傳・列女》，第544頁。
〔註25〕《光緒陽江縣志》卷31，《人物志四・列傳・列女》，第535頁。
〔註26〕《民國陽江縣志》卷33，《人物志四・列傳・列女・清》，第535頁。
〔註27〕《民國陽江縣志》卷33，《人物志四・列傳・列女・清》，第536頁。

處尋找），則已瘞於梅菉（今吳川縣梅菉鎮）之金盤山，尚有半柩在
土外可識。七柩次第不亂，因畚土封之，遂成名墓云。

在這則神話傳說中，「風雨助葬」、「遂成名墓」當然只是人們的美好幻想，而
在古代，許多守寡婦女克服重重困難，終將先人靈柩按禮儀規範掩埋安葬，
使之入土為安，則是客觀事實。所以，志家在這則帶有神話色彩的傳說之後
揭示了真相，云：

> 案：李氏世德錄：李尚書廷相誌（記）歐太淑夫人墓曰：『先
> 是，盜起桂林之墟，茂名屢遭燹。自李（氏）之高祖考妣（去世的
> 父母）以逮贈君（丈夫），凡七喪未葬。』太夫人泣且奮（振作）曰：
> 『緊（是）未亡人之責也！』蘄（祈求）得一善地以安先人之體魄。
> 後竟得覃村風氣最勝（風水最好的地方），太夫人乃攜抱厥（其）孤，
> 彈瘁罔恤，凡三越月而七喪畢舉云云。可知風雨失柩之說乃後人好
> 怪之詞；且金盤山在江口堡之覃村，與梅菉相離四十里，梅菉李氏
> 墓即葬歐太宜人及（丈夫）李同卿者。〔註28〕

《光緒茂名縣志》卷7《人物志第五之下·列女·明》對此事的記錄則較客觀
平實，云：「贈吏部郎李執中妻歐氏，少知書。執中卒，歐年二十四。家貧，
有七柩未葬，（歐氏）苦節撫孤，經營窀穸（墳墓），備極勞瘁，教子嚴而有
方。其後三子皆成立，雖貴為卿尹，猶不少假辭色，以子邦直貴，封『太宜
人』，卒累贈『太淑人』。」〔註29〕

在「男主外，女主內」的封建時代，女性一旦遭遇夫逝守寡，又局限於
家庭小天地範圍之內，謀生的手段就極有限。這是明清時期列女們生活維艱
的主要原因所在。方志「列女傳」中，人數雖眾多，而記載卻極簡略，大多
只有一兩行文字，而且多是使用諸如「堅貞自矢（誓），艱苦備嘗」、「孝事翁
姑，撫育嗣續，苦節若干年」等套話，而對這些列女的謀生方式則缺乏記載。
儘管如此，從這些簡略記載中，我們仍然可以大致窺知明清時期粵西地區列
女的謀生方式主要有以下幾種：

1、紡織

在傳統社會，男耕女織是基本的社會分工。因而，紡織成為粵西地區許
多守寡婦女維持生計的主要手段之一。如清代茂名列女「黃贊烈妻吳氏，年

〔註28〕《光緒茂名縣志》卷8《紀述志第六·雜錄》，第340頁。
〔註29〕《光緒茂名縣志》卷7《人物志第五之下·列女·明》，第262頁。

二十二夫故，貧無子，堅貞自矢，紡織以供，尊章撫養嗣子，孀居三十餘年」；「鄒瑞熊妻梁氏，名純素，字雲虛，生員（梁）偉雁女，讀書知大義，年十九適（嫁）鄒（瑞熊），再期（二年）而寡，紡織事姑，孝養無間，撫遺腹子（鄒）一敬及女皆成立，茹蘗飲冰，五十年如一日。」〔註30〕此類記載在方志中處處可見。有時候，紡織不僅能養家活口，供子弟入學讀書，還能支持老人的養病送終，就像一根頂天立地的支柱，令家庭度過難關。如《民國陽江縣志》卷33《人物志四・列傳・列女》載：清代，陽江縣「蘇氏，父（蘇）煩，幼以女字（嫁）武生譚乾文長子（譚）祖堯，年十九于歸（出嫁）。（譚祖）堯家貧，教讀歲入不豐，高堂甘旨。蘇（氏）恒以女紅（紡織）佐之。及堯病瘵（癆病），藥餌所需亦取給焉。蘇（氏）年二十三，子（譚）光緒生，不幸舅姑（公婆）並歿。越年，堯復不起。堯弟尚幼。頻年喪葬，皆以（蘇氏）十指任之，家計益不能支也。苦節之貞漸臻蓆境（喻窮途末路）。（譚）光緒旋列名太學，產業日饒。」一個家庭就靠蘇氏一人紡織而得以度過難關，可謂「柳暗花明又一村」。再如清代陽江縣姜氏，其丈夫曾一均為廣海把總，剿盜陣亡。姜氏須獨力支撐家庭。婆婆臥病在床，姜氏侍奉左右，久而不倦。其妯娌余氏二十八歲亦守寡，「家本清貧，矢志不二，事姑嫜（丈夫的父母親），撫兒女，但一身任之，恒晝夜紡織，鳴機軋軋，（兒女）昏（婚）嫁之費皆取給焉，既而銖積寸累，歲有贏餘，子（曾）以容籍以經營，漸致饒裕。孫（曾）傳基復仰承遺訓，銳志求學，家門駸駸日盛。」〔註31〕

粵西地區列女多以「女紅」為業，與明清時期紡織品成為外貿暢銷商品有關。「閩廣人稠地狹，田園不足於耕，望海謀生，十居五六。內地賤菲無足重輕之物，載至番境（國外），皆於洋船行銷。歲收諸島銀錢貨物百十萬，入我中土，所美為不細矣。」〔註32〕

2、典賣衣物

一些列女家庭負擔沉重，而收入微薄，唯有典賣衣物以維持生計。如清代石城縣（今廉江市）莫擬芹妻楊氏，監生莫春雲媳，年十九出嫁。丈夫先天性功能缺失，且癡呆、貧困。公公婆婆都憂慮楊氏不會久留莫家。然而，

〔註30〕《光緒茂名縣志》卷7《人物志第五之下・列女》，第266頁。

〔註31〕《民國陽江縣志》卷33《人物志四・列傳・列女・清》，第535頁。

〔註32〕藍鼎元：《鹿洲全集・論南漢事宜書》，廈門：廈門大學出版社，1995年，第55頁。

楊氏卻毫無厭惡失望之情。公公年老，臥病在床。楊氏「典衣裳，奉湯藥」，備嘗艱辛。公公病危，便溺不能自理，全由楊氏「躬親臭穢」。公公之女看了於心不忍，婉轉規勸楊氏考慮改嫁。楊氏說：「翁存一日，（吾）得盡一日媳道。」公公死後，婆婆亦病。楊氏侍奉婆婆亦與侍奉公公同。次年，婆婆病卒。楊氏「哀毀骨立，拮据萬狀」，過繼侄子為嗣。「夫以中年歿，（楊）氏以處女老，清白無玷」。〔註33〕

亦有紡織、典鬻兼而為之者。如明代電白縣「黃堂文妻楊氏，耆老楊元善女，十九歸（嫁）黃（堂文）。三年而堂文卒，遺一子，甫周歲，楊（氏）堅心撫（育）守（貞），誓無他志。時鄰有富人欲媒致之（通過媒人娶之）。楊（氏）斷髮毀面示之。自此持守益堅，永謝華飾。家素貧，惟勤紡織，膳食度日。翁姑沒，典鬻裙布以厚殯之，始終無間（閒）言。」〔註34〕

3、採樵、採桑

足不出戶，窩居斗室，難免生活困難重重。鄉村生活，林木遍山野，採樵既可解決自家炊煮之需，還可出售於市場，以助家庭開支。如清代陽江縣「黃氏，金村項大文妻，年二十五而寡，家貧，採樵自食。或勸以改嫁，毋太自苦。黃（氏）不為所動，孝養瞽姑（瞎眼的婆婆），始終不怠，守節二十年。」同為清代陽江縣的「譚氏，滑橋（村）謝道啟妻，年二十七夫歿，姑老而瞽，子重華僅九歲。譚（氏）辛苦孀守，採樵以供事畜。既而慮子失學，豫（預）儲修脯（學費），節衣縮食，日投三錢壇中，期年積錢盈千。重華遂得入塾讀。甫一載，粗識字義，以貧故舍學而傭，藉供菽水。論者咸多（都讚揚）譚（氏）之能教其子云。」清代陽江縣中以采樵艱難度日的「列女」還有不少。如：「陳氏，梨晶（村）梁思邃妻，年十七于歸（出嫁），七日而夫歿。（陳氏）終身衣素，採薪自給，守節四十三年」；「徐氏，馬岡（村）張容妻，年二十三夫歿，無所出（無子嗣），終歲採樵，每售薪輒市果餌，返則進諸其姑（婆婆），守節三十七年」；「蘇氏，幼許字（定婚）那棟（村）施愚。後（施）愚得癱瘓疾，兩家父母及（施）愚咸願退婚。蘇（氏）不可，年十六遂歸於（施）愚。入門，（施）愚偃息（躺臥）在床，飲食溲溺皆其（蘇氏）料理。蘇（氏）安於義命，絕無怨言。翁（家公）死，家益貧，採樵度活，

〔註33〕《民國石城縣志》卷7《人物志下‧列女》，第535頁。
〔註34〕《光緒重修電白縣志》卷20《人物五‧列女》，第202頁。

而琴瑟相得逾於常人」；「徐氏，（陽江縣）馬岡（村）張振彬妻，年二十四，夫出外（不歸），家無儋（擔）石，負薪養姑（婆婆），終不改適（嫁），守節二十六年。」〔註35〕這僅是清代陽江一縣「列女」之事例，其它粵西各縣亦有不少此類事例。

養蠶繅絲或售繭亦成爲部分列女的一種經濟來源。如志載清代電白縣「吳玉隆妻李氏，年二十四夫故，家貧，姑（家婆）勸改嫁以活命。（李）氏泣曰：『夫既死，懷有孕，嫁則夫嗣絕，且姑老，更誰奉養！』即夫靈前誓無二志，雖貧苦極，在所不辭。日者（白天）採桑於外，遙見同懷兄（李）錦文跨馬而來，亟掩頭巾避入刺竇。鄰婦曰：『汝遇兄正可訴愁，何故避之？』（李氏）答曰：『苦惟自受，不欲取憐也。』」〔註36〕

4、取給外家宗族或親人饋贈

當婦女喪夫守寡之後，生活拮据，而外家家境較寬裕，或者可以得到父母的資助而使生活條件有所改善。如清代電白縣人「潘際隆妻楊氏，未婚夫患風癱，兩足不能起立，（楊）氏家頗饒裕，父母議退婚。姑（家婆）慮其子不足延嗣（不能生育），亦聽之，無梗議也。（楊）氏不可。後歸（嫁）潘（際隆），夫婦相安，連舉四子，夫以治疾，家益（衰）落，尋（不久）卒。（楊）氏孀居，以婦兼子職，奉姑甘旨，取給外家。姑既歿，拮据茹荼，撫諸孤，四子夭折其三，竟無成立。」〔註37〕

亦有部分列女能得到丈夫宗族的經濟支持。如清代電白縣李奉陽妻鄧氏，年二十五夫故，無子，痛欲身殉，因家人防嚴不果。家又甚貧，先業只有魚塘一口。族長見其苦節難堪，將魚塘「永除（給予）爲（鄧）氏膳（經濟來源），並代擇夫侄李日茂爲嗣。」再如清代電白縣「邵定寶妻梁氏，定親後夫染瘋疾。父欲（令）改嫁，（梁）氏堅執不從。十九歲于歸（出嫁），典簪珥，延醫四載，夫以疾重自縊死。（梁）氏年二十三，欲殉（夫），妯娌有勸他適（改嫁）者，（梁氏）泣曰：『若至今他適，何不從父命於當初耶？』翁（家公）監生（邵）祖琳益憐其苦節，將已膳田拔租七石食之，後取夫弟學齡子（邵）尙春爲嗣。」〔註38〕

〔註35〕 《民國陽江縣志》卷33《人物志四‧列傳‧列女》，第533～543頁。
〔註36〕 《光緒重修電白縣志》卷21，《人物六‧列女》，第213頁。
〔註37〕 《光緒重修電白縣志》卷21，《人物六‧列女》，第212頁。
〔註38〕 《光緒重修電白縣志》卷21，《人物六‧列女》，第212頁。

5、受雇傭作

接受他人雇傭勞作而獲取有限生活資料或錢幣。如清代吳川縣庠生林穎秀妻陳氏，「十七歸（嫁林）穎，三載夫亡，傭績（爲人紡織）以事翁姑。」〔註39〕清代陽江縣「李氏，龍濤（村）蘇從龍妻，年二十四而寡，子益昌尚幼。李（氏）安貧守志，爲傭自給，以忠謹稱。」〔註40〕

6、官紳資助

官員及地方鄉紳對於事跡特別感人的貞節之婦以經濟的支持，以此激勵社會風氣，亦是列女的經濟來源之一。雖然這僅是特例，不具有普遍性。如：王許之於明萬曆初年任電白縣令。任職期間，「邑（縣）中節婦其一二卓異可風者各以官鋪給之，優其養以示勸。」〔註41〕清代陽江縣節婦黃氏，「劉英之妻也，生子（劉）端，甫一周而（劉）英故。自二十五歲守節撫孤，如千仞之松終冬愈茂，屢經院道優給米、絹，御史洪垣題貞節區以旌之。」〔註42〕再如，「盧德輝妻曾氏，子興仁，妻柯氏。兩世孀守，家極貧，道光元年（1821），外族（外家）柯惠將柯氏強嫁與陳毓傑。（柯）氏誓死不從。陳（毓傑）畏罪送還。經縣詳辦，時知府趙逢源、通判劉大魁、知縣王勳臣給『兩世雙貞』扁旌之」，並捐銀「百圓買大新街屋爲兩（曾、柯）氏居住，餘銀交鎮內十一當按照二分生息爲兩氏膳食。通判印照執據。」〔註43〕

7、其它收入

除上述常見的謀生方式外，列女還有其它一些較罕見的收入途徑。如僅以《民國陽江縣志》卷33所載列女事跡爲例：「方氏，北激（村）戴念客妻，年二十五夫歿，爲人縫紉糊口，後復以接生著稱，守節五十五年。」「馮氏，麻園（村）莫廷魁妻，年三十夫歿，貧甚，乞貸於外戚始成殮。」「周氏，阮朗（村）阮朝文妻，年二十餘，朝文病歿，長子（阮）寵秀六齡，次（阮）寵科三齡，家無宿糧，拾穗以自給，卒撫三子成立。」「阮氏，阮朗（村）章翼妻。（章）翼卒，阮（氏）年二十六，家貧子幼，日惟儋（擔）負以博升斗，卒睹其子長成受室（娶妻）。」「黃氏，北慣（村）利家澍妻，年二十夫歿，

〔註39〕《光緒吳川縣志》卷8，《人物·列女》，第307頁。
〔註40〕《民國陽江縣志》卷33，《人物志四·列傳·列女·清》，第538頁。
〔註41〕《光緒重修電白縣志》卷27，《紀述三·金石·邑侯三公生祠記》，第284頁。
〔註42〕《康熙陽江縣志》卷3，《人物傳·列女·明》，第95頁。
〔註43〕《光緒茂名縣志》卷7，《人物志第五之下·列女·國朝》，第272頁。

黃（氏）灌園食力，事翁姑，畜嗣子，艱苦弗渝。」〔註44〕亦有列女在艱窘境況下難以憑籍一己之力使家庭生活得渡難關，無奈之下，只得出賣兒女。《民國陽江縣志》卷38《雜誌下》就記載了這樣一則故事：「楊宗孔，電白人，偶往陽江，遇婦人泣於路，訪故（詢問緣故），則曰：『夫死姑亡，棺斂無資，賣男（兒）以償，是以泣耳。』宗孔贈金贖還。（楊宗孔）病革日（病重之日），婦攜男到謝，方傳其事。」〔註45〕

　　儘管封建時代婦女的謀生手段極有限，然而，在粵西地區，有不少婦女在失去丈夫這根「頂梁柱」之後，以自己柔弱的雙肩挑起了家庭的重擔。正因為如此，不少喪夫（父）之家不僅可以數十年長久維持不墜，使子弟得以入學讀書，成才，甚至還可以改善家庭經濟狀況，走上「小康」之路。如志載清代電白縣「陳國卿繼妻張氏，歸（嫁）七載夫故，矢志靡他，事孀姑，撫稚子，力持門戶，卒致饒裕。守節六十餘年，八十八歲卒，子（陳）玉簡，庠生。」〔註46〕雖然這樣「力持門戶，卒致饒裕」的事例在方志中較少見。不少「列女」在丈夫辭世之後，本欲以死殉夫，但考慮到上有老，下有少，自己殉夫之後，老少生活將失去依靠，將落得淒慘結局，不得不隱忍苟活，艱難撐持著家庭，使不致崩潰。許多搖搖欲墜之家正是在這些「列女」的「獨木」支撐之下得以度過難關，迎來新局面的。

　　儘管列女大多過著「茹荼飲藥」、「望門守貞」、「衣縞食素，娶處幽閨」的封閉、貧苦的生活，默默無聞，然而，她們不辭艱辛、勞苦，克盡職守，養老育幼，其中不少列女尤其注重子弟的教育，使他們學有所成，成為社會的棟樑之材。一些家庭經濟稍為優越者，還不乏慈善、俠義心腸，盡自己綿薄之力從事公益活動，向貧困的他人伸出援助之手，表現出了較高的思想、品德境界，對社會作出了無私的奉獻。

　　夫死之後，守志撫孤，艱苦備嘗，使子弟得以通過求學成才者，如：明代茂名縣「庠生吳瑛妻歐氏，年二十四而寡，貧窶，幾不能自存，乃矢志守死訓孤，雖幼童不容入戶。嘉靖十八年旌。子（吳）璉後為漳平主簿。」〔註47〕贈吏部郎李執中妻歐氏，少知書。執中卒，歐氏苦節撫孤，經營逝者棺壙，備

〔註44〕《民國陽江縣志》卷33《人物志四‧列傳‧列女》，第537～546頁。
〔註45〕《民國陽江縣志》卷38《雜誌下》，第583頁。
〔註46〕《光緒重修電白縣志》卷20，《人物五‧列女‧清》，第208頁。
〔註47〕《光緒茂名縣志》卷7，《人物志第五之下‧明》，第262頁。

極勞瘁。教子嚴而有方。其後三子皆成立。雖貴為卿尹，猶不少假辭色。以子邦直貴，封太宜人。卒，累贈太淑人。明世宗聞知其事，遣布政司左參議嚴時秦致祭。詞曰：「惟爾賦性慈良，持身淑慎。雖聞內則，歸於名門。躬履儉勤，堅持苦節。克端母範，教子成名。蔚有才猷，歷官顯達。宜膺繁祉，祿養遽違。爰推恤恩，特賜爾祭。爾靈不昧，尚其歆承！」郡庠生黃啓新妻王氏，貢生王三華女，年二十五而寡，哀毀幾絕。既而自勉曰：「獨不可留一日之身以竟吾夫子未竟之業乎！」於是育四子成人，俱為名士，府、縣皆旌其門。「楊祿妻賴氏，年十八適（嫁）楊（祿），生男一歲而（楊）祿死。黃堂文妻湯氏，年十九適黃（堂文），三年而（黃堂）文卒，子方周歲。（賴氏、湯氏）皆鞠子奉姑，石心不轉，白首無玷。」〔註48〕這樣的事例在方志中隨處可見。她們以自己數十年的艱辛維持家庭生計，培育子弟成人成才，其中不少人受到了官府的表彰或鄉黨的稱頌。

亦有一些列女，在丈夫去世後，不僅奉養翁姑、教育子女，還兼顧叔侄，肩負重擔，令子侄入庠（縣學、府學）讀書，給家庭添置田產，不僅使家庭得以保存，還開創了新的局面，充分顯示了一個女性不凡的才智與毅力。如清代茂名「庠生李翹生妻梁氏，庠生（梁）瑗女，少嫻讀書，知禮義。歸（嫁）李（翹生），生子（李）馥荇而夫亡。翁（家公）有庶子二、庶女三，尚幼。翁卒，（梁氏）教養如其子。後叔遊庠（入縣學攻讀），子亦明經。初，翁為邑（縣）明經，遭山寇（作）亂，多掠鄉人婦女，翁傾貲（資）贖之，以此空匱。（梁）氏艱難持門戶，晚（年）有田廬，使二叔與子三分之，一銖不私，人賢之。」〔註49〕

不少「列女」儘管自身生活並不富裕，但稍有餘力，則熱心於扶貧濟困的社會公益事業，在鄉間贏得了良好的聲譽，受到了鄉人的尊敬及地方官的嘉獎表彰，亦得以方志留名。「好施予」、「好施濟」這樣的事例在方志中亦可找到不少。如：「庠生周予妻陸氏，城東街陸君祐之女，張著美之媳，年十七于歸（出嫁），二十九歲夫故，遺兩稚子紹南、潤文，皆數齡（幾歲）。陸（氏）辛勤撫育，備極劬勞，上事翁姑，克盡婦道，和睦妯娌，無詬誶（爭吵）聲。鄰里有急，每稱貸以濟，不責其償。紹南長補國學生，亦克遵母教，待人接物恒從寬厚，義舉慷慨勷成，不惜重費，皆本陸（氏）之

〔註48〕以上數則事例皆見《光緒茂名縣志》卷7，《人物下‧列女》，第262頁。
〔註49〕《光緒茂名縣志》卷7《人物志第五之下‧列女‧國朝》，第265頁。

訓也。」〔註50〕清代吳川縣女子郭安人，十九歲嫁蕭隆廷，二十九歲夫逝守寡，撫子蕭昌瑚長大成人，保舉都司，卒年五十六歲。郭安人「治家教子，支撐門戶，蓋數十年如一日。先是，族祠久圮，（郭）安人捐資修復；又捐資助邑中寒士鄉會試、賓興費。辛亥（1851）歲祲（發生災荒），糜粥丸藥濟救饑疫，存活無算。鄰有養媳爲姑（婆婆）與夫所棄者，（郭）安人曰：『稚無知耳，何遽棄乎？』攜歸（給予）飲食，訓誨逾月送還，則合門和好云。」當時，吳川籍官員陳蘭彬奉朝廷之命到高涼（州）採訪鄉間婦女節孝事跡，以報朝廷題旌，郭安人之子蕭昌瑚請求陳蘭彬爲其母親撰寫墓誌銘。獲悉郭安人慈善義舉後，陳蘭彬感歎道：「嗟乎！自三代（夏、商、周）下，世風惡薄，里豪坐擁厚資，義舉不拔一毛者比比皆是……若（郭）安人敦大節，明大義，睦姻任恤，使族黨仁義油然以興，求之士大夫中殊難概見，況巾幗哉！」〔註51〕在明清時期的粵西地區，熱衷義舉的「列女」還有不少。如：「沙氏，馬曹（村）何吉元妻，庠生（馬）若鏞母也，年二十四而寡，好施循禮，閫範咸欽（嚴守婦道，品德高尚，令人欽敬）。守節十年，咸豐時旌。」〔註52〕「關氏，石鼓田（村）許珠圓妻，年十八，珠圓卒，關（氏）上事翁姑，下撫孤子，閭里稱之。生平無邊色惡聲，能和姒娌、姻戚，自奉甚儉而施予則無所吝。翁（公公）資產數萬，易簀（臨終）時命關（氏）與夫弟（許）樹屏分析。及翁歿，仍聽樹屏經理十餘年，無纖芥違言。」〔註53〕

以上僅是方志中眾多「列女」熱心公益事業的數例。

三、明清時期粵西地區列女大量湧現探因

明清時期，粵西地區「列女」（包括面對動亂、強暴視死如歸，毅然獻身的「烈女」及遭遇丈夫去世而矢志守寡，撫孤養老的「節婦」等）大量湧現，以致地方志需騰出大量篇幅記述她們的事跡。這種現象出現並非偶然，而是由主、客觀方面的原因造成的。

客觀原因是明清時期粵西地區社會治安不寧，動亂頻發。既有少數民族的「作亂」，又有「海盜」、「倭寇」等的流劫，還有民眾的反抗鬥爭。每當動亂發生，社會失去秩序，法制被不逞之徒踐踏於腳下。不逞之徒（方志中稱

〔註50〕《光緒重修電白縣志》卷20，《人物五・列女》，第206頁。
〔註51〕《光緒吳川縣志》卷8，《人物・列女》，第325頁。
〔註52〕《民國陽江縣志》卷33，《人物志四・列傳・列女》，第535頁。
〔註53〕《民國陽江縣志》卷33，《人物志四・列傳・列女》，第539頁。

之爲「盜」、「賊」、「寇」、「匪」等）所到之處，除了燒殺搶掠，便是姦淫婦女。在此情形之下，不少粵西婦女爲了保持「貞節」，或者在遭遇姦淫之後，毅然選擇自盡。另外，明清時期，粵西地區仍爲「瘴癘」盛行之區，男人多遘疾早夭，適應性強的婦女則多得倖存，使社會形成一個人數眾多的「節婦」群體。這是明清時期粵西地區「列女」輩出的客觀原因。

除此之外，明清時期粵西地區「列女」大量湧現，還有主觀方面的因素：

（一）統治者的極力鼓吹宣揚

明朝建立以後，最高統治者朱元璋積極推行禮法之治，其宗旨即是高揚「三綱五常」爲核心的封建禮教，藉以扭轉元朝統治中國近百年所形成的「胡俗」，恢復「中國先王之舊制」，以示明王朝的中華正統的地位。

隨著明代統治者思想控制的加強，針對女性思想教育的「女教」亦隨之發達。一批專在對女性進行封建思想灌輸的書籍在社會上流行。如明成祖仁孝文皇后的《內訓》、溫璜之母的《溫氏母訓》、解縉的《古今列女傳》、《典故列女傳》、趙如源的《古今女史》等。爲了便於被普通女性所接受，一些女教書籍還被編寫成朗朗上口的三言或四言詩，如趙南星的《女兒經》；有的女教書籍圖文並茂，如呂坤的《閨範圖說》，使誦習者易於接受和摹仿，因而，該書刊印後，「當時士林樂誦其書，摹印不下數萬本，直到流行宮禁。」〔註54〕這些女教書籍大力宣揚封建禮教，灌輸有利於封建統治的「閨範」，使「男尊女卑」、「三從四德」等觀念深入女性思想觀念之中。

到明代中後期，社會逐漸形成了重「烈」尚「烈」的風氣。「烈女」受到某些封建士大夫的鼓吹頌揚，例如，讚美她們「至若遇強暴，蹈鋒刃，義不反顧，計不施踵，赴死如怡。磔裂分離，身膏草野，見者隕涕，聞者酸心，而其魂則蟬蛻穢濁，以遊塵埃之表，與皎日爭光而秋霜共烈也。千載之下，肅然起敬，視雄輩（男性）何異臭腐，果孰貴孰賤哉？……嗟乎，死生亦大矣，閨闥之安何如刀鋸之苦？彼其身之不恤，他復何知？」〔註55〕作者認爲「烈女」視死如歸，其精神已達最高境界，無人能及。故「烈女」比「貞女」更加難能可貴。同樣，「貞女」亦得到統治者的頌揚。這些「貞女」以「守節」著稱，故又稱「守婦」、「節婦」。明代著名思想家、政治家呂坤（1536～1618）就認爲這些「守婦」也很值得人們欽敬。他批評當時一些人「重死婦（烈女），

〔註54〕清·陳宏謀：《教女遺規》卷中《閨範》，刻印本。
〔註55〕葉春及《石洞集》卷11《志論四·肇慶府·列女傳論》，文淵閣四庫全書。

輕守婦，又輕有子之守婦」，認爲「貞女」與「烈女」其實並沒有高低優劣之分；反之，他認爲「貞女」、「節婦」更難爲，因而更值得頌揚嘉獎，所謂「守節之婦視死者（烈女）之難，不啻十百，而無子女之守爲尤難。」〔註56〕明代著名學者、官員宋濂也認爲：「鋒刃之威迫於後，湯火在前有所不顧，此人情所能勉。至於困窮災變，切身凍餒，顛踣而不渝其志，存人之孤，非篤於禮義者，其孰能之？」〔註57〕總之，在封建衛道士們看來，無論是「烈」行還是「貞」行，女性能做出這樣符合封建禮教規範的犧牲、奉獻，已十分難得，都值得人們尊重。在他們眼中，女性無論是死烈還是守節，都是維護「名節」的表現。

這些「女教」書籍的印行，影響極大，如呂坤的《閨花》印行後，「其中由感生愧，由憐生奮，巾幗（女性）之內，相與勸於善而遠於不善者蓋不知凡幾也。」〔註58〕「凡爲女子，童而習其詞，長而通其義，時時提廝，事事效法，庶乎女德可全。」〔註59〕在這些「女教」書籍的薰染之下，社會上眾多女性的道德思想境界得到昇華。她們在和平時期謹守封建禮法，三從四德，立志做貞女孝女，賢妻良母；一旦社會動亂來臨，安全失去保障，或「擎天之柱」丈夫去世，家生變故，她們便毫不猶豫地選擇捍衛「名節」，或義不受辱，壯烈殉死；或歷盡磨難，守節終身。

清代統治者對於節孝等倫理道德觀念的宣揚同樣不遺餘力。如，雍正二年（1724），清朝廷詔建忠義、孝悌、節孝祠，規定：「凡忠義、孝弟（悌）祠樹石碑一，刊前後忠義孝弟之人姓名於其上，已故者設位於其中，節孝祠建坊一，標前後節孝婦女姓名於其上，已故者設位於其中，俱春秋致祭，務令窮鄉寒苦皆得表彰。」〔註60〕

在明清時期粵西地區列女群體中，不少人都直接或間接受過封建倫理道德，尤其是「貞」、「烈」方面的教育，潛移默化，影響甚深。如清代陽江縣

〔註56〕 呂坤：《閨範》，陳弘謀：《教女遺規》，官箴書集成編纂委員會《官箴書集成》，合肥：黃山書社，1997年。
〔註57〕 宋濂：《宋文寬集》卷11《周節婦傳》，文淵閣四庫全書。
〔註58〕 呂坤《閨花》，陳弘謀《教女遺規》，官箴書集成編纂委員會《官箴集成》，合肥：黃山書院，1997年。
〔註59〕 呂近溪《女小兒語》，陳弘謀《教女遺規》，官箴書集成編纂委員會《官箴集成》，合肥：黃山書院，1997年。
〔註60〕 《民國石城縣志》卷10《紀述志下・事略》，第598。

姜氏，曾一均妻，「姜（氏）幼讀書，喜談列女傳、貞烈各事」；另一姜氏，馬曹（村）何吉林妻，「出自大家，知書明理」；莫嬌姐，陽江龍濤村舉人莫鴻猷女，與頓缽村武生張煥典定親，「聰慧知詩」。〔註61〕等等。封建時代，女性通常被排斥在教育對象之外，但事實上，許多女子還是通過各種途徑受到教育，得到學習機會。而在女性的學習內容中，「女教」書籍自然是首選。這些學習內容無疑對她們日後成為「列女」大有影響。例如志載：「陳阿嬌，（陽江縣）儒垌（村陳）相東之女也，幼聰慧，能讀《女箴》，知大義，事父母及大母皆得其歡，許字（定婚於）電白（縣）黃景光，年十九，于歸有日矣（即將出嫁），而（黃）景光凶聞（死訊）至。（陳阿）嬌慟甚，請奔喪。父母弗許。於是投繯者三，入井者再，俱遇救。父母愍其志，欲從之，達意於黃翁。（黃）翁辭，嬌益求死。家人防護備至。久之，俟隙縊於柂（衣架）間。母聞耗奔視，抱之號（痛哭），氣已絕。道光十二年（1832）閏九月初十夜也。父母悲痛，不忍遽殮。越八日，笑容可掬，色如生。黃翁感其義，迎梓（棺材）歸，與（黃）景光合窆（合葬）於紅面垌之麓。邑（縣）令朱庭桂上其事，得旌（表），道光十七年建坊於儒垌壚。」〔註62〕在此事例中，可知陳阿嬌的「壯烈」行為與其曾「能讀《女箴》，知大義」有密切關係；而其成為「烈女」後，地方官員既「上其事，得旌」，又建牌坊以示尊崇，無疑又起到了對其她女性的「激勵」作用。這正是明清時期粵西地區「列女」大量湧現的一個重要原因。

（二）官員、文人士大夫對於地方列女的表彰、頌揚

朝廷的施政理念及政策，依靠地方官及文人士大夫的宣揚鼓吹，才能深入人心。既然針對婦女的「節」觀念得到最高統治者的大力倡揚，中央官、地方官及文人士大夫便抓住地方節烈婦女的一些典型事跡，大唱頌歌，使之家喻戶曉。

例如，方志記載明代石城縣「全祐妻黃氏，年二十，（全）祐卒，子甫逾月，（黃）氏堅奉遺言，矢志不渝，甘貧操作，事翁教子，歷五十年，清白無玷。提學道章公、知縣黃浩上其事。（清）雍正三年奉建坊祠。」明朝太僕少卿李邦直（茂名縣人）也為黃氏作傳以歌頌之，謂：

〔註61〕《民國陽江縣志》卷33《人物志四·列傳·列女·清》，第535～536頁。
〔註62〕《民國陽江縣志》卷33《人物志四·列傳·列女·清》，第515頁。

　　節婦黃氏，遂溪右族黃迪之次女也。生而含慧抱素，處室則語不妄，笑不苟。嘗聞其父講女訓，至夏侯令女事，微（小聲地）應曰：『彼志既堅，孰能奪之，何至截髮斷鼻，自苦若此。』父默是（認可）其言。時有全祐者，石城世家子也。遂以（黃）氏屬（婚配）焉。六禮既備，應正而歸。二年，育子（全）清，甫二月，夫疾大漸（病情加重），呼（黃氏）訣曰：『予死，若（你）將何爲？』（黃）氏泣曰：『予知有汝矣，更適（再嫁）非（吾）志也！』夫弗與語。成化二十年冬捐館（病逝）。時（黃）氏年二十，依禮爲夫服（喪），斂而附身，殯而附棺，朝夕哭奠，守制終喪，動不逾閾（門檻，喻足不出戶）。戚族間有諭意者（按，指規勸黃氏改嫁），（黃）氏即痛絕，弗敢啓齒。翁（家公）鰥且老（年老喪妻），夫弟四妹一，饔飧（早晚餐）一屬之（黃氏）。（黃）氏謹嚴事翁，撫諸弟妹，婚者嫁者助事惟勤，自奉敝衣糲飯，晏如也。厥（其）子（全）清既長，感母甘貧苦節，圖報未遑，邑（縣）人呈請明有司具事上聞，旌表其門。未幾，（全）清亦卒。（黃）氏繼（撫育）二孫得成立，享年六十有九。〔註63〕

　　前述清代吳川縣林福昭聘妻陳騫姊，年十九，將出嫁而夫亡。陳氏以絕食堅請父母允許其出嫁至林家，服侍「舅姑」（家公家婆）。後有人可憐陳氏，爲其議婚另嫁。陳氏聞訊，上弔而死。如此愚昧之事，吳川知縣陳昂卻爲此寫了一篇「烈女傳」的文字大事頌揚。文謂：

　　　　烈女陳氏，名騫姊，吳川國學（生）陳熙謨女，霞街林福昭之聘妻（未婚妻）也，生有淑質，端靜寡言笑，自幼習女紅（針線、紡織等女工）精絕，諸女伴邀與遊嬉，輒不應。嘗言針黹織紝女事也，靚妝袨服（盛服）露而遊觀，竊（私下以爲）非閨閣所宜。以故得父母歡，年十九于歸（出嫁）有期，婿（丈夫）忽遘（遭遇）疾終。女聞訃痛絕，即欲捐生。家人覺其意，守之密，乃累日絕粒（食）。其父勸諭百端，始悲泣對曰：『兒不幸罹凶傷親心，兒罪大矣。兒非自甘不孝，顧婦人以貞一（從一而終）爲節，今父欲兒偷生，不識將焉置兒也？如許易服奔喪，敢不惟命是聽否？願勿以兒爲念。』父母重違其意，姑諾之。（陳騫姊）方少進糜粥，然自是蔬

〔註63〕《民國石城縣志》卷7《人物志下‧列女》，第527頁。

食布衣，儼然以未亡人自待矣。無何（不久），有表親款（至）其家，與父母隱語，蓋為女執柯（改嫁）來也。先是，女（陳騫妹）慮父母愛己，不肯使受孤苦，曾託老嫗致意，舅姑（家公家婆）冀其遣人來迓（迎），殊（不料）嫗中途返，不獲命（未能如願）。及是，聞表親言，恐事且變，遂即日自經（上吊死）床眉間。時道光癸卯（1843）十一月二十九日，適（恰好）前所訂于歸（出嫁）期也。悲哉！久之，夫家感其義，迎主（死者牌位）歸祔（後死者附祭於先祖）。鄉村孺婦感泣，歎道旁，而邑士大夫亦多登堂弔奠者。余主調權（代理行政）茲土，邑紳等具白於余，請通詳題旌（向上級機關詳細報告情況，請求給予表彰）以光風化。余既嘉（讚賞）陳女（騫姊）之行，復重諸君之請，故先為之傳以慰貞魂云。論曰：陳女（騫姊）未嘗讀書識字，而所言所行有古賢女風，謂非出於天性哉！夫烈女殉夫，或緣名義難辭；或緣恩情難割，猶有說也。女（陳騫姊）與林氏子（林福昭）初未謀面，何有於恩私，乃毅然舍生以求無負乎貞（節）之一道，勇決若此，即讀書識字者猶戛戛難之。彼有所為而為者，又安可同日語也。於戲，心同鐵石，氣薄雲霄，推斯志也，雖與日月爭光可也。

皖南道清遠籍郭志融亦作《烈女歌》、武威（今甘肅省武威市）舉人劉康年亦作《烈女詞》。總之，眾官員、文人以各種文體形式對於「烈女」陳騫姊的事跡大事渲染，對其「從一而終」的精神大加推崇、表彰，使一介本來目不識丁、默默無聞的民間普通女子，霎時間成了遠近聞名的「巾幗英雄」、「女中豪傑」。這在今天看來，委實匪夷所思，而在封建時代，則又屬司空見慣。統治階級實質上是欲通過鼓吹女子「從一而終」而間接激勵官員、民眾愚忠於封建王朝及其統治者。這正是封建王朝極力表彰烈女、節婦的用意所在。此類「烈女」事跡獲得眾多官員、文人大唱讚歌的事例在方志中並不罕見。這對於激勵婦女堅持「貞節」無疑起到了激勵的作用。明萬曆六、七年（1578～1579）任電白縣令的張希皋，對於表彰「貞節」列女亦頗重視。他在任期間，「其孝弟（悌）、貞節之行彰顯之以勵俗」。〔註64〕

此外，封建士大夫還對列女事跡進行神化，這對於激勵婦女堅守「貞節」也起到了顯然的激勵作用。如《光緒重修電白縣志》卷20《人物五·列女》

〔註64〕《光緒重修電白縣志》卷27《紀述三·金石·邑侯公生祠記》，第285頁。

記載：「邵秉孝妻李氏，孱生邵琳母，年二十四夫故，時（邵）琳甫在襁褓，李（氏）堅志孀守，備嘗艱苦，始終不渝其操。（亡）夫曾寄殯山園，野火延燒，林木盡毀。李（氏）號哭呼天，火未及柩頓滅，人以爲誠感所至。」〔註65〕似乎大火頓滅是因爲聽到了列女李氏的「哭呼」，是爲李氏的「孀守」事跡所感動。志家書寫的意圖是顯然的，就是激勵婦女「守貞」。再如，志載清朝陽江縣有一節婦譚氏，生員譚布機之女，五歲許嫁林萬化之子，年十二而萬化之子夭折。譚氏悲哀號泣，絕粒數日。後來父母欲將女改嫁。譚氏嚴詞拒絕，遂往祭夫墓。會沿海內徙（按，清初，爲鎮壓海上抗清的鄭成功勢力，清朝廷強迫沿海地區民眾內遷，違者格殺勿論），飢饉洊臻，翁姑（公公婆婆）、父母相繼歿，兄弟離散。女依舅氏謝博之家，紡織以糊其口，終無怨悔，年三十七而卒。相傳「葬之日，白鶴數千繞墓飛翔。」〔註66〕白鶴是「貞潔」的象徵。白鶴繞墓飛翔，寓意墓主事跡不僅感人，甚至令白鶴都心生感念。這顯然是志書編寫者的刻意虛構美化。

（三）法官判案明顯向列女「傾斜」，以此激勵女性「見賢思齊」

《光緒重修電白縣志》卷 30《紀述六·雜錄》中記載了一則縣官判案事例，從中可代表官方對於「守貞」女的讚頌與表彰：

嘉慶癸亥年（1803）冬，有吳川梅菉李家婢毛氏，年十九，頗有姿色。有姦人設計，將她私賣娼家。行至沙瑯鄉，毛氏發現中人奸計，呼叫尋死。事情傳開，人言藉藉。里長將情況向巡檢司負責人姜國楷報告。娼家鴇母託人向姜國楷行賄，祈求恕罪。姜國楷說：「汝買良爲娼，以圖利也；今女子欲以身殉，是汝不得利，又添一重命案，失算甚矣。不如借熟人通信（告知）原主贖回，爾另籌可也。」鴇母以爲然，將從之。不料節外生枝，當地有一劣紳，因爲族叔無子，正想買一妾，見毛氏貌美，正中下懷。此事被人檢舉揭發，姜國楷不准。這時，毛氏原主——吳川縣梅菉鎮李定也聽聞消息，正派人急急腳追趕，向姜國楷求助，請求以原價贖回。此事終算有了結局。毛氏已哭泣數日，粒米滴水不進，只圖一死求「清白」。姜國楷派人將毛氏送回李宅，並對「矢志守貞」的毛氏大加表彰。他「賞以海葛（葛布）兩端，旌之曰『有志賢媛』，又題以聯曰：『不爲強暴所污，效秦廷七日之哭，能以貞潔自守，合班姬（西漢史學家，一名昭，史學家班彪之女，班固之妹，著有

〔註65〕《光緒重修電白縣志》卷20《人物五·列女》第203頁。
〔註66〕《民國陽江縣志》卷33《人物志四·列傳·列女·清》，第508頁。

《女誡》七篇，陳述婦女應遵守的封建倫理道德）四戒之規。庶女之能守潔，卑官之能公廉，胥（皆）足稱美。』」〔註67〕

另有一近似事例亦足以表明地方法官對於「貞節」女性的表彰與支持。

志載：清代，電白縣有一男，姓名龍福兒。其父在時聘許氏女為妻。及父歿，家庭日漸貧困。許氏又年少，失去父母，不得不依靠兄嫂。因為許氏生長得眉目清秀，有富家子見而悅之，以重金收買其兄，求其兄退去原定婚約。兄性貪婪，又欺龍福兒勢單力弱，於是威逼利誘，許以五十金請退婚約。龍福兒母子計無所出，且考慮到連年飢饉，得五十金亦可少濟生活，不得已而允之。許氏獲悉，涕泣求死。有一親戚可憐許氏有貞節之志，將許氏隱藏於其家中。富室兒探得消息，令許氏兄搜尋。親戚又將許氏另藏他所。富室兒四處搜尋不得，無計可施，只得打官司，以「窩拐」罪訟於官。縣令遣人拘捕許氏親戚。親戚逃避藏匿。縣令即判許氏歸富室兒。不久，新、舊縣令更替。新任縣令姓盛，名墨峰，以「廉明有聲」著稱。親戚瞭解情況後，出而向新縣令訟冤。盛縣令查明了事件緣由真相，於是貼出告示，說明某日將於公堂判斷。屆時，爭訟雙方咸集，旁觀者眾多。盛縣令坐於堂上，傳龍福兒問：「許氏爾妻乎？」龍福兒曰：「幼時亡父所媒定者。」縣令曰：「今爾以貧退婚，奈何（為什麼）？」曰：「實為妻兄所逼，非所願也。」縣令曰：「何不訟之？」曰：「飢寒交迫，救死而恐不贍，訟亦終凶耳（意謂即使打贏官司，恐怕日後亦不免災難）。」盛縣令又斥責許氏親戚「誘拐詁訟，冀索富室金」（隱藏許氏，圖謀得到富室金錢）。親戚說，並非謀取富室金錢，實際上是見許氏堅貞不屈，欲赴水死，憐而救之；再說，富家確曾以金收買他，讓他交出許氏，但他堅決拒絕。盛縣令又問：那你為什麼之前藏匿，而今又挺身而出訟冤？親戚說：「非青天在位不敢見也。」縣令問許氏，親戚所說是否屬實？許氏只是哭泣不答。縣令說：「爾夫既已離婚矣，與其隨貧婆子飢寒以終也，何若（不如）從富室兒啖粱肉而衣文繡？」許氏聽後大哭失聲，以為縣令要判決她歸富室兒。盛縣令說：「若判（爾）歸龍（福兒），得無悔乎？」許氏叩頭表示絕不後悔。盛縣令於是宣許氏兄進堂，怒氣衝衝責備說：「妹操冰霜之節，爾圖金帛之私，具此狼心，實非人類，重責三十；富室子恃富謀占人妻，應案（按）律令重懲，姑從寬恕，罰銀百兩與龍福兒為婚費。」雙方都表示願意接受

〔註67〕《光緒重修電白縣志》卷30《紀述六・雜錄》，第313頁。

判決結果。於是，盛縣令讓皁隸（衙役）準備好彩輿、鼓吹，於公堂上舉行婚禮，讓一老嫗引許氏進後堂。「女（許氏）釵光鬢影，彩服繡裙，嶄然一新，光豔奪目。公（盛縣令）賞助婚（錢）五十兩，即以本縣全部執式送歸。命舅某（親戚）爲（龍）福兒主婚，導之前行。其時，觀者千百，人莫不忭舞（歡欣鼓舞），以爲龍圖（包公）復出。」〔註68〕

此案例中，盛縣令其實不僅僅是對一個婚姻爭訟案的判決，同時亦是對婦女守貞的激勵與倡揚，其影響力不可小覷。

（四）地方鄉紳倡建貞節牌坊及節孝祠的激勵

丈夫或未婚夫病逝，妻子或未婚妻理應節哀順變，肩負持家重任；然而，有些女性在封建社會「從一而終」的倫理觀念的教唆之下，竟以自殺方式殉葬，以求「生不同日，死期同穴」。這樣愚昧至極之事，在封建時代卻贏得了士大夫的歌頌，竟成爲人們學習的榜樣！如清代陽江籍女子莫嬌姐，聰慧知詩，定婚於頓缽村武生張煥典。莫嬌姐十六歲時，張煥典卒，嬌姐請求到張家去「守貞」；未得允許，竟服毒自盡，留下遺書，辭別父母及「舅姑」（公婆），有「生未同衾，死期同穴」之語。其絕命詩云：「十里黃雲白日曛，紗窗何處覓夫君。生前未見親夫面，死後且同葬一墳。」兩家父母、舅姑憐其志，竟得與夫合葬。士大夫多作詩文弔之。同治年間獲得朝廷旌表，給庫銀六十兩建牌坊，後入祀節孝祠。〔註69〕

封建時代，地方鄉紳是封建道德的積極倡揚者。鑒於官府對節孝婦女的表彰常常人數有限，他們便另闢蹊徑，自籌資金，興建「節孝祠」，將節孝女性供奉其中，使封建官府倡揚的節、孝觀念更加深入人心。例如，陽江縣於清朝雍正三年（1725）在縣學中興建了節孝祠；同治六年（1867），邑紳梁思遜等人又倡捐增建節孝祠，祀節孝七百二十一人。曹秉哲《增建節孝祠碑記》對此事原委有較詳細的敘述，謂：

> 余嘗讀《貞姬記》、《列女傳》諸書，見其柏舟勵志，井水盟心，苦節之貞，安之若素，心竊羨焉，以爲足以維持名教，培植綱常，勁節清操，洵堪（實在值得）不朽。所慮不蒙旌表，則蘭芷之佩亦同芣菲之遺；即有有力之家，非無人代爲申報，然或數十年僅得數人（受表彰），或數百里僅得一人（受表彰），其它玉質煙湮，苔徽

〔註68〕《光緒重修電白縣志》卷30《紀述六‧雜錄》，第313～314頁。
〔註69〕《民國陽江縣志》卷33《人物志四‧列傳‧列女‧清》，第535～536頁。

雲散者，何可勝道，將何以彰潛德，闡幽光乎！余同年梁君謙六，
區君燧知，仿彙報之條，廣致搜羅，亦嚴加察核，於合廳孝貞節烈
共得七百二十一名，據結稟詳，得並邀恩獎；又因其神棲舊址敝陋
不堪，復倡議簽捐，得銀若干兩，由是造祠建坊，刊書置業籌款，
皆次第舉行，甚盛事也。辛末（1871）春，余被命分試禮闈（主持
地方科舉考試），既竣事，得接見梁（謙六）、區（燧知）二同年，
爲具道其始末，以將勒石，請序於余。余惟（認爲），古之忠臣義士
氣沮（敗壞）金石，不屈不渝，莫不姓、字播於旂常，勳德歌於郊
廟。至如諸婦女誓心天日，好義捐生，巾幗鬚眉（喻女子像男子一
樣剛烈），常凜凜有生氣，雖忠臣義士何以加茲？故宜其崇褒下逮，
桌櫝增輝，享俎豆於千秋，播聲稱於奕祀（廣遠），雖日含茶茹蘗，
原無心人世之表揚，而有美必彰，無幽不發。此天道之固然，亦人
心之同然乎！余喜梁、區二同年倡此義舉，使名姬淑媛先後感荷恩
倫，又李君同石、鄧君文石……等協力贊襄，得以成其事也。此豈
徒爲諸婦女之旌表計哉？推其意即孝子之所以事親，純臣之所以事
君，維持名教，培植綱常於是乎在。是即諸君子潛移默導之微權
也……〔註70〕

（五）報應思想的灌輸

報應思想不僅爲宗教所宣揚，亦爲封建統治者所大力鼓吹，謂「善有善
報，惡有惡報」。這對於普羅大眾，尤其是婦女，有莫大的吸引力。志家在記
錄歷代列女貞婦事跡時，亦有意作這方面的宣揚，旨在激勵風氣。如《光緒
茂名縣志》卷七《人物下・列女》篇，記載節婦劉氏事跡云：「庠生楊天能妻
劉氏，廩生（劉）士振女，二十八夫故，慟哭誓殉，不食者累日。翁姑以幼
子在抱，責以大義。（劉氏）忍死撫孤，貞操自勵，教子（楊）芝秀列膠庠（入
縣學讀書）。當夫死未穸（葬），時（劉）氏旦夕撫棺號痛，夢中若有神人指
以葬所，得吉地，後兩孫友敬，薦明經，曾（孫）元（玄孫）蔚起諸生，人
以爲貞節之報。」（226 頁）似乎節婦劉氏後代在讀書、科舉上有出色，並非
他們勤苦攻讀的結果，而完全是劉氏「貞節之報」的結果。清代石城縣「林
德嵩妻張氏，廩生（林）呈桂母，年二十七夫故，矢志撫孤。子稍長，患痘
氣，絕幾終日（已氣絕將近一天）。（張）氏撫其背而泣，忽咯血數塊始蘇。（張）

〔註70〕《民國陽江縣志》卷9《建置二・坊廟》，第257頁。

氏延師課讀，慈嚴交至。子以縣案入泮食餼（入縣儒學就讀，享受助學金），後亦卒。（張）氏偕媳孀守，冰清玉潔，守節五十七載，曾孫繞膝，人謂德報。」〔註71〕似乎林家「曾孫繞膝」，人丁興旺，正是張氏婆媳「孀守，冰清玉潔」的結果。再如清代電白縣「吳克仁妻王氏，職員吳廣達妻唐氏，即克仁媳，俱二十五歲夫故，一門雙節。闕後子若孫膠庠接踵（子孫接連考入府、縣儒學就讀），有拔貢（吳）彤廷者，人以為苦節之報云。」〔註72〕清代電白縣陳士玫妻梁氏，年十七夫故，悲痛欲絕，曾有殉葬之思，惟念翁歿姑存，奉養無人，只得放棄殉死之念，辛勤持家，「至今孫、曾（孫）多眾，皆節孝之德所致焉。」〔註73〕

上述「列女」長年守寡，艱辛持家，不僅使家庭不致於分崩離析，甚至可使丈夫後嗣繁衍旺盛，都被視為「節孝之德」所致，這在社會上、民眾中無疑可以產生激勵作用。

（六）親人的影響

在封建時代，節婦受到世人的欽敬，尤其是母親守節，常常可以影響及於其女或媳，所謂「有母氏風」。如「庠生梁聯鴻妻李氏，廩生元學女，二十六而寡，敬事翁姑，喪葬盡禮，苦節六十年。一子（梁）文光補郡弟子，一女適（嫁）庠生張貽曾，亦孀居守節，有母氏風。」〔註74〕「李德元妻梁氏，年二十夫故，無子。母使再醮（改嫁），（梁）氏引刀刺頸，以救免。自是蓬頭垢面，勤以養姑。（李）懿元妻張氏，亦二十貞守，壽六旬（六十歲）外。姒娣雙節，同治十一年旌。」〔註75〕

從方志記載可知，明清時期粵西地區多有一家而有「兩嫠」、「二嫠」者，如「曾敬齋妻郭氏，諸生（郭）士望女，十九歸（嫁）曾（敬齋），一月而寡，以夫兄子（曾）異撰嗣，入國學，未嗣而歿。（媳）婦（曾異撰妻）鄧氏，年二十四，撫從子（姪子）福龍為子。姑（婆婆）媳兩嫠，螟蛉再續，年俱七十餘，黨族憐而賢之。」又如，「莊擇嵩妻朱氏，二十四守節。姑老病，侍養不離側。撫規（莊）擇龍子為嗣，九歲殤。又以擇龍長子連有為兩房子（兩家之子）。連有初娶盧（氏），產一男。朱（氏）為再娶馬（氏）為己媳。馬

〔註71〕《民國石城縣志》卷7《人物志下‧列女》，第531頁。
〔註72〕《光緒重修電白縣志》卷20《人物五‧列女》，第206頁。
〔註73〕《光緒重修電白縣志》卷21《人物六‧列女》，第213頁。
〔註74〕《光緒茂名縣志》卷7《人物志第五之下‧列女‧國朝》，第265頁。
〔註75〕《光緒茂名縣志》卷7《人物志第五之下‧列女‧國朝》，第267頁。

（氏）年二十三而連有亡，兒至九歲又殤。因撫盧氏次子（莊）尙德爲嗣。今朱（氏）年九十，馬（氏）亦六十有七。尙德入太學，有四孫，二嫠相倚數十年，茶苦備嘗，（鄉）里賢之。」〔註76〕甚至有「一門三節」者，如「生員周全敏妻黎氏，廩生（黎）憲昕女，年二十一孀守，壽八十有三。子監生贊元妻范氏，生員（范）一胡女，產二子，不育（沒養大成人），二十入而寡，現年七十六歲，嗣孫（周）以錫妻黎氏，生一子（周）道明，年二十四而寡，三十九歲卒。一門三節。」〔註77〕

四、結語

　　封建王朝對於節、孝的極力倡導，使節、孝觀念深入人心。這雖有維持家庭、社會安定的作用，但其消極影響也是很顯然的，有時候甚至造成了子爲父死、婦爲夫亡的一人死，眾人隨之而死的悲慘結局。如《光緒重修電白縣志》卷20《人物五·列女》記載：「庠生李彭年妻黃氏，彭年痛父（因父逝而悲痛），哀毀成疾死。黃（氏）乃曰：『爾爲父死，我爲夫亡。』遂縊而殉之。」（第202頁）在黃氏看來，夫哀父而死是「孝」的表現，自己殉夫則是「節」的表現。在「孝」、「節」觀念面前，生命已被看得無關緊要，微不足道。這是封建倫理道德「吃人」的本質所在。

　　另外，封建時代統治者倡揚「從一而終」，是教導女性既嫁之後，勿因爲丈夫病殘、落泊、去世等而變心改嫁，以至造成家破人亡，造成紛爭，破壞社會秩序，主觀意圖不可謂不良；然而，在封建統治者的大力宣揚之下，在許多女性心目中，「從一而終」已成「鐵律」，無論如何不可變更，即使遭到丈夫或未婚夫厭惡、抗拒，亦不例外，否則只有一條路可走——一死了之！如此結果委實令人唏噓。如志載：石城縣「鄧鍾傑妻林氏，林復女，幼失恃（喪母），（林）復偶攜至（邵鍾）傑家，傑大母（祖母）見其（林氏）端秀遂向（林）復求之，使子（邵）炳養爲（孫邵鍾）傑妻。（林）復許之。林（氏）入門即得舅姑及太姑（祖母）歡心。稍長，中饋針黹（針線活）姑（婆婆）悉委之。及笄（成年），告宗族將行合巹（古代夫婦成婚的一種儀式）。（邵鍾）傑素以林（氏）幼養爲恥，又以里中年少多嘲謔，遂絕林（氏）不成禮。父母責勸百端不回，而林（氏）毫無怨怒，執婦道如常。三年，（邵鍾）傑棄意

〔註76〕《光緒茂名縣志》卷7《人物下·列女》，第267頁。
〔註77〕《光緒茂名縣志》卷7《人物下·列女》，第273頁。

益堅，且時加詬厲（辱罵）。姑（婆婆）恐誤其終身，將令（林氏）改嫁。林（氏）覺，矢（發誓）於姑前曰：『婦爲夫棄，命也，決無他適（改嫁），所望者夫必有後耳。』次夕遂自經於房，時年二十一。」〔註78〕婦爲夫所棄而自經或許屬於個別事例，不具有普遍性；但由此可見封建時代「從一而終」思想是如何深入女性之心。林氏既然生得「端秀」，又善「中饋針黹」，屬賢妻良母型，如能面對現實而改嫁，未必不是一條光明出路。然而，林氏卻選擇了「一棵樹上弔死」，可悲可歎！

　　在方志數以千百計的「列女」傳中，不乏這樣在今天看來簡直不可思議之事：女子尚未出嫁，只是經「媒妁之言，父母之命」與某男子定婚，一旦此男子因故去世，女子則要求按封建禮規服喪，並不乏毅然自盡以「殉夫」者；婦女守寡，獨力支撐一個家庭養老育幼的重擔，其艱苦、悽楚可想而知；一些親人出於良好用心，婉轉規勸寡婦改嫁以擺脫困境，意圖可謂善矣，卻被許多堅貞「守節」終老者認爲「侮辱」，被「唾其臉」者有之，從此訣絕不再往來者亦有之，甚至有一聽聞親人勸告改嫁而立即上弔自盡者！似乎「從一而終」才是「神聖」事業，無上榮光，而改嫁則是奇恥大辱，生不如死！這些「列女」眞可謂「視死如歸」了。是什麼支持她們這樣愚昧的行動？當然是吃人的封建禮教！

〔註78〕《光緒復修電白縣志》卷20《人物五・列女》，第205～206頁。

八、明清時期吳川縣教育事業發展管窺

摘　要

　　粵西吳川縣學校教育的興起大約始於宋代。元代，吳川縣學校教育仍在持續。明代 270 餘年間，吳川縣學歷經多次重修，體現了地方官對於縣學教育的重視。清代，流民復歸，秩序恢復，吳川縣學校教育事業的復興具備了必要的條件。與官辦縣學教育在官方重視之下得以持續發展之同時，吳川縣書院教育亦得以發展。明清時期，吳川人（包括官員及民眾）對教育事業格外重視，吳川教育在粵西地區是走在前列的。促使明清時期吳川縣教育事業走在粵西地區前列的原因，依筆者之見，一是吳川縣歷任地方官對於振興教育事業的重視及對諸生學業進步的殷切期望；二是重視規章制度建設，並與獎罰相結合；三是使學校教育的經費來源有保障；四是縣學教官對於學校教育的赤誠及盡職盡責；五是吳川鄉紳士人對於地方教育事業的積極襄助。

關鍵詞：明清時期；吳川縣；教育事業

一、明清時期吳川縣儒學教育發展概述

　　吳川縣學校教育的興起大約始於宋代。北宋慶曆四年（1044），朝廷下詔書要求全國各州縣都應設立學校，開展教育，以培養人才。粵西地區響應號召，縣學紛紛興建，吳川縣亦不例外。元代，吳川縣學校教育仍在持續。《光緒吳川縣志》卷4《經政‧學校》載：縣學「學宮在縣治右，西向，原在舊縣治左，南向；元至正九年（1349），主簿唐必達（原注：舊邑志作必敬）、教諭吳仲元修建。明因之……」﹝註1﹞明代270餘年間，吳川縣學歷經多次重修，體現了地方官對於縣學教育的重視。其中，明正統二年（1437），知縣劉震主持對吳川縣學作了一次較大規模的修葺。關於此次維修，明代吳川縣學教諭鄧宜作《重修（吳川縣）儒學碑記》有具體詳盡的敘述，謂：

　　　　國家政治在於賢才，賢才之成本於學校。帝王相承，率由茲道。洪惟聖朝內設國子監以來（招徠）天下之英髦（人才），外立郡縣學以育民間之俊秀，豐其廩餼（助學金），免其差徭，遴選師儒以司教鐸（負責教化），無非欲得真材以資任用而已。皇上臨御以來，惓惓於此，尤慮所在有司罔體（不能領悟）是心而又慎簡（選擇）賢良分理學政。翰林編修、安成（人）彭公琉以文學才行欽承教諭，僉憲廣東，正統丁巳（1437）按臨吳川，睹學舍壞陋，而聖殿爲尤甚，命大尹（縣令）劉公震、掌史馮公憲修理。越明年（1438）夏，掌史（馮公）謀於大尹，重建大成殿，用木刻四配十哲像。己未（1439），貳尹（副縣令）徐公崇善至，謁先師，見學校不修，堂屋將頹，且聞僉憲公（彭琉）命，庚申（1440）夏，遂同掌史重建明倫堂。既而貳尹徵收預備穀石，掌史督夫役築石城，而門廡齋舍未克完美。辛酉（1441）秋，徐公穀完（按，指徵收預備倉穀任務完成），視篆縣治無事，乃以農隙（農閒時節），命工起欞星門、東西齋廡、新饌堂、廚堂、神庫、卷房，闢月臺，修沙墀與凡出入道路，俱砌以磚，周圍牆垣悉蓋以瓦，卑者培（增高）之，曲者直之，大（擴充）其規模，增其款制，則用石礱基（用磚砌築），以木爲橋，而又加以欄干。文昌祠、先賢牌、神廚、宰牲房、公廨、涼亭悉更新之；又闢東蔬圃，爲號房二十餘間，軒窗典雅，制度精緻，諸生講息（講學、

　　　　　　　　　　　　　　　　　　　　　　　　　　　　　　　　　　

﹝註1﹞《光緒吳川縣志》卷4《經政‧學校》第116頁。

休息）咸有其所矣。抑觀徐公（崇善）之理事有如家事焉，或日到數次，或終日在學（校），教其用工，慰勞民力，木植（材）採之山林，磚瓦教其陶植（製作），是以眾樂趨事，成功為易。壬戌（1442）暮春，厥工既畢，丹青相映，黝堊（塗飾）交輝，又選俊秀子弟四十人送學讀書，由是生徒濟濟，伊吾（讀書）之聲晝夜無間。雖然，是固本於掌史馮公（憲）祇（恭敬）承僉憲公（彭琉）命以倡其始，而實由於貳尹徐公（崇善）克成厥終焉。夫吳川瀕海，素稱難治，自非（如果不是）徐、馮二公德足以使人（使喚工匠），才足以幹事，其不至於方（違逆）命者幾希（很難）。今二公惟以作興學校為事，可謂能體（味）皇上之心，善繼僉憲之志，而知為政之先務者。行見（可以預見）吳川之士風益振而民德歸厚矣，其於治化豈小補哉！予忝教是邑（我小才大用被授任吳川縣學教諭），躬逢盛事，遂記其實，勒諸石（鐫刻於石碑），庶垂於不朽者。」〔註2〕

事隔 70 年，明正德年間（1506～1521），吳川縣儒學又作了一次規模較大的重修。關於此次重修，明高州推官〔註3〕黃斌《重修儒學碑記》有詳細紀述：

　　吳（川）之有學（校）舊矣，迨我朝肇造區夏（統治建立），崇重儒學，治教休明，譽髦輩出。以故（因各種原因）堂宇傾頹，齋舍榛莽。先是，正德丁巳（1437），安成彭公（琉）以翰林編修督學按部，視正殿齋舍圮甚，命縣經營大修，規模比舊益竑（廣大）。歲久又頹，飄於風雨，將不可仍（持續）也。正德癸酉（1513），郡守陳公嘉表目擊而歎曰：「學校者教訓之地，禮義所自出，淩（落頹）敗若是，何由正教（端正教化）而淑人（培育人才）耶！」慨然捐貲，令有司撤舊而增修之。維時（只是由於當時）邑宰（縣令）更代不常，雖或志於經畫而緒未就（事情未能辦成）。越明年，莆田方公奉方（命）來牧，下車之初，謂是役終不可緩，毅然以興復為任，乃命工庸役，取木於山，輦甓於陶（燒造並運輸磚石），而宗（屋大梁）棟、櫨栭、楹礎之類悉備。且首建明倫堂，以至東西二齋、兩廡、師舍，視政之暇躬敦其事，經葺修砌，丹雘黝堊（油漆粉刷）

〔註2〕《光緒吳川縣志》卷4《經政·學校》，第116～117頁。
〔註3〕推官，官名，唐代節度使、觀察使、團練使、防禦史之屬官，掌勘問刑獄。明代各府也置推官一人，專管一府刑獄，俗稱「刑廳」。

皆躬身區畫，門庭堂宇額皆手書，締構麗宏，不（及）五月而告成。
居無何（不久），君（方縣令）以美調就道（因職務調動而離任），
雖不獲親睹成效，然而文風丕（大）振，士氣爭自濯磨，行將陟華
濟要（士人皆刻苦努力攻讀，將成爲各路傑出人才），取青紫如拾芥
者（任官從政不費吹灰之力），皆君之所陶鑄也，其功詎（豈）小補
哉！今雖移宰他邑，遺愛在人，善不容沒，是宜壽（保存）厥（其）
績於石，用垂永久。〔註4〕

由上述所引史料可知，明代吳川縣地方官對教育事業，尤其是學校教育的發
展，高度重視，不僅投入大量人力物力以維新學校，官員還在理政之餘親臨
學校，視察興修狀況，促使維修工作保質按期完成。此外，針對明清時期風
水學說較流行，人們風水觀念較強的狀況，地方官還在風水設施上動腦筋，興
工造作，從心理上給士人以積極影響。《明御史黃岡（人）樊玉衡水月樓記》謂：

吳川（水）源自西粵，至信宜（縣境）而派（流）經郡城，歷
石龍（今廣東化州縣）直放乎縣之限門入海，則風氣宣泄，人文用
湮（文化落後，人才難出）。堪輿家（風水先生）以爲是於塔宜（應
建塔以改善風水）。泰和（今江西省泰和縣）周侯（應鼇）由治邑高
第晉勳部（因治績突出受到有關部門重視），已（之後）復出宰吳川
（出任吳川縣令），三年政成化洽，則以邑（縣）士民之請，爲建浮
屠（塔）七級，曰「雙鋒塔」。塔之前爲江陽書院，顏其堂曰「會源」，
左右僧房曰「棲正」，曰「雲間洞天」；又左右爲橫舍者十，而撮其
勝於巇巔之樓曰「水月」，自去年九月經始，至今年正月落成，人咸
嘉（讚美）侯（周應鼇）之神於創（神奇的創建）……」又云：「吳
故岩邑（吳川本是一個多山之縣），咫尺海壖（濱臨大海），寇盜奸
宄往往蜂蟻鯨訌（爭戰、作亂）其間。士不乏穎秀，然科第闕如（科
舉考試無人及第），風氣無論於泄而疑若未盡開（有人認爲是風氣泄
漏，故人才寥落）。自侯（周應鼇）下車（蒞任吳川縣令），一不鄙
夷其民之所爲（並不因爲吳川人的迷信愚昧而鄙視之），一切耙梳蕩
滌，更始改觀，而於多士（士人）則爲之戒期會課，躬自校閱指授，
俊髦（人才）咸集……〔註5〕

〔註4〕《光緒吳川縣志》卷4《經政・學校》，第117頁。
〔註5〕《光緒吳川縣志》卷4《經政・學校》，第122～123頁。

－171－

清初，歷經改朝換代的變遷，戰爭的摧殘，吳川縣已幾成廢墟。《邑人吳沖雲代宋邑令世遠作祭張總鎮（奇英）文》對此有所反映。文云：

> 皇上（清朝康熙帝）念公（宋世遠縣令）自下車來，息烽燧，靖鯨鯢（喻維持地方社會治安），育蒼（生）赤（子），德威所至，莫不傾心。竊念三郡（高州、廉州、雷州）之戴德在高涼（州）較深，而高涼之被澤惟吳（川）為最。何也？吳川海邑，寇踞連年，災祲繼至，荒煙蔓草間，幾無人矣。間有孑遺而俯仰無依，又鳥獸散（即使有個別人得以死裏逃生，又因為無以為生不得不離去）。嗚呼，吳（川之）民日漸以少，吳（川之）糧（按，指地方所欠官府稅糧）日積以多，吳（川之）逋賦不蠲，吳（川之）殘黎皆弊，雖有民牧（地方官），未如之何……〔註6〕

在此背景之下，吳川縣的教育事業自然無從提起。經過張奇英總兵的一番努力，招復流亡，維持社會治安，「吳（川縣）之民悲者喜，病者愈而徙者旋矣」。〔註7〕流民的復歸，秩序的恢復，吳川縣學校教育事業的復興才具備必要條件。

與官辦縣學教育在官方重視之下得以持續發展之同時，吳川縣書院教育亦得以發展。書院教育興起於五代時期，宋代得以大發展。明清時期，作為官學教育的補充，書院教育仍然得到社會的重視及官方的支持，獲得較大發展。明清時期，吳川縣亦興建了不少書院，見於方志記載的有聽濤書院、正疑書院、雙江書院、江陽書院、川西書院、翔龍書院、敦睦書院、鎮文書院等。茲以江陽書院及翔龍書院為例以管中窺豹，概見明清時期吳川縣書院教育的態勢。

江陽書院。在縣南20里，明代吳川縣令周應鰲建，並置田租以為書院教學經濟來源。後漸衰廢，被邑人改為寺院，名「雙峰寺」，奉周應鰲祀。後僧人私鬻其田，經紳士林式僑等訟於官。清乾隆四十二年（1777），知縣張恂清斷還寺，以奉香燈及大比賓興（科舉考試）之用。久之，院宇頹敝。光緒五年（1879），縣紳士利用印金局小賓興錢重修，增拓兩廊，濬池完塔，祔祀助小賓興者之神主於中座；前樓祀文昌、魁星，後座供佛如舊式。

方志中「本邑小賓興資產附存」載云：

> 吳川士多寒素，初進庠（學校）奉學師，印金贄儀（學費禮物）往往艱於措辦。又，江陽書院傾圮，雙峰塔崩頹，光緒己卯

〔註6〕《光緒吳川縣志》卷5《職官·傳》，第207頁。
〔註7〕《光緒吳川縣志》卷5《職官·傳》，第207頁。

（1879）年，邑（縣）中紳士彭玉、林詔薰、李文泰、陳高梅、吳士彬、李俞祜、李若金等倡捐小賓興，重建江陽書院，修雙峰塔。庚辰（1880）二月，共收到捐資二萬七千貫。辛巳（1881）二月，收息錢一千七百二十千（緡），除己卯（1879）年開局建書院、修塔各費用錢六千七百三十千（緡），辛巳（1881）年歲科試文金贄儀冊金、祭事錢三千六百千（緡）外，尚存錢一萬八千三百貫。自壬午（1882）二月起至丙戌（1886）年二月，除遞科印金、祭事各項支用外，存本錢二萬四千七百貫，派在本邑（縣）當鋪生息。現爲支文武新生印金、補廩出貢印金、歲科老生冊金、祭牌位胙金用，俟存積至三萬貫，公置實產，然後酌議支給鄉（試）、會試水腳（費用）。」〔註8〕

由上述可見吳川縣有識之紳士對於江陽書院興復及維持教育之重視。他們不僅積極捐資支持書院教育的持續，還設法使捐資得以生息，不僅能資助書院教育，還能使學子日後參加省城的科舉考試亦從中得到資助，委實是一片赤誠熱心。

翔龍書院。在硇洲渡頭，去縣南120里，南宋末年景炎年間（1276～1278），丞相陸秀夫建書院以興學，並將硇洲島升格爲翔龍縣。元末，海寇麥福僭據硇洲，書院廢棄。明萬曆年間（1573～1620），高州知府歐陽烈重建翔龍書院，改名「翔龍小學」。《明知府泰和（人）歐陽烈翔龍小學記》云：

> 學（校）在吳川縣南硇洲馬鞍岡下，宋景炎（年間）幼主駐硇洲海中，黃龍見（出現），改元「祥興」。丞相陸秀夫因建翔龍書院。至是，知府歐陽烈憫其民遠居海島，顓蒙（愚昧）不事詩書，又爲城市豪民、異地黠商所欺，搜子弟可教者六七人，請於督學蔡公，與之衣巾而作新之，修復書院，擇師教育。父老咸欣喜趨事。訪求舊址不獲，遂圖（描畫）洲之形勢以進，請裁度表位。余乃按圖營（建）基（址），據馬鞍之勝，挹牛山之秀，命寧川千戶王如澄董其工，後爲堂三楹，奉先師，扁曰「敷文堂」。堂左右各一室，爲塾師教讀之所。東西翼以書舍各五（間），爲諸生肄業（之所），東曰「仁」、「義」、「禮」、「智」、「信」，西曰「視」、「聽」、「言」、「貌」、「思」。前爲門，扁曰「翔龍小學」，繚以垣；堂之後，磐石嵯峨，建閣其上，

〔註8〕《光緒吳川縣志》卷4《經政・學校》，第123頁。

曰「皇極循脊」，分左右龍虎；四周隙地俱屬焉，以備繕修。是役也，
費不斂而民自趨力，不勞而工自成，誠海外一大觀也。〔註9〕

清咸豐（1851～1861）初年，硇洲縉紳竇熙捐資倡率，遷建學校於都司
署左；不久學校又遭海風摧毀。當地父老呈請地方重修。《國朝邑人林植成重
修翔龍書院記略》在敘述了南宋以來書院興建歷程後接著說：

咸豐初，硇（洲）紳竇熙捐資倡率，遷於都司署左，海颶頻興，
瓦椽頹倒，父老呈請巡司王公申文莫邑侯（縣令）筍下修之，士庶
樂從，傾囊襄舉，成棟宇三間，東西並齋房，左為三忠祠，右為賓
興祠，佈局與明嘉（靖）間大同小異。〔註10〕

可見翔龍書院雖然僻處海島，但由於得到官員和當地民眾的重視，紳士「捐
資倡率」，「士庶樂從，傾囊襄舉」，使書院教育得以維持。

除縣學、書院教育外，在吳川縣一些經濟基礎較好的家族，也通過合（捐）
資的方式設立義學或家塾，進行基礎教育。為了取得良好的教育效果，一些
私學亦採取激勵機制。《邑人易文成序略》云：

業精於勤荒於嬉。文章一道尤其顯然者也。獎勵勤則士知勉
勵，操觚勤則筆無□機。自古作人胥（皆，全）由於此。吾族開基
以來，列黌舍（學校），宴鹿鳴，題雁塔（喻科舉及第）者代不乏人。
今稍弱矣。欲昌文教，非延師督課，其道無由（不能如願以償），爰
（於是）於辛酉（1801）季春倡為義學（亦稱「義塾」，古代鄉紳或
地方所建的一種免費私塾。從事初等教育，經費主要來源於祠堂、
廟宇地租，或由私人捐款資助）。凡屬子姓（族人）無不踴躍捐資，
統計得租百餘石，得錢幾十千（緡），雖與釜與庾（儘管有人資助鐵
鍋，有人捐獻糧食），多寡不齊，或百或千，重輕不等，要皆培養人
才之美意也。事成勒石以垂不朽，名曰『文林義學』。」〔註11〕

明清時期吳川縣教育事業發展的突出成就之一是年少而出類拔萃者眾
多。

清代吳川縣林召棠少年顯才成名，是許多人熟知之事。據方志記載，林
召棠是家中長子，父親四十二歲時母親才生下他。「召棠少時盡傳其家學，

〔註9〕 《光緒吳川縣志》卷4《經政‧學校》，第124頁。
〔註10〕 《光緒吳川縣志》卷4《經政‧學校》，第124～125頁。
〔註11〕 《光緒吳川縣志》卷4《經政‧學校》，第125頁。

年十八應童試，姚學使文田賞爲海濱俊才，拔補弟子員，七試皆優等。嘉慶
壬申（1812），程學使國仁得其卷，以大器目之，選充癸酉（1813）科拔貢生，
命入官署肄業，前後凡十年。丙子（1816）舉順天鄉試。道光三年癸未（1823）
成進士。殿試，成皇帝得（其）卷，硃批：『今科得一佳元，一字筆誤非關學
問。』遂拔一甲第一名及第，授職翰林院修撰……己丑（1829）以一等五名
留館。辛卯（1831）爲陝、甘正考官。」林召棠作爲考官，嚴格選才，不徇
私舞弊，爲國家爲地方選拔了一批有眞才實學的士人出仕任官。〔註12〕

　　幾乎與林召棠同時，吳川縣還有一位年少而英才勃發的吳家駿，林召棠
曾自歎不如，可惜其命運不濟，壯志難酬。志載：吳家駿「少穎慧，年十三
應道試，學使戴衢亨見其卷即首肯，飼以饎食。日午三藝已畢，戴（衢亨）
出，以煙竹指其腹曰：『爾年許小，爾腹何多書也？』遂補弟子員。嘉慶辛酉
（1801）屆選拔教諭，羅禮綿特報二人：一林聯桂，一即（吳）家駿也。是
科（林）聯桂貢，（吳）家駿陪之。越庚午（1810）舉於鄉，屢上公車不第。
晚（年）授直隸州州同，未仕，以授徒終於家。」吳家駿少年即顯露不凡才
華，受到有識官員的青睞，寄予厚望，却「屢上公車不第」，多次應試
而未被錄取，或者是臨場發揮有失水準，或者是考官「有眼不識泰山」，又或
者是其本人對於科場中的「潛規則」不熟悉，不走關係不送禮，終於屢屢失
意而歸，授徒終老。這也許就是封建時代科舉考試制度腐敗的表現之一。儘
管如此，吳家駿的「少穎慧」（這必然是良好教育的結果）還是給人留下了深
刻的印象。《國朝閨秀茂名（縣）梁純素贈十二歲吳秀才（家駿）詩》云：「異
品應從上界來，瓊枝未蕾即花開。入場共識奇童子，謁聖齊呼小秀才。投檄
終軍方少艾，鬥雞王勃尚嬰孩。阿誰誕此寧馨物，未冠聲名播九垓。」詩人
將吳家駿稱爲「異品」、「小秀才」、「奇童子」，可與西漢歷史上名聲顯赫的終
軍〔註13〕、唐朝英才王勃〔註14〕等「奇才」相媲美。

〔註12〕《光緒吳川縣志》卷7《人物·列傳·林召棠傳》，第287頁。
〔註13〕終軍（約前133～前112年），字子雲，濟南人，西漢著名的政治家、外交家。
　　　　少好學，18歲被選爲博士弟子，受到漢武帝賞識，封「謁者給事中」，後擢升
　　　　諫大夫。他曾先後成功出使匈奴、南越國。前112年，西漢發動對南越國統
　　　　一戰爭前夕，終軍主動「請纓」出使，欲說服南越國歸順，避免戰爭發生。
　　　　不料南越國相呂嘉堅持分裂立場，不願歸附統一國家，最終將終軍殺害，年
　　　　僅21歲，時人稱爲「終童」。
〔註14〕王勃（650～676），絳州龍門（今山西河津縣）人，自幼聰敏好學，九歲得顏
　　　　師古注《漢書》讀之，作《指瑕》十卷以摘其失。麟德（664～665）初年，

林召棠對英才勃發的吳家駿亦極讚賞。《邑人林召棠題吳家駿像贊》云：

> 崧岑（吳家駿）先生少負異稟，髫齡入泮（縣學），亭亭玉立，往來親串家。予（林召棠）始束髮就塾，見而慕之。又十餘年，同為縣學生，軺軒按試（按，指朝廷派遣使臣考察地方教育，主持考試），恒為甲乙（名列前茅），然先生沉酣載籍，文采溢發，予愧弗逮也。先後登賢書（指通過鄉試），會集京邸。爾後人事牽綴，里居日淺，不獲數數再合……」〔註15〕

吳家駿與林召棠一起攻讀，初級考試（院試、鄉試）「恒為甲乙」，不相上下，然而，一向「沉酣載籍，文采溢發」，連林召棠亦「愧弗逮也」的吳家駿最終在會試卻名落孫山，默默無聞，終老於鄉村，而自愧不如的林召棠卻科舉及第，平步青雲，方志留名！這或許就是「陰差陽錯」、「命中注定」？

到了清中期，吳川所出人才更多：「嘉慶、道光（以）來，邑（縣）中人物若林苫南、林辛山、吳回溪、黃修存諸公之學，竇武襄、曾壯果、陳勇烈諸公之勳名烜赫宇宙」，給人留下深刻的印象，「蕞爾小邑（縣）彬彬乎與中州（原）爭勝，實未可以前日（過去）之吳川視之」。清道光年間任吳川縣令的毛昌善曾說：「光緒十二年（1886），予權任茲土，竊喜（吳川縣）地偏事簡，民俗敦龐（敦樸厚實）而賢士大夫之多也」。〔註16〕「賢士大夫」眾多，給新來的毛縣令留下了深刻印象。

明清時期吳川縣教育事業發達，人才輩出，還表現在：一些善於經商的吳川人，雖因經貿而遠走異地他鄉，但他們仍然重視子弟的教育與仕進。如，《光緒吳川縣志》卷10《雜錄》記載：「吳川（縣）太平日久，地狹民繁，乾隆初頗有貿易者。嘉慶至今（光緒年間）則徙居儋州（今海南儋州市）之海頭（鎮），且（將近）數十百家。昌化（今海南昌江黎族自治縣昌化鎮）拔貢吳煥南及其弟、庠生（吳）灼南、（吳）炤南、庠生淩雲鶴、儋州生員鄭寅瑞、陳伯元、洗（冼）龍章，皆邑（吳川縣）人也。（其）他若徙安南（今越南），去新洲（今新加坡）者又不知幾許矣。」總之，重視教育，讀書成才已成為

劉祥道巡行關內，時年16歲的王勃上書自陳，受到劉祥道賞識，表於朝廷，對策高第。年未及冠，授朝散郎，多次獻頌闕下。沛王聞其名，召署王府修撰，撰著《平臺秘略》。書成，沛王愛重之。後因譏諷沛王，作《鬥雞檄》，被逐出王府。著名代表作有《騰王閣序》等。

〔註15〕《光緒吳川縣志》卷7《人物·列傳·吳家駿》，第292～293頁。

〔註16〕《光緒吳川縣志·重修吳川縣志序》，第2頁。

吳川人頭腦中根深蒂固的思想，不管在本地還是在異國他鄉，這種思想意識都歷久不衰，支持著他們刻苦攻讀，成爲社會、國家有用人才。

二、明清時期吳川縣教育事業發達探因

吳川縣在粵西是一個環境相對惡劣，社會治安不寧，人口寡少而經濟又落後之小縣，曾在光緒年間知吳川縣事的毛昌善在《重修吳川縣志序》中說：「吳川，嶺西蕞爾邑（縣）也……寇盜出沒而無險可守，其田畝高者旱，低者澇，三江諸堤少或崩潰，則合邑仰食於鄰縣，士民多漁佃，少商賈，內地縱橫六七十里，糧稅四千餘頃。前朝戶口至盛不過五六千，民生齷齪（艱難），鮮熙攘之樂士，亦罕有以顯宦著者。故官是邑（縣）者大都苦其落寞而有海濱荒僻之歎。」〔註 17〕如此環境，其教育亦應沉寂不振。然而，事實不然。明清時期，吳川人（包括官員及民眾）對教育事業格外重視。吳川教育在粵西地區是走在前列的。

清代吳川知縣張恂，在一篇有關吳川縣學校教育昌盛的文記中，充滿激情地讚歎道：

> 氣運關乎人才，人才興於學校。古之黨、庠、術、序，皆雅化作人而治道所由隆也。我國家重熙累洽，政教休明，都會郡縣莫不有學；又命有司隨地設立義學以廣其教，俾窮鄉僻壤皆被以敦詩說（悅）禮之風，猗歟！何其盛也！吳陽（川）瀕臨大海，固蕞爾邑（小縣）也，而文風丕（大）震，甲於高郡（州），豈獨海諸侯之國其人智而多文歟？抑其教化使然也？癸巳（1773）冬，余膺簡命來治於茲，甫下車，與其士大夫相接，咸彬彬有禮樂風。巡行鄉邑，則弦誦之聲達於丘墟籬落間，遂欣然樂之……〔註 18〕

吳川縣「文風丕（大）振，甲於高（州）郡」，當然不是因爲吳川縣人天生「智而多文」，而是「教化使然也」。正因爲吳川縣從城鎮到鄉村，「弦誦之聲達於丘墟籬落間」，教育發達，其士大夫才會「彬彬有禮樂風」，才會湧現出林召棠這樣在清代頗有名氣的傑出人物。

光緒十八年（1892），權知吳川縣事（代縣長）啓壽在《重修吳川縣志序》中亦說：

〔註 17〕《光緒吳川縣志・重修吳川縣志序》，第 2 頁。
〔註 18〕《光緒吳川縣志》卷 4《經政・學校》，第 121 頁。

光緒十有七年五月，啓壽奉召檄文權知吳川縣。至治所，見其地荒僻而其民願謹樸厚，有海濱鄒魯之風，心竊異之。既與此邦（縣）之賢士大夫遊，知自國朝（清朝）乾（隆）、嘉（慶）以來，耆哲輩出，相繼接踵，文通武達，代不乏人，知其民涵泳於聖化者固久且深，而其耳濡目染於鄉先生之教澤，流風遺韻至今未沫（盡，止），故能百餘年來若茲之盛也，語所謂僻土之民莫不向義，其信然耶！

〔註19〕

那麼，是什麼原因促使明清時期吳川縣教育事業走在粤西地區的前列？依筆者之見，一是吳川縣歷任地方官對於振興教育事業的重視及對諸生學業進步的殷切期望；二是重視規章制度建設，並與獎罰相結合；三是使學校教育的經費來源有保障；四是縣學教官對於學校教育的赤誠及盡職盡責；五是吳川鄉紳士人對於地方教育事業的積極襄助。以下試論證之。

（一）吳川縣地方官對於振興學校教育事業的重視及對諸生學業進步之殷切期望

如，乾隆三十八年（1773），張恂范任吳川知縣。他乍上任，即視察吳川縣學校教育狀況：「迨閱視吳陽（川）義學，見其基址湫隘（狹窄），而歷年既久，不免風雨之剝蝕，不禁慨然曰：『是余之責也夫！』乃捐廉（俸）興修，因其舊而擴充之。兩閱月而厥（其）功告成，然後講習有所，寢息有地，齋廚之屬罔不備具，計其費二百金而規模較遠矣。」除了從建制方面對學校教學設施加以拓展創新外，張縣令還從經濟上給予義學教育以支持。他「又慮師生修饌之資時歎支絀，爰（於是）取前歷任撥值田租，去浮核實，次第清釐，而附以視事後經斷歸公田數處，資斧（資金）亦於是少憂矣。」從擴展規模以及資金保障兩方面付出努力後，張恂縣令對吳川縣學校教育事業的發展充滿了信心。他說：「顧余承乏（任職）六載，竊愧德薄才疏，未能大有裨益所望；吳（川）之人士敬業樂群，愈加奮勵，則人才蔚起，科甲連翩，駸駸然（比喻事業進展得很快）有向上之勢，庶克副作（培育）人之盛也哉！若乃（至於）增美式廓，歷諸久遠，更有俟乎後之君子焉。」〔註20〕

吳川縣歷任地方官對於地方教育事業的重視，從乾隆四十六年（1781）任吳川知縣的王椿年的記文中亦可略見一斑。文謂：

〔註19〕《光緒吳川縣志·重修吳川縣志序》，第 1 頁。
〔註20〕《光緒吳川縣志》卷 4《經政·學校》，第 121 頁。

　　吳陽（川）義學之設，自邑令宋公（世遠）始，實大有造於吳
　　（川），論者比之文翁之在蜀〔註21〕。厥後攝篆李公（彩）。明府張
　　公（恂）皆以興起教化爲己任，重修府舍，廣延生徒，聽政之暇，
　　親詣塾館，進諸生而教之。此邦人士亦仰體雅意，爭自濯磨，至今
　　戶誦家弦，幾於海濱鄒魯矣。〔註22〕

正因爲受前任吳川縣官重視學校教育的影響，王椿年亦以重視吳川地方教育
而著稱。他在有關文章中說：

　　予丁丑〔註23〕歲奉簡命得宰是邦（吳川縣），與都人士相接見，
　　首詢義學修金膏火之數，並核實李（彩）、張（恂）二公存留底簿，
　　因歎二公美意有關而師徒之被澤者仍嫌不足，爰（於是）與學博曾
　　公、黎公擇諸生文行並優、才堪勝任者，得吳君雄川、駿基、林君
　　潔文、紀蘊四人爲齋長以經紀之，並浼（請託、央求）學博二公（曾
　　公、黎公）爲總攬，移案儒學爲久遠計，從前各佃（出租土地）所
　　入歲僅百千（緡），今細核田畝，可得二百千（緡），無傷於民，有
　　裨於士，予願諸君實心實意，重諸永久焉。

並對諸生的學業寄予了深切的期望，謂：

　　夫學校乃培植人材之地，人材乃國家所資以爲用者，況讀書談
　　道爲吾輩淵源一脈。予老矣，然遇佳文輒擊節歎賞，縱案牘頻繁，
　　未嘗不撥冗以追尋宿好（讀書作文）。諸生果能於雪案螢窗（喻刻苦
　　攻讀）嘉修贈我，我又不寧於蟲飛月出，辛苦憐君乎。諸生勉乎哉！
　　上以副朝廷作人之隆，下不負夙心相期之雅，是則予所厚望也夫！

　　〔註24〕

〔註21〕文翁，西漢廬江郡舒縣人。年少好學，通曉《春秋》，擔任郡縣小官吏時被考
　　　　察提拔。漢景帝後期，擔任蜀郡守，仁愛並喜歡教導感化。見蜀地的民風野
　　　　蠻落後，文翁就打算誘導教化，加以改進。於是他選出張叔等十多個聰敏有
　　　　才華的郡縣小官吏，親自告誡勉勵，遣送他們到京城，就學於太學中的博士，
　　　　有的學習法規法令。減少郡守府中開支，購買蜀刀、蜀布等蜀地特產物品，
　　　　委託考使送給太學中的博士。幾年後，這些蜀地青年都學成歸來，文翁讓他
　　　　們擔任要職，按順序考察提拔，他們中有的成爲了郡守、刺史。
〔註22〕《光緒吳川縣志》卷4《經政‧學校》，第121頁。
〔註23〕按，查《光緒吳川縣志》卷5《職官表》，知王椿年於乾隆四十六年（1781）
　　　　任吳川縣令，而此年干支紀年爲「辛丑」，可知「丁丑」當爲「辛丑」之誤。
〔註24〕《光緒吳川縣志》卷4《經政‧學校》，第121頁。

王椿年縣令不僅選拔賢俊以加強對教學事務及諸生的管理，而且從經濟上給予大力支持，為吳川縣教學事業的發展奠定了良好的基礎。之所以如此，不僅僅是受到前輩賢良官員重視學校教育的影響，更重要的是他對於「學校乃培植人材之地，人材乃國家所資以為用者」有深刻的認識。

官員對於學校教育的重視不僅體現在維修破敗的校舍，加強學校教學管理，通過獎勵與懲罰，促使生員奮發向上等方面，還體現在官員慷慨解囊，捐資助教助學上。在這方面，鍾麟的事跡是頗感人的。

鍾麟於清朝嘉慶年間（1796～1820）任吳川縣典史，期間，因為父母生病去世，按封建禮教規範，須離任守孝。離任前，鍾麟遍檢宦囊，得百餘金，遂將此百餘金授義學齋長，欲增置田租為諸生膏火費。齋長見鍾典史任職期間，為官清廉，生活清苦，不忍心接受捐金。鍾麟說：「儲茲（百餘金）薄俸欲以遺母，既不獲將菽水（既不能如願），請以移贈斯文（義學生徒），非敢沽名，體母志也，願勿卻。」地方縉紳聞之，喜曰：「少尉純孝也，愛其母施及吾邑（縣）人士，其儲育英才，穎封人之錫（賜）類者歟。」對鍾典史之義舉表示感激與讚賞。吳川士人李士忠在記述此事時，感慨寫道：「世不乏主持文教之人，率皆等學校如弁髦（身外之物），甚者借養親之名以恣其貪蠹，視公（鍾麟）之廣孝思以宏樂育，蓋愧甚矣！」最終，義學接受了鍾麟典史的捐獻，「爰將所受金買得三角上下四圍等垌，載米四斗一升，額租三十六石九斗呈縣立案。」〔註25〕再如王近仁，湖南善化人，同治年間（1862～1874）官硇（洲）司巡檢，慈愛而廉明。硇洲居海外，素少讀書之士。近仁修復久已頹廢的翔龍書院（建於南宋末年端宗流寓硇洲時），並捐廉（俸）置產以贍生徒膏火，聘賢師教之。〔註26〕

此外，《光緒吳川縣志》卷五《職官‧傳》中，還記錄了一批重視地方教育事業的官員的事跡，如陳衍，潮州海陽人，明景泰庚午（1450）舉人，成化三年（1467）任吳川知縣，「勸農興學，革弊除奸，士民悅服」；周應鼇，江西泰和人，萬曆丙戌（1586）進士，萬曆二十五年（1597）任吳川縣令，「甫下車即革弊政，建正穎書院，講課文藝，建雙峰塔於限門，收郡邑之水塔下；建江陽書院，置田租資諸生膏火，復因舊址築樓構亭，方欲改學官縣署為西向以納山水之秀，尋遷南京刑部主事，不果（改建學宮之事因為官職遷轉而未如願）」；

〔註25〕《光緒吳川縣志》卷4《經政‧學校》，第121頁。
〔註26〕《光緒吳川縣志》卷5《職官‧傳》，第207頁。

王泰徵，湖廣人，進士，崇禎十一年（1638）任吳川縣令，「實心撫字，雅意作人，課士談經史，抉旨要，一時多士蒸蒸蔚起」；汪季清，江西饒川人，明洪武年間以縣丞代理縣令，「潔己愛民，爲政務大體，不事煩苛，尤加意學校，黌宮（學校）祠宇廢者以興」。

（二）重視規章制度建設，並與獎罰相結合

光緒元年（1875），吳川知縣裘伯玉創設雙江書院。爲使書院教學能取得良好效果，裘縣令「新立規模（規章制度）以鼓勵士氣」。他在《創設雙江書院碑記》中說：

> 吳陽（川）義學（書院）由來久矣，迄今百有餘年，執經之士倍於疇昔，而膏火愈微。故近年甄別之日與考（參加考試）者寥寥，即應課之文亦多草率，幾於（幾乎）有名無實矣。余每逢官課（地方官主持的考試），雖捐廉（俸）厚獎，恐多士終有向隅（比喻孤立或得不到機會而失望）。嘗（曾）與邑紳林君純士、斐堂香士、陳君仁端、李君小岩等籌增膏火（助學經費），使椷樸菁莪（喻清貧學士）各沾濡潤。但諸生之應吳陽課（縣統一考試）也，視爲具文（形式），已成積習。與其徒增膏火而難挽頹波，不如新立規模以鼓勵士氣。因思姜前任（前任姜縣令）遷建考棚於（官）署左，外列號舍（試室），而內則廣廈重堂，意以三載兩考。時日無多，試後可爲弦誦（讀書）之所。現擬增設義學，即就考棚中廳顏其額曰：「雙江書院」，俾諸生肄業其中，以成姜君（前任姜縣令）之美意。其膏火之資，查有陶（姓）前（縣）令所存罰鍰（款）與向前任（前任向姓縣令）捐廉銀各一百兩，並爲義學經費。現計兩款本息六百八十千（緡），復經余籌捐，並捐廉錢一千零二十貫，合成一千七百貫，交治生、西成兩當（鋪）生息；又有控爭（因爭執而打官司）三江（今鑒江、梅江、袂花江）塍（田間土埂）外限口村兩處沙埇，經余斷充膏火，現共批租陸拾千（緡），亦交兩當（鋪）收存，商管其錢，紳覈其數，隨支隨取，毋得濫開（濫用），計每年息租除支膏火外，尚有贏餘，以俟增高繼長，或延師以資講貫（學習、複習），或增課以密功程，於多士實有裨益。茲列課規四條於左，爾紳士當體余志，恪守成章，務使與舊義學並重久遠，是余所厚幸耳。〔註27〕

〔註27〕《光緒吳川縣志》卷4《經政・學校》，第 123～124 頁。

吳陽書院原來學風不良，生員雖多，但「膏火愈微」，生員無心向學，裴伯玉縣令試圖通過「捐俸厚獎」以改變「頹勢」，但效果未如人意。於是，決定「與其徒增膏火而難挽頹波，不如新立規模以鼓勵士氣」，通過訂立規章制度，促使生員嚴格遵守，勵志向學。

（三）使學校教育經費有保障

明代是書院教育的興盛時期。入清，封建王朝加強思想控制，壟斷教育事業，使一些書院漸趨衰廢，或被改造爲初等教育的義學。如吳川縣「吳陽義學，在常平倉左，南向，舊名正疑書院……明知縣周應鼇建，置田租。後書院圯廢，田租亦失。國朝康熙三十年（1691），知縣宋世遠重建爲義學，捐置田租。後圯廢。乾隆十九年（1754），知縣李彩重修……」對此次重修，吳川知縣李彩作記敘述道：

> ……學校實人文之淵藪也。吳陽（川）義學之興自邑（縣）令宋公（世遠）始。當日捐廉俸置學田以爲師生修膏之費，駸駸乎文風日上，科目連翩（喻科舉及第者眾多），宋公大有造於多士（士人），而多士亦往往頌公德不衰。邇來租係官收，未免胥役中飽，遂致修金膏火日給不足。今年春，余奉檄攝是邦，紳士林春澤、吳樹錦等首以懇培學校告余。查閱前規，租值從廉，侵漁不少，義學之有名而無實效者，職是故也。因思士爲齊民坊表（表率），宜加培植以成棟樑，爰（於是）重修學舍，命諸君督理之，允其所請，將宋公（世遠）學田歸殷實紳士輪管，每年議租錢一百千文（余）。務宜有增毋減，以供修金，以給膏火。其收支數目設簿登記，一簿繳官，一存司事。歲底會同稽核以杜侵蝕。外此有斷歸義學田畝，現係陳一高等承耕，亦議准逢恩拔歲貢之生員輪管，給銀一十兩獎其盤費，尚有餘租，並不逢考貢之年，仍充義學資斧（資金）。由是修金頗厚，膏火日充，師若（及）弟（子）爭自濯磨，共相砥礪，上克副朝廷作人之雅化，下不辜宋公（世遠）造士之深心（厚意），行見人文蔚起，士習丕（大）振，而義學實效，匪今斯今（喻蒸蒸日上或人才輩出）矣。諸君勉乎哉，恪守今日之議，歷久不渝，是余所厚望也。」〔註28〕

〔註28〕《光緒吳川縣志》卷4《經政·學校》，第120頁。

當初，縣令宋世遠創立吳陽義學時，曾捐廉俸以置田，以爲師生教學經費來源，對於義學教育曾起過積極作用，使人才輩出，後來由於改由官吏管理租金，中飽私囊，影響了義學教育效果。新知縣李彩蒞任後，將宋世遠所置學田改歸殷實紳士輪流管理，租金以供師生修金膏火，並嚴定制度，使義學修金有增無減，「修金頗厚，膏火日充」，爲義學師生的教學活動提供了物質基礎，日後教化興盛，人才輩出是可以預期的。

（四）縣學教官對於學校教育的忠誠及盡職盡責

明清時期在吳川縣官學中從事教育工作的教官，多有盡職盡責，以教書育人爲己任，深受生徒愛戴者。如洪有成，遂溪人，「中明萬曆甲午（1594）鄉試副榜，由歲貢任浙江湯溪訓導，轉吳川教諭，諸生勤課之外毫無染指。時巡按特加旌獎，有『盤惟苜蓿』之稱。及歸，行李蕭然。吳（川）人士至今思慕之。」羅禮綿，廣東順德人，乾隆甲寅（1794）舉人，辛酉（1801）大挑二等，嘉慶十年（1805）任吳川縣學教諭，「作士有方，砥行無玷，淡泊明志，古道照人，絕請託，抑饒幸……自奉甚菲，暇惟與二三徒講學課文爲事……爲人師督課嚴而有法。漏五鼓即起，一燈熒照，相對導讀，晨昏講論必博引書史中人物得失爲學徒規，不僅以章句爲務。及抵任吳川，人士久耳（聞）其名，負笈來學者踵接，內外學舍爲滿。（羅）禮綿首誨以砥礪廉隅，明義利之辨；次訓以淵源，經術歸雅之宗，朝夕講貫，嚴定課程，如曩日（過去）爲諸生時，居數年疾作，遂告歸。歸之日，諸生賦詩贈行，相送數十里，依依不捨，至有泣下者。復以歲時往來問饋，沒其世不衰，教澤感人之深有如此。」再如胡健，「新會人，乾隆二十七年（1762）舉人，三十七年（1772）任吳川教職，遇歲晚無貲，典衣以周（濟）書役，門人（學生）歎服。在任六載，念母年逾八旬，乞終養。將歸，紳士及門，揚旆餞道。久之，復補吳川（縣）學（教職），教育之情彌篤，卒於官，年七十有五。」胡健在吳川縣從事教書育人工作多年，直至七十五歲卒於任上，可謂「鞠躬盡瘁，死而後已」了。這樣的事例還有不少。不僅是教官以教書育人爲己任，一些主持地方政治、治安的官員亦對地方教育極其重視，盡其綿薄之力而襄助之。如王近仁，「湖南善化人，同治間官硇洲司巡檢，慈愛而廉明。硇洲居海外，素少讀書之士，近仁修復翔龍書院，捐廉（俸）置產以贍生徒膏火，聘賢師教之。」〔註29〕

〔註29〕《光緒吳川縣志》卷5《職官‧傳》，第206～207頁。

（五）吳川縣鄉紳士人對於地方教育事業的重視及對應試士人的積極襄助

許多有識的吳川縣鄉紳士人，對於地方教育事業一片赤誠之心。他們對於本縣教育事業的落後焦急於心，同心協力，積極襄助地方教育事業的發展，或合資興辦學校，或籌資設置「賓興」，資助學有所成的吳川士人赴省考試。例如，方志記載：李孫賢，清代吳川縣廩生，人稱篤行之士，「喜裁成後學，建書樓於宅畔，延名師課子弟及邑（縣）之俊秀。故邑人謂之『書樓先生』。啟（崇）禎時貢生吳士袞、舉人吳士望、處士陳舜係等皆肄業樓中。迨乾隆間（書）樓尚巋然（屹立），茂名歲貢招元儲、舉人招元傳等亦從師於此；一時成材者數十人，而（李）孫賢之後，則曾孫（李）培、元（玄）孫（李）若香、（李）培曾孫（李）玉茗、（李）玉荊、（李）玉葭，（李）若香孫（李）玉華，詩書之報，焜耀一時，皆自書樓出。識者歎其遺澤遠也。」〔註30〕林孔升，「廩生，素性謙謹，不以賢智先人，講學課藝，族黨賴其陶成甚多。」一些吳川士人一邊在縣學攻讀，一邊利用自己所學授徒，如：陳廷冠，「廩生，⋯⋯安貧篤學，屢試前茅，而設教無私，不計修脯，士出其門皆有所成就焉。」〔註31〕李雲登，正貢生，「學問醇正，師範端嚴，負笈從遊者每年不下百人」；黎綱，歲貢生，「清貧力學，至老弗衰，《（大）學（中）庸》一書體認精切，先儒語錄無不融貫通曉，邑（縣）中名士多出其門。」〔註32〕林高鵬，「歲貢生，有綜理才」，「先是，吳川地貧瘠，士之赴鄉試者大抵困（於）資斧（費用）。道光（1821～1850）中，舉人李玉茗、吳懋基、封職陳毅行、學正李偉光等，倡議捐資為邑（縣）士子賓興（赴考）費，建書院於邑（縣）西黃坡墟，是為『西水賓興』。然未能遍及邑東也。（林）高鵬於是與歲貢生李士衡、吳章極力撙積（節省、積蓄），赴試之士至今賴焉。」〔註33〕

即使是自患殘疾，生活極其不便的一些吳川人士，亦對鄉梓教育事業一片赤誠熱心。如方志記載：「邑（縣）中張、惠二公祠久無祀典，諸生林文捷瞽目授徒，積修脯（學費）以奉祀，託（林）高鵬經紀，祀事遂豐。」〔註34〕在古人看來，人生世事受冥冥中神靈的影響，讓張、惠二公祠香火不絕，地

〔註30〕《光緒吳川縣志》卷7《人物・列傳》，第269頁。
〔註31〕《光緒吳川縣志》卷7《人物・列傳》，第269～270頁。
〔註32〕《光緒吳川縣志》卷7《人物・列傳》，第275頁。
〔註33〕《光緒吳川縣志》卷7《人物・列傳・林高鵬傳》，第295頁。
〔註34〕《光緒吳川縣志》卷7《人物・列傳・林高鵬傳》，第295頁。

方教育事業才會蒸蒸日上。這在今人看來實屬愚昧不智，然而這些士人（尤其是自身殘疾者）對於地方教育事業的高度重視，卻是令人感動的。

一些鄉紳還對素昧平生的士人給予高度關注，積極襄助其學業及應試。《光緒吳川縣志》卷10《記述‧雜錄》記載了這樣一件軼事：吳川縣院村有一孝廉，姓麥，名實發，勤學而家貧，因父或母去世而守喪（所謂「丁艱」）。這年七月初始「釋服」，守喪期滿。此時，「秋闈」（秋天舉行的科舉考試）已經臨近，「起復」（解除守喪）文書未辦，按理不能參加科舉考試。麥實發為此焦急，頗感絕望。某一日，偶過黃坡鎮，路遇紳士陳封君醒堂，談及此事，「顏色淒然」。先一日晚上，陳封君醒堂夢見田裏禾苗一片金黃色，不明此夢預兆什麼。至此，終於恍然大悟——俗話有云：「禾黃人種麥」（稻禾黃色成熟之時，正是種麥時節），此夢不正是預兆此麥姓士人將要中舉嗎？於是，陳醒堂為麥實發應科舉試積極奔走。他求見丁縣令，說：「麥實發，吳川名下士（吳川籍士人），家赤貧，七月初始釋服，科期迫矣（科舉考試日期臨近了），公如早備文書，某願助以科費（科舉考試的費用）。」丁縣令表示同意。麥實發果然「遂於是科鄉薦」，以優越成績通過科舉初級考試。〔註35〕對一個非親非故的偶遇士人慷慨解囊，積極幫組，使其終得科舉晉身，這正是吳川鄉紳對教育及人才重視的表現。

（六）入籍吳川的閩人對教育及科舉重視的影響

歷史時期，不少閩人入籍吳川縣。這些閩人或是因為出仕為官，或是由於社會動亂，或是由於閩省山多地少而被迫外遷，其中不少閩人入籍吳川縣。方志記載：「東粵（按，此「東粵」指廣東沿海地區，包括粵西的吳川縣）偏處嶺南，吳川又濱海，興王之馬跡不至，豪傑之割據無聞，其著姓聚族而居，遠者千餘年，近亦數百年，不易（離）故土，可謂盛矣。考高涼（州）著姓，莫先於馮、冼（冼），然二家皆不能言其遠裔（說不清祖先來自何處）。吾邑（吳川縣）廬墓（籍貫）可稽者，上郭（村）吳氏肇自北宋；三柏（村）李氏、下街（村）林氏、乾塘（村）陳氏、唐基（村）孫氏、上杭（村）易氏，肇自南宋，大都（自）閩（而）來。蓋（大致說來）宋既南渡，金（朝）、元（朝）相逼，自閩來粵，泛海甚易。迨（到）明中葉，來自新會者多住（定居於）西山，來自（福建）漳（州）、泉（州）者多住芷寮，他邑（其它地方）

遷移（來者）間（偶而）一二耳。」又說：「吳川巨（大）族吳、林、陳、李幾家而已。吳曰上郭（吳姓所居之處稱上郭村），自閩入粵，士農爲本（以讀書仕進與農業生產爲根本之業）……迄今（吳）鼎泰、（吳）鼎元、（吳）鼎和、（吳）士望諸公科名繼世，皆厚德有以召之耳」；「林姓亦由閩入粵，男懷仁厚，女尙貞烈……其後（林）廷璋、（林）廷瓛、（林）秉全諸公科名濟濟」；「乾塘陳氏者，本閩興化府羅源縣珠璣巷人……」；「三柏李姓，祖籍漳州龍溪縣小欖村，宋時爲吳邑（吳川縣）宰（縣令）」，後致仕歸鄉不順，遂落籍於吳川縣三柏村。其後子孫繁衍，遂成爲一方著姓，其後代「入鄉賢」、「登士版」者代不乏人。〔註36〕這些閩人入籍吳川縣後，也將重視教育、積極仕進的優良傳統帶到了吳川縣，並影響及當地土著居民。

〔註36〕《光緒吳川縣志》卷10《記述・雜錄》，第394頁、第390頁。